国家教师资格考试指导

系列规划教材

综合素质

知识点精讲梳理

（小学）

2017 最新版

◎ 国家教师资格考试指导中心　审

◎ 庄春跃 卫霞　主编

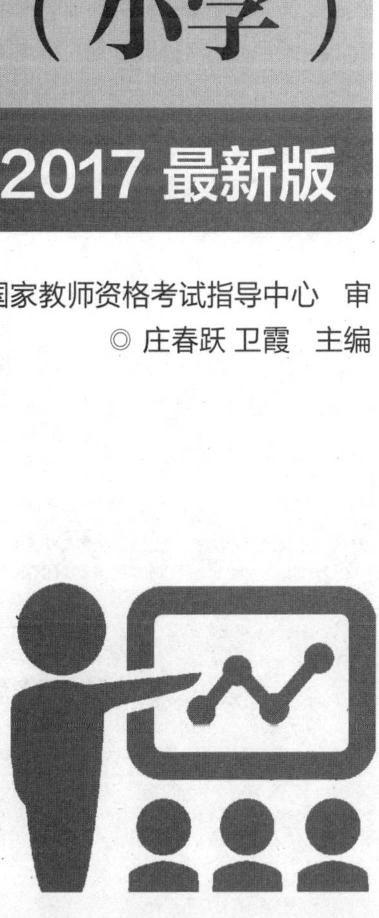

人 民 邮 电 出 版 社

北　京

图书在版编目（CIP）数据

综合素质知识点精讲梳理. 小学 / 庄春跃, 卫霞主编. -- 北京 : 人民邮电出版社, 2017.4
国家教师资格考试指导系列规划教材
ISBN 978-7-115-44784-5

Ⅰ. ①综… Ⅱ. ①庄… ②卫… Ⅲ. ①教师素质－小学教师－资格考试－教材 Ⅳ. ①G451.6

中国版本图书馆CIP数据核字(2017)第023845号

内 容 提 要

本书是严格按照《中小学教师资格考试标准（试行）》和《综合素质（小学）》考试大纲的要求编写的，讲解细致、深入、透彻，重点突出，务求让考生真正弄懂每一个重要的知识点。本书涵盖教师职业理念、教育法律法规、教师职业道德规范、文化素养、教师基本能力五大模块。每一模块的内容编写都是在坚持新颖性、前瞻性，突出实用性的基础上进行的。为了让读者能够及时地检查自己的学习效果，把握自己的学习进度，每章后面都配有代表性的真题，并附有详细的解析过程；为方便读者备考，本书还附赠考点汇总背诵版一本，该背诵版对考试内容统一梳理，突出实用性，让考生能够快速把握考点、重点、难点，全面提升应试能力。

本书可以作为参加国家中小学教师资格考试的小学教师资格申请者自学的参考资料，也可以作为小学教师资格证培训的专用教材。

◆ 主　　编　庄春跃　卫　霞
审　　　国家教师资格考试指导中心
责任编辑　马小霞
责任印制　焦志炜

◆ 人民邮电出版社出版发行　　北京市丰台区成寿寺路 11 号
邮编　100164　　电子邮件　315@ptpress.com.cn
网址　http://www.ptpress.com.cn
北京鑫正大印刷有限公司印刷

◆ 开本：787×1092　1/16
印张：14.25　　　　2017 年 4 月第 1 版
字数：381 千字　　　2017 年 4 月北京第 1 次印刷

定价：42.00 元（附小册子）

读者服务热线：（010）81055256　印装质量热线：（010）81055316
反盗版热线：（010）81055315
广告经营许可证：京东工商广字第 8052 号

国家教师资格考试
教材编写委员会

前言

Preface

中小学和幼儿园教师资格考试是由国家建立考试标准，省级教育行政部门统一组织实行“国标、省考”的标准参照性考试。2011年开始我国幼儿园、中小学教师资格考试（简称“国家教师资格考试”）试行全国统一考试制度，并在湖北、浙江两省开展试点工作。2015年7月颁布的《教育部办公厅关于进一步扩大中小学教师资格考试与定期注册制度改革试点的通知》（教师厅〔2015〕3号）中指出，在湖北、浙江等15个省（区、市）试点的基础上，新增13个省（区、市）为试点省份。根据教育规划纲要和《国务院关于加强教师队伍建设的意见》要求，我国将全面实施中小学教师资格考试与定期注册制度，严把教师队伍入口关，不断提高教师队伍整体素质。

从改革试点省市的考试情况来看，教师资格考试的通过率不足三成，与之前通过率接近八成相比有了大幅的下降，这一方面说明教师资格“国考”对中小学、幼儿园教师职业的准入标准越来越严格，另一方面说明广大考生没有真正转变观念积极备考，未能掌握通过考试所必须具备的基本能力。为了帮助更多的考生顺利通过教师资格考试，拿到教师资格证，迈出教师职业道路的第一步，我们组织了一批具有较高理论水平和丰富实践经验的专家、一线教师对教师资格考试大纲和真题特点不断研究，分析命题规律和趋势，于2017年推出具有实战意义的“国家教师资格考试指导系列规划教材”。本系列规划教材涵盖了从幼儿园到高级中学不同学段的各个学科的考试科目，具有以下几个显著特点。

特色一　考纲透视

教师资格考试主要考查教师资格申请人是否具备教师职业道德、基本素养、教育教学能力和教师专业发展潜质。考试真题由教育部考试中心依据各科考试大纲命制。本书编者紧跟考情，对大纲进行了专业解读，将其内容分为了解、理解或掌握、运用三个层次，方便考生有针对性地掌握教材内容。

特色二　真题再现

编者根据国家教师资格考试真题考点系统的统计和考试真题题型的分布，每章都附有历年有代表性的真题，并配有详细的解析过程，考生可结合这些内容理解并掌握考试脉搏及其解题技巧，在强化训练的过程中掌握答题思路，快速提升做题速度。

特色三　图解分析

为了给考生提供更为直观的章节内容，编者对每章都精心绘制了知识框架图，方便考生从结构上熟悉并理解该章的知识体系和核心知识点。

特点四　直击考点

为了帮助考生快速抓住重点内容，本系列规划教材不仅在每个章节的考试重点部分用波浪线进行了标记，在书的后面还赠送了考点汇总背诵版，对考试内容统一梳理，突出实用性，让考生能够快速把握考点、重点、难点，全面提升应试能力。

作为教师资格考试学习辅导用书，本系列规划教材适合参加教师资格考试的考生备考复习时使用。考生可以据此全面了解教师资格统考科目的题型特点和考试内容，短时间内达到巩固知识和提高能力的目的，也可在艾华教育官方网站（www.aihuaedu.org）进一步了解教师资格相关政策，掌握考试方向。

本书由庄春跃、卫霞主编，张海波、杨力、强亚莉、李红副主编，相信这套凝聚着艾华教育专家教师团队集体智慧的书，能够帮助广大考生在圆梦教师职业的旅途中迈出坚实的一步！

最后，预祝所有考生能顺利过关！

编者

2017年1月

目 录

Contents

第一章

教师职业理念

考试内容模块与要求

1．教育观

理解国家实施素质教育的基本要求。

掌握在学校教育中开展素质教育的途径和方法。

依据国家实施素质教育的基本要求，分析和评判教育现象。

2．学生观

理解“人的全面发展”的思想。

理解“以人为本”的含义，在教育教学活动中做到以学生的全面发展为本。

运用“以人为本”的学生观，在教育教学活动中公正地对待每一个学生，不因性别、民族、地域、经济状况、家庭背景和身心缺陷等歧视学生。

设计或选择丰富多样、适当的教育教学活动方式，因材施教，以促进学生的个性发展。

3．教师观

了解教师专业发展的要求。

具备终身学习的意识。

在教育教学过程中运用多种方式和手段促进自身的专业发展。

理解教师职业的责任与价值，具有从事教育工作的热情与决心。

本章知识框架图

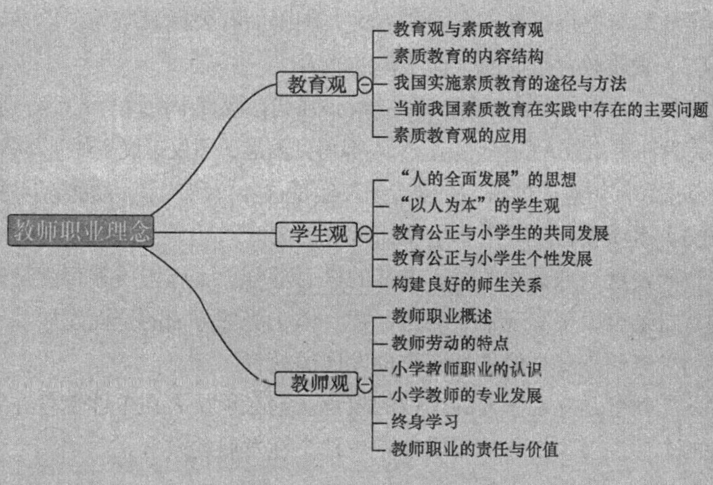

第一节 教育观

一、教育观与素质教育观

（一）教育观

教育观是人们对教育所持有的看法，它既受社会政治、经济制度的制约，又受人们对教育要素不同观点的影响。具体地说，就是人们对教育者、教育对象、教育内容、教育方法等教育要素及其属性和相互关系的认识，还有人们对教育与其他事物相互关系的看法，以及由此派生出的对教育的作用、功能、目的等各方面的看法。

教育观的核心是“教育为了什么”，即教育目的。由于教育目的不同，教育者实施的教育活动也不同，从而区分了不同社会、不同时期的教育活动，也产生了不同的教育结果。

确立正确的教育观，需要正确认识教育的发展规律，正确认识教育活动的各种内部关系。违背教育发展规律或不能完整认识教育内部的各种关系，都会导致错误的教育观，进而导致错误的教育结果。

（二）素质教育观

1. 素质教育的概念和本质

素质教育是依据人的发展和社会发展的需要，以全面提高全体学生的基本素质为根本目的，以尊重学生主体性和主动精神，注重开发人的智慧潜能，形成人的健全个性为根本特征的教育。

素质教育以提高国民素质为根本宗旨，以培养学生的创新精神和实践能力为重点，目的在于培养“有理想、有道德、有文化、有纪律”的德、智、体、美等全面发展的社会主义事业的建设者和接班人。素质教育的本质在于它的思想性和时代性，在于它是引导我国教育在向 21 世纪迈进的过程中，提出的一种新的教育理念，是期望形成一种新的教育价值观，达到一种新的教育境界。素质教育所具有的思想性和时代性与国际社会的教育改革目标不谋而合。

2. 素质教育的内涵

（1）素质教育以提高国民素质为根本宗旨

素质教育是以提高整个中华人民共和国所有公民素质为根本宗旨的教育。

（2）素质教育是面向全体学生的教育

素质教育倡导人人有受教育的权利，强调在教育中使每个人都得到发展，而不是只注重一部分人，更不是只注重少数人的发展。每个人都得到发展，不仅是民主的基本理念，而且是每一个人的基本权利。尊重和保护这种权利，并创造条件实现这种权利，是素质教育区别于应试教育的标志之一。

（3）素质教育是促进学生全面发展的教育

全面发展，这是党的教育方针的核心部分。实施素质教育就是通过德育、智育、体育、美育等的有机结合，来实现学生的德、智、体、美等方面的全面发展。

（4）素质教育是促进学生个性发展的教育

素质教育是立足于人的个性的教育。它在承认人在个性上存在差异的基础上，从差异出发，以人的个性发展为目标，实质上是一种个性发展的教育。

（5）素质教育是以培养学生的创新精神和实践能力为重点的教育

培养具有创新精神和实践能力的新一代人才，是素质教育的时代特征。素质教育的本质是使学生能够主动、活泼、愉快地学习，使学生在主动学习、自主探究中逐步形成创新精神和实践能力。创新教育是素质教育的核心，是教育对知识经济向人才培养提出挑战的回应；创新能力的培养，是素质教育区别应试教育的根本所在，是现代教育区别传统教育的根本所在。

3．素质教育的外延

素质教育是连贯的、全方位的、全过程的教育活动。素质教育是终身的，不是对特定阶段、特定学校提出的要求，而是对各级各类学校提出的要求。

素质教育的实施贯穿于学前教育、小学教育、中学教育、职业教育、成人教育、高等教育等各级各类教育，同时也贯穿于学校教育、家庭教育和社会教育的各个方面。对学校教育而言，实施素质教育，纵向上存在于教育活动的各个环节上；横向上，意味着必须把德育、智育、美育、体育等有机地统一在教育活动的各个环节。

（三）素质教育观的提出

1．素质教育观的产生

素质教育作为一种教育价值观念，其初衷在于纠正“应试教育”现象：中小学教育片面追求升学率，大学教育过分专业化等。应试教育把教育活动的评价环节作为教育目的所在，把人的素质的某个方面作为全部，教育活动本身和教育培养对象被严重扭曲。因此，应试教育不仅背离了我国的教育方针，也不利于培养社会进步与发展所需的人才。素质教育观扭转了应试教育观，把教育目的重新指向人本身，指向人的整体的、全面的素质。

2．素质教育观的政策沿革

（1）素质教育思想和政策初步形成（20 世纪 80 年代至 90 年代）

1994 年 8 月颁布的《中共中央关于进一步加强和改进学校德育工作的若干意见》指出：“增强适应时代发展、社会进步，以及建立社会主义市场经济体制的新要求和迫切需要的素质教育。”这是第一次在国家层面的正式文件中使用“素质教育”的概念，标志着素质教育开始成为我国教育政策的一个重要且明确的指导思想。

（2）素质教育政策的实施（1994—1999 年）

1995 年 3 月，第八届全国人大第三次会议通过了《中华人民共和国教育法》，该法首次对素质教育的概念进行了“界定”：素质教育包括“政治素质、道德素质培养”“科学文化素质教育”“身体素质教育”“心理素质教育”这四个方面。

（3）素质教育政策的不断改进和完善（1999—2005 年）

1999 年 6 月，中共中央国务院《关于深化教育改革全面推进素质教育的决定》提出：“要全面推进素质教育，培养适应 21 世纪现代化建设需要的社会主义新人；深化教育改革，为实施素质教育创造条件；优化结构，建设全面推进素质教育的高质量的教师队伍；加强领导，全党、全社会共同努力开创素质教育的新局面。”《关于深化教育改革全面推进素质教育的决定》的产生标志着素质教育观已经形成了系统的思想。

（4）素质教育写进《中华人民共和国义务教育法》（2006 年）

2006 年 6 月 29 日，第十届全国人大常委会第二次会议通过了《中华人民共和国义务教育法

（修订案）》。这是中国教育史上的大事，也是素质教育发展中的大事。新《中华人民共和国义务教育法》把素质教育写进法律，纳入国家重要的法律体系，体现了国家意志，表明了实施素质教育的法定性和长远性。

（四）小学素质教育

1. 小学素质教育的一般性质

小学素质教育是国民素质教育的组成部分。小学素质教育强调教育的基础性，即小学素质教育培养受教育者作为国家公民的基础素质。小学素质教育应当对小学生进行全面发展的教育和面向全体小学生的教育。

2. 小学素质教育的特殊性

小学素质教育是顺应小学生身心发展规律的教育。小学阶段的素质教育，必须帮助小学生形成良好的身体素质，同时注重小学生自我意识、意志、道德信念的形成，为小学生终身学习、终身发展奠定基础。

（五）国家实施素质教育的基本要求

1. 面向全体

我们国家实行普及九年义务教育，就是面向全体，让每一个适龄少年儿童都能进到学校里来、进到班级中来，使每一个学生都在原有的基础上有所发展，都在天赋允许的范围内充分发展。

2. 促进学生全面发展

促进学生德、智、体、美等方面的全面发展，这一直是我们党和国家的教育方针，我们需要在实践中把这个方针贯彻好、落实好。

3. 促进学生创新精神和实践能力的培养

我国的基础教育在能力培养上还需要进一步努力。知识是重要的，但是知识不能成为限制人们思维空间的东西，而应该成为人们进一步认识世界、改造世界、发展能力的基础，不是把人作为一个知识的容器，而应该把知识融入到人的认知结构中，能够活化起来。同时，创新能力、实践能力对我们来说尤为重要。

4. 促进学生生动、活泼、主动的发展

要想有所创新，必须以主动性的发挥为前提，真正尊重学生的主动精神，弘扬主动精神。这就要求教师进行启发式教学，鼓励学生主动参与、主动思考，鼓励学生存疑、求疑，在教学中促进学生生动、活泼、主动的发展。

5. 着眼于学生的终身可持续发展

教是为了不教，不仅要让学生学会，更让学生会学，不仅给学生知识，更要给学生打开知识大门的钥匙。在这样一个时代，我们的基础教育一定要培养学生的终身可持续发展的能力。

（六）素质教育的特点

1. 全体性

素质教育是面向每一个受教育者，以每一个受教育者为对象的教育，它面向每一个学生，旨在促进每一个学生的发展。素质教育既不是精英教育，也不是精品教育，它是大众化的教育。它要面向每一位适龄学生，使每个学生都在他原有的基础上有所发展，都在他天赋允许的范围内充分发展。“全体性”是教育最本质的规定、最根本的要求。素质教育的全体性要求学校及教师关心

每一位学生素质的培养和提高，不能因种族、家庭、经济、智力及教育者主观好恶等因素的影响，将一部分学生排除在素质教育之外。

坚持素质教育的“全体性”的主要意义如下。第一，保证使接受教育成为每一个人的权利和义务。接受教育是每一个儿童最重要、最根本的权利。第二，保证整个民族的文化素养在最低可接受水平之上，杜绝新文盲的产生，中小学教育应为提高全体人民的基本素质服务，推进国家经济发展与民主建设。第三，为贯彻社会主义“机会均等”原则，为每个人的继续发展提供最公平的前提条件。素质教育的最终目标是为未来的合格公民奠定素养基础。

2．基础性

素质教育是一种注重基础的教育。正因为素质是反映人的身心发展水平最基本的特征和品质，并制约着人的意识、态度和行为，所以素质培养必须从最基础的方面做起。应当指出，素质教育是立足于从本质的方面去影响人、培养人，注重引起人的深层变化、基本特征和品质的形成，而不是追求那些表面的、形式的变化。例如，学生的思想道德素质的培养，不能仅仅停留在学生的道德认知层面，而要引导学生完成从知、情、意到信、行的转化，并将其逐渐固定下来，形成品质，成为学生个人的信念和个性特征。素质教育特别注重的是基础知识、基本技能、一般能力的掌握与培养，为受教育者素质的进一步发展奠定基础。

坚持素质教育的“基础性”的主要意义如下。第一，一个人只有具备了良好的基本素质，才有可能实现向较高层次的素质或专业素质的迁移。第二，人类蕴含着极大的发展自由度，这就是人的可塑性。自由度越高，可塑性越强；反之亦然。第三，从教育控制论的意义上讲，教育是一种人为的、优化的控制过程，以便受教育者能按照预定目标持续发展。

3．发展性

素质教育是发展性教育，它不仅注重受教育者现在的一般发展，重视受教育者现在的一般发展对于未来的发展价值和迁移价值，而且重视直接培养受教育者自我发展的能力，使受教育者学会学习，培养受教育者终身学习的能力和信息加工能力。

从本质上说，“发展性”符合“变化导向教育观”的趋势，即把适应变化、学会变化作为教育的重要目标，从“接受教学”（教师奉送答案）向“问题解决”（教师引发思考）转变。教师从鼓励者、促进者、沟通者、帮助者和咨询者等角色中发挥作用。

4．全面性

“全面性”是指素质教育既要实现功能性的目标，又要体现形成性的要求，通过实现全面发展教育，促进学生个体的最优发展。因为素质教育应该是完善意义上的教育，它是指向全面基本素质的教育。

素质教育中的“全面发展”有两个方面的具体规定性。第一，针对一个个体来说，它是“一般发展”和“特殊发展”的统一。第二，针对班级、学校乃至整个社会群体而言，它是“共同发展”和“差别发展”的协调。全面发展既要讲共同性，又要讲个别性，它决不排斥有重点地发展个人的特殊方面，允许在一个群体中各个体之间有差别地得到发展。全面发展实际上就是“最优发展”。

5．未来性

“未来性”是指素质教育立足于未来社会的需要，而不是眼前的升学目标或就业需求。一般来说，教育具有较强的惰性和保守性，它总是在努力使年轻一代学会老一代的思维、生活和工作方式，因而人们在批评现代学校教育体系的局限性或弊端的时候，往往批评它是根据“昨天”的需要而设计的。素质教育就是要改变教育的惰性和保守性，它的目标是使年青一代适应未来发展的需要。

6．主体性

素质教育是一种以受教育者为主体的教育。素质教育的目的就是培养受教育者积极、主动的精神，挖掘和调动每个受教育者的内在潜能，实现受教育者个性的全面发展。

7．合作性

素质教育是合作性教育，而不是竞争性教育。素质教育是一种民主型的教育，是以师生合作为基础、以教师为主导的现代教育。素质教育提倡两种合作，学生与学生的合作，教师与学生的合作。素质教育的合作性也体现在学生的个别差异上，正因为学生能力有高有低，才应该相互协作，相互帮忙，以达到共同提高和发展的目的。

二、素质教育的内容结构

《决定》指出："必须把德育、智育、体育、美育等有机地统一在教育活动的各个环节中。"根据《决定》的精神，素质教育的内容主要包括以下六个方面。

（一）政治思想素质教育

（1）政治素质教育，指以马克思列宁主义、毛泽东思想和邓小平理论为指导，对学生进行民族、阶级、政党、国家、政权、社会制度和国际关系的立场、情感和态度的教育。我国目前进行的四项基本原则教育、爱国主义与社会主义教育以及党的基本路线教育等就属于政治素质教育的范畴。

（2）思想素质教育，指通过辩证唯物主义、历史唯物主义教育，集体主义、中华民族优秀文化传统和革命传统教育，中国近现代史、中国国情、国内外形势教育等，使学生形成正确的观察、分析与解决问题的能力，形成正确的世界观和思想方法，确立正确的思想信仰、理想动机、信念追求、民族精神等。

（3）道德素质教育，主要是按照德育总目标和学生成长规律，教育学生遵守社会行为规范，正确处理个人与群体、他人和国家的关系，养成良好的道德修养和文明行为习惯。

（4）民主法制素质教育，主要是使学生了解中国的民主法制理论与内容，知法懂法，依法行事，树立较强的民主法制观念和意识。

（二）科学文化素质教育

科学文化素质教育着重解决基础学科和基本知识和技能的教育和训练，包括基础文化知识、基础科学知识，以及识字阅读能力、写作能力、思维能力、计算能力、基本实验操作能力和基本的劳动技能等，为适应自身的发展和现代社会生活、职业岗位选择以及科技发展的需要，奠定坚实的科学文化和技能基础。

（三）审美素质教育

审美素质教育主要是使学生具有正确的审美观点，形成感受美、鉴赏美、创造美的能力，能够在工作、生活中分辨真善美与假恶丑，善于以美的品位去完成工作，以美的心灵去面对社会和人生，以美的思想去创造生产和生活。

（四）身体素质教育

身体素质教育一方面是要运用各种适当的方式，锻炼学生的体魄，增强学生的体质，使其掌握基本的体育锻炼的方法；另一方面，还要对他们进行健康教育和普及各种常见病、传染病的防治知识，保证他们健康成长。

（五）劳动技术教育

劳动技术教育是使学生初步掌握基本的劳动技术知识和技能，培养学生正确的劳动观点，形成良好的劳动习惯的教育。

（六）心理素质教育

心理素质教育主要指良好个性品质的发展，包括顽强的意志力，积极的情感，健康的兴趣、爱好、需要、友谊、交往、成就感、荣誉感以及面对困难、失败的承受能力等各种正常心态的发展培育和心理失衡、心理矛盾、心理疾病的自我调整与自我矫治。心理素质教育就是要使学生形成健康的心理和善于控制、把握自己的能力及调整心理冲突的能力。

三、我国实施素质教育的途径与方法

（一）实施素质教育的途径

1．国家政策保障

全面推进素质教育，是教育事业的一场深刻变革，是一项事关全局、影响深远和涉及社会各方面的系统工程。

2．推进新课程改革

在素质教育背景下，新课改带来的教学转变可以总结为：

（1）教学从“教育者为中心”转向“学习者为中心”；

（2）教学从“教会学生知识”转向“教会学生学习”；

（3）教学从“重结论轻过程”转向“重结论的同时更重过程”；

（4）教学从“关注学科”转向“关注人”。

3．学校管理、课外教育活动、班主任工作

素质教育的途径除了课程之外，还包括学校教育活动中的管理活动，校外、课外教育活动及班土任工作。其中，班主任工作是实施素质教育的重要途径。

（1）学校管理

应试教育到素质教育的转变，需要学校管理从应试教育向素质教育转变。

（2）课外、校外教育活动

除学校的正式课程是实施素质教育的途径外，还有各种课外、校外教育活动可以促进素质教育的实施。

（3）班主任工作

在学校教育中，班级是有组织地开展素质教育活动的基层单位。其中，班主任是班级的组织者、教育者和管理者。因此，班级素质教育开展的效果，取决于班主任的班级管理思想、管理方法和教育方法。

（二）实施素质教育的方法

1．发挥教师的作用

素质教育的成败，相当程度上取决于教师。

教师要成为素质教育者，就必须更新教育观念，掌握素质教育观，以全身心的投入去实现自己的教学追求。同时要提高教师师德素养。

2．调动学生学习的主动性和积极性

《基础教育课程改革纲要（试行）》在课程改革的目标中，提出“改变课程实施过于强调接受学习、死记硬背、机械训练的现状，倡导学生主动参与、乐于探究、勤于动手，培养学生搜集和处理信息的能力、获取新知识的能力、分析和解决问题的能力以及交流与合作的能力”。

3．积极开展实践活动

积极开展多种形式的实践活动，是实施素质教育的重要方法。多种形式的实践活动，包括德、智、体、美等各育。

四、当前我国素质教育在实践中存在的主要问题

当前我国素质教育有所进展，但发展不全面、不均衡、不落实，“素质教育轰轰烈烈，应试教育扎扎实实”，考试升学竞争依然激烈，成为教育界和社会关注的热点，受到中央高层的高度重视。我国素质教育的实施迫切要解决以下问题。

（1）片面追求升学率的现象没有得到有效遏制，学生负担依然普遍偏重。要处理好实施素质教育和文化考试的关系，克服那种一提考试就是“应试教育”的思想倾向。

（2）处理好面向全体和因材施教的关系，重智轻德现象没有得到根本改变，学生身心素质不容乐观。发展特长是素质教育的一个基本方法，承认差别就必须因材施教。

（3）处理好全面发展和培养特长的关系。我们的培养目标是德智体美劳诸方面都得到发展。只注重发展特长，忽略全面发展是片面的教育；只注重学科知识，忽略个性特长的培养也是不完全的教育。

（4）要处理好城乡教育差距拉大、部分地区择校现象。

（5）要处理好教师素质不能适应素质教育的要求。

五、素质教育观的应用

（一）素质教育与应试教育的区别

当前小学教育仍以应试教育为主，阻碍了素质教育的推进。素质教育观与应试教育观存在着巨大差别，如表 1-1 所示。

表 1-1　应试教育与素质教育的差别

	应试教育	素质教育
指导思想	追求升学率	全面提高学生素质
教育目的	应试训练以适应选拔	学会做人、求知、生活、健体、创造、审美
教育对象	面向少数人，重在“选拔”	面向全体学生，重在“普及”
教育内容	完全围绕应试要求，考什么就教什么	德智体美劳全面发展
课程结构	重视少数“主科”，轻视多数“副科”，单一课程结构	必修课、选修课和活动课程相结合，注重课程的综合性、选择性和均衡性
学生课业负担	学生课业负担重	着重全面和谐发展，按照教育教学规律办事

续表

	应试教育	素质教育
师生关系	师道尊严，师生之间是主动被动的关系	尊师爱生、民主平等
教育方法	死记硬背、机械训练、脱离实际	重双基，发展智力，培养能力
教学途径	依赖课堂和书本，脱离社会和实际	学校与社会的“双向参与”，实行开放式教育
评价标准	“一刀切”评价	多元化评价，发展性评价，全面评价

（二）素质教育的实施障碍（应避免的误区）

1．素质教育就是不要尖子生——这是对于素质教育“面向全体学生”的误解

素质教育理论认为，一方面，每个学生都有不同的发展可能性和发展的基础，每个学生只有得到与其潜能相一致的教育，才算是接受了好的教育；另一方面，社会需要各级各类人才，通过有针对性的教育，使每个学生得到应有的发展，社会也得到不同层次的人才。因此素质教育坚持面向全体学生，意味着素质教育要使每个学生都得到与其潜能一致的发展。

2．素质教育就是要学生什么都学、什么都学好——这是对素质教育“使学生全面发展”的误解

素质教育强调为学生的发展奠定基础，同时又要发展学生的个性，因而素质教育对学生的要求是合格加特长。这决定了一方面学生必须学习国家规定的必修课程，夯实基础；另一方面，学生还应该学习选修课程，充分发展自己特长，形成独特的个性。

3．素质教育就是不要学生刻苦学习，“减负”就是不给或少给学生留课后作业——这是对素质教育“使学生生动、主动和愉快发展”的误解

素质教育要学生刻苦学习，因为只有刻苦学习，才能真正体会到努力与成功的关系，才能形成日后所需的克服困难的勇气、信心和毅力。学生真正的愉快来自于通过刻苦努力而带来成功之后的快乐，学生真正的负担是不情愿的学习任务。

4．素质教育就是要使教师成为学生的合作者、帮助者和服务者——这是对素质教育倡导的“学生的主动发展”和“民主平等的师生关系”的误解

教师是教育实践的主体，在教育实践中起主导作用；学生是发展中的人，是教育实践活动的客体，是学习与发展的主体。这决定了教师首先是知识的传播者、智慧的启迪者、个性的塑造者、人生的引路者、潜能的开发者，其次才是学生的合作者、帮助者和服务者。

5．素质教育就是多开展课外活动，多上文体课——这是对素质教育“形式化”误解

教育的本质是培养人，培养人的基本途径是教学，学生的基本任务是在接受人类文化精华的过程中获得发展。这就决定了素质教育的主渠道是教学，主阵地是课堂。

6．素质教育就是不要考试，特别是不要百分制考试——这是对“考试”的误解

考试包括百分制考试本身没有错，要说错的话，那就是在应试教育中使用者将其看作是学习的目的。考试作为评价的手段，是衡量学生发展的尺度之一，也是激励学生发展的手段之一。

7．素质教育会影响升学率——这是对素质教育“内涵”的误解

首先，素质教育的目的是促进学生的全面发展，素质教育的宗旨是提高国民素质，升学率只是衡量教育质量的标准之一。其次，真正意义的素质教育不会影响升学率，因为素质教育强调科学的学习、刻苦的学习、有针对性的学习，这样有助于升学率的提高。

第二节 学生观

一、“人的全面发展”的思想

关于人的全面发展的思想学说是我国确立教育目的的理论依据。人的全面发展思想主要源于马克思在《资本论》等著作中阐述的人的全面发展理论，它是马克思主义的最高价值理想，是未来社会的价值目标，也是实现人的发展的最高理想境界。

（一）人的全面发展的概念

人的全面发展是指人的劳动能力，即人的体力和智力的全面、和谐、充分的发展，还包括人的道德的发展。

（二）人的全面发展学说的基本内容

1．人的发展同其所处的社会生活条件是相联系的

马克思、恩格斯运用唯物主义的观点来考察人的发展的问题，指出：“这不决定于意识，而决定于存在；不决定于思维，而决定于生活；这决定于个人生活经验发展和表现，这两者又决定于社会关系。”

2．旧式分工造成了人的片面发展

旧式社会生产分工和不合理的生产关系是人片面发展的原因。人的片面发展的基本特征是脑力劳动与体力劳动的分离和对立。

3．机器大工业生产提供了人的全面发展的基础和可能

资本主义机械大工业的出现与发展，为人的全面发展开辟了道路。（1）机械大工业生产对人的全面发展提出了客观需要。（2）机械大工业生产也为人的全面发展提供了可能和条件。因为大工业生产创造了极高的劳动生产率和社会财富，使工人有物质条件、时间、精力去从事学习，发展自己。

4．社会主义制度是实现人的全面发展的社会条件

机械大工业生产提供了人的全面发展的可能性，在资本主义社会并不能充分地实现。只有消灭剥削，实现生产资料公有制，为全体劳动者提供物质和精神的条件，才能使他们全面发展。

5．教育与生产劳动相结合是培养全面发展的人的唯一途径

社会主义制度通过什么途径和方法才能实现人的全面发展？马克思指出，这种方法就是教育与生产劳动相结合。教育与生产劳动相结合是培养全面发展的人的根本途径，也是唯一途径。

（三）学生全面发展教育的组成与实施

我国教育所规定的全面发展的教育的组成部分，包括德育（灵魂与统帅）、智育（前提和支持）、体育（基础作用）、美育（动力）和劳动技术教育（综合其他四育），通常被称为“五育”。各“育”既具有相对独立性，又相互联系，相互参透，依存于一个有机整体中，因此，实施素质教育必须坚持五育并举。

二、“以人为本”的学生观

（一）“以人为本”学生观的内涵

“以人为本”，是素质教育的根本属性。坚持以人为本，最坚实的落脚点在于将“以学生为本”的思想落实在教育教学过程中，充分尊重、关心、信任学生，在教育教学过程中以恰当的方式引导、呵护学生，尊重学生的生命主体意识，把课堂还给学生，让学生发挥教育的主体作用。

“以人为本”的学生观很好的体现和遵从了学生的本质属性，将学生视为发展中的人，尊重个体的独特性，并切实地在教育教学过程中将学生放置在发展的主体地位。

1．学生是具有独立意义的主体，是不以教师意志为转移的客观存在

以人为本的学生观要求把学生置于教育活动的主体地位，注重学生的主体性需求，关注学生的全面成长，把学生真正的当作“人”来开展教育，尊重学生的自主意识，不以教师的个人意志去支配学生，按照学生的成长规律开展具体的教育教学活动。

（1）学生在教育活动中处于主体地位。素质教育强调学生在学习活动中是认识的主体、时间的主体和发展的主体，是学习的主人。

（2）学生具有个体独立性，不以教师的意志为转移。学生作为个体，具有主观的意志，学生接受知识的过程并非简单的被动接受知识，而是经过自己的考量之后做出的判断。

（3）学生在教育活动中具有主体的需求与责权。学生的主体性的根源在于个体需求与责权的统一。学生是认识世界和改造世界独立的主体，在教育教学活动中，具有学习的自主需求和动力，拥有享受相关需求的权利。

2．学生是发展的人，具有巨大的发展潜力

学生的发展是指学生在遗传、环境和学校教育以及自我内部矛盾运动的相互作用下，身体和心理两个方面所发生的质、量、结构方面变化的过程及结果，是内外部因素综合作用的结果，学生作为发展的人，其发展的根本动力是身心发展的社会需要与个体现有发展水平之间的矛盾。

（1）学生的身心发展具有规律性。学生发展的规律性主要体现在身心发展上，不同阶段的学生具有不同的身心特征。

（2）学生具有巨大的发展潜能。以人为本的学生观要求教师应当把学生看作是发展过程中的客观存在，用发展的眼光去看待学生，倡导对学生进行形成性评价。

（3）学生是处于发展过程中的人。作为发展的人，也就意味学生还是一个不成熟的人，是一个正在成长的人，具有获得成人教育关怀的需要。

（4）学生的发展是全面的发展。

3．学生是具有个性与差异的人（学生是独特的人）

以人为本的学生观不仅要求将学生作为一个整体来全面看待，而且要关注学生的个体差异和个性化成长。以人为本的学生观，是面向全体学生的，更要关注每一个学生的发展，承认学生的个体差异性，满足学生的个性发展要求。

（1）人的全面发展是以承认学生差异和个性发展为基础

人的全面发展不等于各个方面的平均化发展，教育活动涉及德、智、体、美、劳等诸多方面与内容。人的全面发展思想，要求每个受教育者作为一个独立而完整的个体，各个方面都能够获得应有的发展，同时也要承认人的各个方面发展水平具有一定差异性，不能用同样的标准去衡量各个方面的发展指标。

（2）学生的个性与差异要求切实贯彻因材施教的教育理念

教育的生机和活力，在于促进学生的个性健康发展，是学生自身发展的落脚点和最终体现。

（二）小学生的发展特点

1．小学生感知觉发展的特点

随着年龄的增长，小学生在教学活动的影响下，感觉的随意性、感受性不断发展，特别是差别感受性的增长要快于绝对感受性的增长。

小学生知觉的发展主要表现在形状知觉、方位知觉和距离知觉三个方面的发展。

首先，在形状知觉方面，小学生刚入学时容易疏忽客体的“形状”特性，而会更多地注视客体的其他特征。所以经常会出现在写字时有左右、上下颠倒的错误。之后随着年龄的增长，辨别形状的正确率会逐渐提高。

其次，在方位知觉方面，随着年龄的增长，孩子们对位置和方向会有更清晰的知觉，左右方位和空间知觉都有很好的发展。

最后，在距离知觉方面，小学生对空间环境中对象间较近的距离可以确定，对较远的空间距离则往往混淆不清。这说明小学生的距离知觉还是比较模糊，有时候还容易混淆。

2．小学生记忆和想象发展的特点

小学生的记忆发展主要表现在以下三个方面。

首先，小学生的有意记忆和无意记忆随着年龄的增长而不断发展。随着学习动机的激发，学习兴趣的发展，学习目的的明确，有意记忆的主导地位越来越显著。

其次，从机械记忆向理解记忆发展。从机械记忆到理解记忆转化的关键年龄，往往与理解能力发展的关键年龄一致，大致在三四年级。

最后，形象记忆向抽象记忆发展。小学低年级学生知识经验还不丰富，记忆更多与具体形象相联系。因此，低年级学生往往表现为形象记忆。随着知识的丰富、智力的发展和教育教学的不断影响，小学生的抽象记忆能力不断发展，并逐渐占据优势。形象记忆和抽象记忆两者相辅相成，共同构成小学生的记忆系统。

小学生的思维比较发散，想象也日益丰富。小学生的想象经常是不合逻辑的，但是能够体现出孩子思维的活跃性。这也是小学生的创造性比更高学段孩子高的原因。低年级小学生的想象具有模仿、简单和具体的特点。随着年龄的增长，到中高年级小学生的想象进一步发展，知识的丰富和经验的累积使他们对具体想象的依赖会越来越小，创造想象逐渐得以发展。

3．小学生情感的特点

随着年龄的增长，小学生的情感变化更加丰富、深刻和稳定。低年级小学生已经能够初步控制自己的情感，但是还常有不稳定的现象。高年级小学生情感更为稳定，自尊以及希望获得他人尊重的感觉越来越强。其中最为明显的是道德情感的逐步发展。总体而言，小学生在道德发展方面，言与行基本上是一致的。但随着年龄的增长，逐步出现言行不一致的现象。此外，在小学生的道德发展中，自觉的形成和发展占有很重要的地位，它是小学生道德知识系统以及相应的行为习惯的表现形式，也是道德他律向道德自律发展的重要标志。

4．小学生性格的特点

小学生的性格随着年龄增长不断发展，但其发展速度具有不平衡性。小学四年级前发展较慢，表现为发展的稳定时期。四年级后发展较快，表现为快速发展时期。

（三）“以人为本”的学生观对小学教育的具体要求

1．把握小学教育的本质特征

（1）小学教育具有基础性

小学教育是整个国民教育体系的基础阶段，是儿童成长为合格社会公民的基础工程。完整良好的小学教育为人的一生发展奠定良好的基础。这种基础不仅仅包括科学文化基础，例如学习各种知识、提高自身能力等，而且包括人文素养基础，包括关心他人、崇尚节义、待人宽容以及追求真善等。

（2）小学教育具有全面性

小学教育的全面性，也叫整体性，是指教育不仅要抓好智育，更要重视德育，还要加强体育、美育、劳动技术教育等，使诸方面教育相互渗透、协调发展，促进学生全面发展。但是，全面发展不等于平均发展，在对儿童进行全面教育的同时，教育还要考虑学生的个性差异，充分发挥学生的个性特长。把学生的全面发展与个性发展结合起来，是小学教育全面性的内在要求。

（3）小学教育具有普及性

由于小学教育是起始教育，是接受学校教育的开端，是其他各级各类教育的基础。因此它是一个人接受学校教育必经的阶段。在我国，目前的小学教育是义务性的基础教育。小学教育的普及性，就是坚持教育要面向全体学生。每个人都应该并且能够得到发展，不应只注重部分学生的发展。这是每个学生的基本权利，应该得到尊重和保护。

2．全面促进小学生的发展

（1）尊重学生个性发展

教书育人作为教师一切工作的出发点和归宿，是教师区别于其他职业的重要标准，其核心在于培养学生的个性，发展学生的潜能。每个年龄阶段的学生，心理特点和智力水平既有一定的普遍性，又有一定的特殊性，教师既要从整体上把握教学目标，又要根据班级的实际情况以及学生的个别情况制订出具体要求，设计或选择丰富多样、适当的教育教学活动方式，因材施教，以促进学生的个性发展。因材施教包括两个方面：一方面是指教师能够从学生的实际情况出发，使教学的深度、广度、进度适合学生的知识水平和接受能力；另一方面是指教育要关注学生的个性特点，尊重学生的兴趣、才能、想象力和好奇心等。

（2）关注学生心理变化

小学生的心理发展迅速，随着年龄的增长，他们的情感变化愈加丰富、深刻，自我意识日益增强。这个时期儿童的心理发展，更需要一个健康良好的环境去保障和呵护，开展必要的心理健康教育指导具有重要的现实意义。在小学教育中开展心理健康教育可以从以下几个方面展开。

首先，组织和开展心理健康活动课。其次，将心理健康教育渗透到各科课程中。最后，对个别有需要的学生进行专门的心理咨询和辅导。

（3）注重形成性评价与终结性评价的结合

评价是教师最常运用的一种教育方式。评价不仅具有诊断的作用，而且具有导向、激励等功能。正确、适当的评价在促进学生学习和保障学生心理健康方面具有重要意义。当前教师在对学生评价时过分注重结果，忽视过程，这种只注重结果的评价方式不利于学生的成长。在对学生的评价过程中，教师要有意识地把形成性评价和终结性评价结合起来，使评价真正起到引导、激励学生成长的作用。

（4）汇集家庭与学校的教育合力

小学时期是学生身心发展各个方面的关键时期，特别是对于低年级学生而言，家庭教育的重要作用不容忽视。

教师应该与学生家长建立平等合作的良好关系。对于学生的教育问题，教师与家长应该经常沟通，形成一种教育合力。

三、教育公正与小学生的共同发展

运用“以人为本”的学生观来开展教育活动，要遵循“教育公正”的原则，处理好小学生发展的“共同性”和“差异性”问题。

（一）促进全体学生的共同发展要以教育机会均等为基本原则

在学校教育活动中，“以人为本”，也是以所有学生的发展为本，或者说以每一个学生的发展为本，必须坚持“教育公正”原则。

所谓教育机会均等，应当包括两个方面：一个是入学机会均等，另一个是教育过程中机会均等。

（二）有差异的学生的共同发展

1．学生的性别差异与共同发展

性别作为一种自然状态，是由遗传基因决定的。遗传基因的差异，会给不同性别的人带来发展的差异。

2．学生的民族差异与共同发展

我国是一个多民族的国家，因此，在我国小学教育活动中，坚持“以人为本”，必须注意到民族差异，做到不同民族的学生共同发展，特别要注意少数民族学生的发展。

3．学生的地域差异与共同发展

中国人口众多，地域广大，经济发展不平衡，存在着地域发展的差异。坚持“以人为本”，也要做到不同地域的学生得到共同发展。

教育者要对来自不同地域的学生，不同的发展状况，有正确的认识。正确地对待可能由于地域造成的学生发展差异，不能因学生所处地域的差异而歧视一些学生，要促进来自不同地域的小学生共同发展。

4．学生家庭背景的差异与共同发展

家庭是社会的细胞，然而社会中的家庭却千差万别。家庭有经济情况的差异，有家长社会地位的差异，有家长文化水平的差异，有家长性格的差异，有家长教育子女水平的差异，还有家庭结构的差异。家庭的种种差异，可能会影响小学生的发展。教育者不能因为学生家庭的种种差异，以及这种差异给学生发展带来的困难而歧视学生。

5．学生身心发展水平的差异与共同发展

最有可能影响教师在教育过程中对学生进行资源分配的因素，就是学生身心发展水平的差异。从学生的自然状况看，他们的生理发展情况会有差异。从学生的社会文化素质状况看，也会存在学习水平的差异。在教育活动中“以人为本”，特别要注意正确地对待学生身心发展的差异，要给予身心发展状况不同的学生以同样的关注，以促进学生的共同发展。

四、教育公正与小学生个性发展

坚持教育公正，是“以人为本”对小学教育的本质要求，正确地对待所有的小学生，促进所有小学生的共同发展，并不是让所有小学生步调一致，而是让每一个小学生都能在自己发展潜能的基础上，个性能够得到充分发展。

（一）分阶段教育与个性发展的辩证统一

分阶段教育是指在教育活动中把学生按“好、中、差”分为不同的阶段，然后依据这种阶段，给予不同阶段的学生以不同的教育资源。而因材施教原则是依据每个学生的发展特点和发展潜能，采用适宜的教育方法。分阶段教育同因材施教的根本区别在于教育观念的不同。分阶段教育背后的教育观是，学生有才能高低，因而给予学生的教育机会要按照才能的高低来分配。因材施教背后的教育观是，学生的个性发展潜能不同，因而要给不同个性发展潜能的学生提供最有利于其发展的教育机会。

（二）教育公正与小学生个性发展的辩证统一

在教育活动中，不因性别、民族、地域、家庭背景和学生个人身心发展情况而歧视一些学生，给所有小学生提供同样的教育机会，这是教育公正的要求。教育公正也包括不同学生不同个性发展潜能得到充分开发。在这个意义上讲，“以人为本”，还包括以每一个学生的个性发展潜能为本。人的全面社会文化素质包括德、智、体、美等方面。人要在社会文化素质的各个方面都获得发展。但是在这些方面的基础性发展水平上，各个方面的素质发展程度可以是各不相同的。当今社会所需要的人才应当是全面发展和专门发展相结合的人才。专门性发展就是人的个性方面。让有审美特殊才能的人去专门发展体育竞技能力，或是让科学人才去专门发展审美能力等，都是对人的个性发展的伤害，因而这种教育也是不公平的。即使人的同一种素质发展，不同的人发展可能性也是不一样的。譬如智力素质的发展，人与人之间也存在差异。以人为本，教育公正，也意味着承认某些学生可以发展得快一些，某些学生可以发展得慢一些。

五、构建良好的师生关系

（一）师生关系的含义及功能

1．师生关系的概念

师生关系是指教师和学生在教育、教学活动中结成的相互关系，包括彼此所处的地位、作用和态度等。师生关系是教育活动过程中人与人关系中最基本、最重要的关系。

2．师生关系的功能

（1）教育功能

师生关系是教师和学生为实现一定的教育目的而结成的相互关系，其本身就孕育着一种教育任务。

（2）激励功能

良好的师生关系对师生双方都会产生重要的激励作用。对于学生而言，良好的师生关系会使学校生活具有很强的吸引力。对于教师而言，良好的师生关系能够使教师感受到教育教学过程的愉快和自身从事工作的价值，从而焕发教师的工作热情和积极性，激发教师的责任心，激励教师全身心投入教育工作中去。

（3）社会功能

良好的师生关系传递着一种关怀、信任的心理氛围，对于学生今后更好地适应社会起着重要的作用。

因此，良好的师生关系是教育教学活动顺利进行的保障；良好的师生关系是构建和谐校园的基础；良好的师生关系是实现教学相长的催化剂；良好的师生关系能够满足学生的多种需要。

（二）师生关系的基本类型

师生关系可以分为放任型、专制型和民主型。每一种师生关系都有其特征与不同的影响：

放任型师生关系模式的特征是无序、随意和放纵。放任型模式下，学生的学习成绩在教师不在场时反而更好，这是由于学生中的具有领袖才能的人，出面进行组织的结果。

专制型师生关系模式的特征是命令、权威和疏远。在专制型模式之下，当教师在场时学生的学习成绩高于教师不在场时，说明学生只有在教师的权威下才肯努力学习。

民主型师生关系模式的特征是开放、平等和互助。在民主型模式之下，学生的学习努力程度比较适中，学习成绩比较稳定。

因此，新课程理念倡导的师生关系应当为民主型师生关系模式。

（三）辩证统一的师生关系（师生关系的内容）

1. 教学上的授受关系

从教育内容的角度说，教师是传授者，学生是接受者。学生主体地位的形成既是教育的目的，也是教育成功的条件。教师对学生的指导、引导的目的是促进学生的自主发展。

2. 人格上的平等关系

学生作为一个独立的社会个体，在人格上与教师是平等的。真正的民主的师生关系是一种朋友式的友好与帮助的关系。

3. 社会道德上的相互促进关系

师生关系从本质上讲是教师与学生之间的人的关系。教师对学生的影响不仅体现在知识和智力上，而且体现在思想和人格上。

（四）建立新型的师生关系的基本要求

1. 尊师爱生

尊师爱生是指学生应当尊重教师，教师应当关爱学生，师生之间彼此尊重，相互关爱。教师热爱学生是建立民主、平等、和谐师生关系的基础。

2. 民主平等

师生在教育教学中还要讲民主，这种民主不是表面上的你问我答，而是师生之间真正的对话关系。教师应该鼓励学生争论质疑，允许学生说出与众不同的想法，尊重学生的每一束思想火花。

3. 教学相长

教学相长是指教师只有了解学生及教育的目的，才能使自己的知识和教育智慧得以充分发挥；学生只有了解教师和教育取向时，才能在教育活动中更好地获得知识，促进自身发展。教学相长是教师与学生在一种良好的教学环境下的相互促进关系，是在尊师爱生、民主平等的基础上两者良好关系的进一步延伸和升华。

4. 心理相容

心理相容是指教师与学生之间心理上的相互包容，情感上的相互支持。

第三节 教师观

一、教师职业概述

（一）教师的概念

教师，是传递和传播人类文明的专职人员，是学校教育职能的主要实施者。广义上，凡是把知识、技能和技巧传授给别人的，都可称之为教师。狭义上，教师指经过专门训练，在学校从事教育教学工作的专门人员。

（二）教师的任务

教师的根本任务是教书育人。教师的具体任务是：教师不仅要教好书，还要做好学生的思想品德教育工作，关怀学生的身体和心理健康，关心学生的生活。

首先，要教好书，搞好教学，因为这是教师的主要任务。它要求明确教育的目的，全面完成传授科学文化基础知识、培养基本技能、发展智力和体力、培养良好品德的任务。

其次，教师要做好思想品德教育工作，这是教师经常性的工作之一。教师通过日常教学、班主任工作，组织或指导课外活动，进行家访等都可以对学生进行思想品德教育，使他们具有为我国社会主义现代化事业努力学习的志向，形成对世界、对人生的正确看法，懂得怎样做人、如何生活的道理。

另外，教师还要关怀学生的身体和身心健康。教师要根据学生的生理和心理发展的特点要求学生，把握学生负担的合理性。过重的负担容易影响学生的身心健康。

最后，教师要关心学生的生活。教师不仅要关心他们的物质生活，更要注意丰富他们的精神生活。教师要适当关照学生的衣食住行，也要合理安排学生的学习、文艺和体育等活动，以便促进他们心理的健康和个性的充分发展。

二、教师劳动的特点

（一）教师劳动的复杂性和创造性

1. 教师劳动的复杂性

教师劳动的复杂性是由其工作性质、任务及过程的特殊性所决定的。教师劳动的复杂性主要表现在以下五个方面。

（1）教师劳动性质的复杂性。教师的劳动属于专业行为，是一种高度复杂的心志劳动。

（2）教师劳动对象的复杂性。教师的劳动对象是千差万别的人。教师不仅要经常在同一个时空条件下，面对全体学生，实施统一的课程计划、课程标准，还要根据每个学生的实际情况因材施教。

（3）教师劳动任务的复杂性。教师不仅要传授科学文化知识和训练学生的技能，发展学生的智力、培养能力，还要培养学生一定的思想品德，促进学生的身心健康。教育目的就是使每个学生得到全面、和谐而独特的发展。

（4）教师劳动过程的复杂性。要使学生形成一种良好的思想品德，需要经过知识的传授、情感的体验、意志的锻炼、信念的建立，以及行为习惯的培养这样一个长期的过程。

（5）教师劳动手段的复杂性。教育要有效地促进学生全面发展，必须保持教育影响的一致性，优化组合各种影响，使之发挥最佳的合力。然而，把这些复杂的影响有效地组织到教育过程中，使来自各方面的影响协调一致，这是一种复杂的工作。

2．教师劳动的创造性

教师劳动的创造性主要是由劳动对象的特点所决定的。教师劳动的创造性表现在以下三个方面。

（1）因材施教。教师的教育对象是千差万别的，教师必须灵活地针对每个学生的特点，对他们提出不同的要求，采用不同的教育教学方法，做到"一把钥匙开一把锁"，使每个学生都能够得到发展。

（2）教学方法上的不断更新。为了提高教学效果，教师还要尝试新的教学方法，进行教学方法的变换或改革。即使是同样的教学内容，也要结合实际情况的变化以及教师自身认识的提高，在教学方法上不断调整、改进、创新。

（3）教师需要"教育机智"。教育机智是教师在教育教学过程中的一种特殊定向能力，是指教师能根据学生新的特别是意外的情况，迅速而正确地做出判断，随机应变地采取及时有效的教育措施解决问题的能力。教育机智可以用四个词语概括：因势利导、随机应变、掌握分寸、对症下药。教师劳动的创造性突出表现在教育机智上。

（二）教师劳动的连续性和广延性

1．教师劳动的连续性

连续性是指时间的连续性。教师的劳动没有严格的交接班时间界定，这个特点是由教师劳动对象的相对稳定性的特点决定的。教师要不断了解学生的过去与现状，预测学生的发展与未来，检验教育教学效果，获取教育教学反馈信息，准备新一轮的教育教学活动。

2．教师劳动的广延性

广延性是指空间的广延性。教师没有严格界定的劳动场所，课堂内外、学校内外都可能成为教师劳动的空间，这个特点是由影响学生发展因素的多样性决定的。学生的成长不仅受学校的影响，还受社会和家庭的影响。教师不能只在课内、校内发挥影响力，还要走出校门，协调学校、社会、家庭的教育影响，以便形成教育合力。

（三）教师劳动的长期性和间接性

1．教师劳动的长期性

长期性指人才培养的周期比较长，教育的影响具有时效性。教师劳动的成效并不是一时就可以检验出来的，而是需要教师付出长期的大量的劳动才能看到结果、得到验证，教师的某些影响对学生终身都会产生作用。因此，教师的劳动具有长期性。

2．教师劳动的间接性

间接性指教师的劳动不直接创造物质财富，而是以学生为中介实现教师劳动的价值。教师的劳动并没有直接服务于社会，或直接贡献于人类的物质产品和精神产品。教师劳动的结晶是学生，是学生的品德、学识和才能，待学生走上社会，由他们来为社会创造财富。

（四）教师劳动的主体性和示范性

1．教师劳动的主体性

主体性是指教师自身可以成为活生生的教育因素和具有影响力的榜样。对于教师来说，首先，教育教学过程就是教师直接用自身的知识、智慧、品德影响学生的过程。再者，教师劳动工具的主体性也是教师劳动主体性的表现。教师所使用的教具、教材，也必须为教师所掌握，成为教师自己的东西，才能向学生传授。

2．教师劳动的示范性

示范性指教师的言行举止，如人品、才能、治学态度等都会成为学生学习的对象。教师劳动的示范性特点是由学生的可塑性、向师性心理特征决定的。同时，教师劳动的主体性要求教师的劳动具有示范性特点。

（五）教师劳动方式的个体性和劳动成果的群体性

1．教师劳动方式的个体性

教育教学活动主要是通过一个个教师的个体来完成的。每个教师在一定的时间和空间上，在一定的目标上，都具有很强的个体性特点。所以，从劳动手段角度来看，教师的劳动主要是以个体劳动的形式进行的。

2．教师劳动成果的群体性

教师的劳动成果又是集体劳动和多方面影响的结果。由于学校教育是分段进行的，每一阶段教师所面对的学生几乎都是前一阶段教师劳动的产物，所以，教师的个体劳动最终都要融汇于教师的集体劳动之中，教育工作需要教师的群体劳动。

三、小学教师职业的认识

（一）教师职业的性质

1．教师职业是一门专门化职业，教师是专业人员

教师工作作为一种专门职业，具有专业的基本特性。第一，教师职业具有一定的职业声望。第二，教师需要经过严格的职前专业训练。第三，教师具有专业自主性。第四，教师职业有自己的专业标准。第五，教师实践是现代教育科学重要的专业研究领域。

2．教师职业是促进个体社会化的职业，教师是教育者

个体从自然人发展成社会人就是一个逐步社会化的过程，而教师在个体社会化的过程中担任教化任务，他们根据一定社会的要求向年轻一代传授人类长期积累的知识经验，规范他们的行为品格，塑造他们的价值观念，引导与指导他们主动地、有效地学习，把外在的人类文化精华内化为个体的身心发展素质，实现个体的社会化。

（二）教师职业角色的特点

教师职业的最大特点就在于职业角色的多样化，一般来说，教师的职业角色主要有以下几种。

（1）传道者的角色

教师负有传递社会传统道德、价值观念的使命，“道之所存，师之所存也”。教师的道德观、价值观总是代表着社会主导的道德观、价值观，并用这种观念引导学生。除了社会一般道德、价值观外，教师对学生的“做人之道”“为业之道”“治学之道”等也有引导和示范的责任。

（2）授业解惑者的角色

教师是社会各行各业建设人才的培养者，他们在掌握了人类经过长期的社会实践活动所获得的知识经验、技能的基础上，对其精心加工整理，然后以特定的方式传授给年青一代，并帮助他们解除学习中的困惑，启发他们的智慧，形成一定的知识结构和技能技巧，成为社会有用的建设者。

（3）示范者的角色

教师的言行是学生学习和模仿的榜样。学生具有向师性的特点，教师的言论行为、为人处世的态度会对学生具有耳濡目染、潜移默化的作用。

（4）管理者的角色

教师是学校教育教学活动的组织者和管理者，需要肩负起教育教学管理的职责，包括确定目标、建立班集体、制定和贯彻规章制度、维持班级纪律、组织班级活动、协调人际关系等，并对教育教学活动进行控制、检查和评价。

（5）朋友的角色

在某种程度上，学生往往愿意把教师当作他们的朋友，也期望教师能把他们当作自己的朋友看待，希望得到教师在学习、生活、人生等多方面的指导，希望教师能与他们一起分担痛苦与忧伤、分享欢乐与幸福。

（6）研究者的角色

教师工作对象是充满生命力的、千差万别的活的个体，传授的内容是不断发展变化着的人文、科学知识，这就决定了教师要以一种变化发展的态度来对待自己的工作对象、工作内容，要不断学习、不断反思、不断创新。

（三）新课程改革背景下的教师观

1. 现代教师角色转换

（1）教师由知识的传授者转变为学生学习的引导者和学生发展的促进者

首先，教师再也不能以传授知识作为自己的主要职责和目的，而应该把激发学生学习的动机，指导学生的学习方法，组织管理和指导学生的学习过程，培养学生自主学习、合作学习的能力作为自己工作的主要目标。在教学过程中，教师要注重培养学生的发现和探究能力以及实践动手能力，激发学生的创造潜能，引导学生学会学习、学会合作、学会做事、学会做人。

其次，现代社会的发展要求教师不仅仅是向学生传播知识和社会规范，更要关注学生人格的健康成长与个性发展，真正成为学生发展的促进者。

（2）教师从课程的忠实执行者转变为课程的建设者和开发者

新课程改革倡导民主、开放、科学的课程理念，同时确立了国家、地方和学校的三级课程管理体制，建立了包括国家课程、地方课程和校本课程的三级课程体系。三级课程体系的建立，要求课程与教学必须相互整合，教师必须在课程改革中发挥主体作用，转变长期以来形成的课程的忠实执行者的角色，成为课程的积极的开发者和建设者。

新课程要求教师具有强烈的课程意识和参与意识，改变以往学科本位的观念和被动实施课程的做法。教师要整体理解基础教育课程的结构系统，熟悉国家课程方案，理解国家课程、地方课程、校本课程的关系，理解课程实施中从“专家课程”到“现实课程”的转变过程，正确认识教材在课程中的地位和功能，变过去习惯的“教教材”为“用教材教”，创造性地使用国家课程教材，积极进行国家课程地方化、校本化的实践探索。同时，积极参与地方课程和校本课程的建设，培养开发课程、评价课程、主动选择和创造性地使用新课程教材能力。

（3）教师要从“教书匠”转变为教育教学的研究者和反思的实践者

新课程要求教师应该是一个研究者，在教学过程中以研究者的心态置身于教学情境中，以研究者的眼光审视和分析教学理论与教学实践中的各种问题，对出现的教学问题进行研究，总结经验，并形成规律性的认识。

（4）教师要从学校的教师转变为社区型的开放的教师

新课程特别强调学校与社区的互动，重视挖掘社区的教育资源。在这种情况下，教师的角色不能再仅仅局限于学校和课堂，教师不仅是学校的一员，而且是整个社区的一员，是整个社区教育、文化事业建设的共建者。

2．教师行为的转变

（1）在对待师生关系上，新课程强调尊重、赞赏

首先，“为了每一位学生的发展”是新课程改革的核心理念。为了实现这一理念，教师必须尊重每一位学生做人的尊严和价值，尤其是对于学习成绩不好的学生，有缺点和过错的学生。

其次，尊重学生意味着不能伤害学生的自尊心，这就要求教师不能体罚学生，不大声训斥学生，不羞辱、嘲笑学生，不随意当众批评学生。

最后，教师不仅要尊重每一位学生，还要学会赞赏每一位学生。

（2）在对待教学上，新课程强调帮助、引导

引导的特点是含而不露、指而不明、开而不达、引而不发；引导的内容不仅包括方法和思维，也包括价值观和做人。

（3）在对待自我上，新课程强调教学反思

按教学的进程，教学反思分为教学前、教学中、教学后三个阶段。教学反思是教师专业发展和自我成长的重要因素，促使教师形成自我反思的意识和自我监控的能力。

（4）在对待与其他教育者的关系上，新课程强调合作

新课程强调课程的综合，这种趋势特别需要教师之间的合作。

四、小学教师的专业发展

（一）教师专业化概述

1．教师专业发展的内涵

教师的专业发展，是指教师个体专业不断发展的历程，是教师通过努力从专业理想到专业知识、专业能力、专业心理品质等方面，由不成熟到比较成熟的发展过程，即由一个专业新手发展

成为专家型教师或学者型教师的过程。教师的专业发展是一个有意识、持续、系统的过程。

《中华人民共和国教育法》中明确规定：“教师是履行教育教学职责的专业人员。”首次从法律上确认了教师的专业地位。

2．教师专业发展的内容

第一，专业理想的建立。教师的专业理想是教师对成为一个成熟的教育教学专业工作者的向往和追求，它为教师提供了奋斗的目标，是推动教师发展的巨大动力。

第二，专业知识的扩展和深化。专业知识是一个合格教师的必备条件，它关系到学生能够从老师那里学到什么以及如何学的问题。教师一般都负担某一学科或某一专业知识领域的教学工作。掌握这一学科或专业领域较全面和坚实的知识，是对每一个教师的基本要求。

第三，专业态度和动机的完善。教师的专业态度和动机是教师专业活动的动力基础。教师在这个方面的发展主要表现在教师对职业的态度、工作的积极性以及职业满意度等。从我国目前的情况来看，很多人从事教师职业都是考虑到教师的福利待遇以及教师的工作特点等方面。这样的工作动机不利于自身更加投入地工作，也不利于产生较高的职业满意度。

第四，专业能力的提高。专业的教师必须具备从事教育教学工作的能力，包括教师技巧和教育教学能力。

第五，专业人格的形成。教师的专业人格是教师在教育教学工作中所必须具有的道德品质方面的自我修养，诚实正直、善良宽容、公正严格是教师专业人格的重要内容。诚实正直是做人的根本，善良宽容是对学生的爱，公正严格是出于教师的责任。学高为师，身正为范，才能赢得学生的信任和尊重，使学生心悦诚服，在潜移默化中影响学生的成长。

第六，专业自我的形成。专业自我包括自我意象、自我尊重、工作动机、工作满意度、任务知觉和未来前景。对教学工作来讲，教师的专业自我是教师个体对自我从事教学工作的感受、接纳和肯定的心理倾向，这种倾向将显著地影响到教师的教学工作效果。

3．教师专业发展的要求

（1）树立正确的专业发展意识

专业发展意识是教师专业发展的内在动力。专业发展意识意味着人不仅能把握自己与外部世界的联系，而且具有把自身的发展当作自己认识的对象和自觉实践的对象，并能构建自己的内部世界。只有达到这一水平，人才在完全意义上成为自己发展的主体。

（2）扩展专业知识

专业知识是一个合格教师的必备条件，它关系到学生能够从教师那里学到什么以及如何学的问题。教师一般都负担某一学科或某一专业知识领域的教学工作。掌握这一学科或专业领域较全面和坚实的知识，是对一个教师的基本要求。

但是由于时代的飞速发展，教师的“一碗水”“一桶水”水平显然不能胜任今天的工作。如英语教师首先必须优化自己的知识结构，具备当代科学与人文的基本知识，拓展自己的知识基础，丰富自己的精神生活。同时也帮助保持教学的时代性，为评价学生提供更为广泛的视界。其次，教师在教育理论方面丰富自己的知识素养，掌握学生及其具备的知识，了解学生的身心发展状况，知晓学生语言能力的发展规律，能诊断学生英语学习困难和特殊学习的需要。这些知识的储备，有利于教师正确、有效地对学生的学业进行评价。再次，教师还需要具有与教师的职业生活相关的课程、教材与教学设计等方面的知识，它直接可以运用于课堂生活，为具体的教育情景提供有效的策略指导。

（3）提高专业能力

教师的专业能力指教师运用所学知识进行课堂教学与反思的能力，包括教学能力和教学反思能力。提高专业能力应做到：第一，提高教学能力；第二，提高教学研究能力。需要注意的是，专业能力不等同于专业知识。

（二）小学教师专业发展途径

1．职前培训

职前专业教育是教师从事专业工作的重要的基础阶段，是入职前的准备阶段。在这个阶段要掌握从事教师所必需的学科专业知识和教育教学知识，掌握专业技能，培养专业态度，形成专业素养，为从事教育工作奠定基础。专业实践的方式包括：参观学校活动、教育现场观察和教育实习等。

2．入职培训

教师入职专业发展阶段，是指经历过教师职前教育阶段的人，在刚获得的教职岗位上，进一步了解、学习和掌握岗位知识与能力的阶段。师徒结对是很多学校帮助新手教师入职专业发展的方法。

3．在职培训

教师职后专业发展，是指经历了入职专业发展以后，教师专业的继续发展。在教育教学活动中，进行教学反思，在实践中提升专业发展。一个教师要从“新手教师”成长为一个成熟的教师，甚至是一个专家型的教师，其获得成长的最重要的途径是实践。许多优秀教师成长过程的研究都表明，做反思的实践者，在教育实践中研究教育，是教师获得自身专业发展的重要途径。

4．自我教育

教师的自我教育就是专业化的自我建构，它是教师个体专业化发展最直接、最普遍的途径。教师自我教育的方式主要有自我反思、主动收集教改信息、研究教育教学中的各个关键事件、自学现代教育教学理论、积极感受教学的成功与失败等。教师的自我教育是专业理想确立、专业情感积淀、专业技能提高、专业风格形成的关键。

此外，跨校合作（教师专业发展学校）、专家指导（如讲座、报告）、政府教育部门和教研机构组织的各类专业培训和交流活动等也是教师专业发展的途径。

（三）小学教师专业发展的方法

教师专业化的实现依靠客观和主观两方面的条件。从客观来看，需要国家和政府的法律、政策和资金支持；从主观来看，需要教师的个人努力。

国家和政府对教师专业化的促进保障包括以下几个方面。

1．加强教师教育

首先，要建立一体化和开放式的教育体系。一体化教师教育体系包括三层意思：一是职前培养、入职教育、职后提高的一体化，即学历教育与非学历教育一体化；二是中小学教师教育一体化；三是教学研究与教育实践一体化，即教师教育机构与中小学建立密切的伙伴关系。

其次，要改革教师教育课程。一是调整课程结构，增加教育理论课程和选修课程的比例；二是强化实践性课程；三是整合课程内容。

2．制定法律法规

我国 1993 年颁布的《中华人民共和国教师法》，首次以法律形式规定“国家实行教师资格制度”。

3．提供经济保障

政府提供一定的经济保障，是教师专业发展得以顺利进行的重要条件。许多国家对教师专业发展活动有专门的资金资助。我国也制定了鼓励在职教师特别是农村教师进修提高的相关政策。

五、终身学习

（一）终身学习是现代社会的发展要求

1965 年，法国教育理论家保罗·朗格朗在联合国教科文组织于巴黎召开的国际成人教育促进会议上，提出“终身教育”的概念。终身教育作为一种全球化的教育思潮引起世界各国的热切关注，终身教育的实践也广泛地开展起来。

终身学习是指社会每个成员为适应社会发展和实现个体发展的需要，贯穿于人一生的，持续的学习过程。小学教师必须有终身学习的意识和理念，在岗位上不断学习，更好地获得专业发展。

终身学习的基本特征主要包括连续性、开放性、多样性、灵活性、个性化和整体性。

终身学习的意义与作用：终身学习是新课程对教师的要求；终身学习是教师实现自我发展的途径；终身学习能够提高教师在教学中的探究创新精神；终身学习是教师职业的责任意识；终身学习使教师适应新教材的教学。

（二）教师终身学习的要求

首先，要学会学习。学会学习、养成良好的学习习惯、使学习成为自己的一种生活方式，将是每一个人未来生活幸福和愉快的保证。

其次，积累专业知识，成为学科专家。现代教育以人为本，教师的责任已不仅仅是“教书”，完成教学任务，更是“用教材教学生”，达到学生心智的发展和学习能力的提高。

再次，学习有关教育的学问。未来的教师必须是一个教育专家，必须在学习专业学科的同时掌握其他有关教育的学问。

最后，学习信息技术。教育信息化主要强调将现代化信息技术转化为现代教学手段。

（三）终身学习的途径与方法

一是参加系统的终身学习。我国很重视教师的继续教育问题，全国各地都在实施继续教育的系统工程。教育部明确要求，幼儿园、中小学教师要定期轮训。教师通过脱产进修、函授、自学考试或网络教育提高学历是适应职业的需要，也是自我发展的需要。教师要把每一个阶段的学习作为“加油站”，养成终身学习的习惯。

二是参加校本学习。通过校本培训把知识转化为解决问题的技能、技巧，不断提高自己的学习技能和技巧。

三是参加各类成人教育。如函授教育、电大学习、各类自学考试等。

四是借助媒体学习。可通过光盘、磁带、电视、上网查询等方法学习外地先进的教学经验，提升自己的教学能力。

六、教师职业的责任与价值

（一）教师职业的责任

教师职业的责任是指教师必须承担的职责和任务。在社会主义条件下，教师的根本职责是教书育人，提高民族素质，培养社会主义事业建设者和接班人。

（二）教师职业的价值

教师职业的价值在于追求教师职业生活的幸福，并将教师职业的幸福引向人生的价值和归宿的思考轨道上来。教师职业价值主要包括社会价值和自我价值两个方面。

（1）社会价值

教师劳动的社会价值是指教师在教育教学过程中耗费劳动而产生的满足社会需要的意义和作用。它是教师劳动价值的主要属性，也是体现教师社会地位和教师个人价值的主要标志。

（2）个人价值

教师劳动的个人价值是作为客体的教师劳动对于教师主体需要的肯定或否定某种状态，是满足教师自身物质和精神需要的程度。

教师劳动的价值是多元的，全面认识教师劳动的价值，有助于提高教师的专业素养，对于树立正确的教师价值观具有重要意义。在全社会日益重视教师劳动价值的同时，教师自己也应该尊重自己的劳动，创造更高的价值。

本章历年试题分析

一、单项选择题

1. 张老师在小学英语教学中恰当运用英语话剧的形式进行教学，让学生在具体情境中学习英语。张老师的做法（　　）。【2016.3】

A. 优化了教学目标 B. 优化了教学条件 C. 优化了教学过程 D. 优化了教学资源

2. 针对“好学生吃不饱，学困生吃不了”的现象，蒋老师在充分了解学生的差异的基础上，将学生分为三个层次，进行分层教学。蒋老师的做法体现了（　　）。【2016.3】

A. 诲人不倦　　B. 教学相长　　C. 循循善诱　　D. 因材施教

3. 某小学对学生评优制度进行了改革，增设了“创造之星”“孝心少年”等多项荣誉称号，该学校的做法（　　）。【2016.3】

A. 不利于端正学生的学习态度　　B. 不利于促进学生的全面发展

C. 有利于强化学生之间的竞争　　D. 有利于促进学生的创新精神

4. 某小学要求教师重视教学科研，卢老师抱怨道：“搞研究有什么用!”卢老师的说法（　　）。【2016.3】

A. 不正确。教师须服从学校一切安排　　B. 不正确。研究有利于教师专业发展

C. 正确。小学教师搞研究没用　　D. 正确。研究对应试帮助不大

5. 在教学活动中，教师既要重视学生的知识学习，又要注重学生的品德养成与能力发展，这说明教育具有（　　）。【2015.11】

A. 全面性　　B. 阶段性　　C. 独立性　　D. 片面性

6. 下列说法中正确的是（　　）。【2015.11】

A. 只有成绩优良的学生才是好学生　　B. 学生在教学中处于从属的地位

C. 成绩差的学生也有可能获得成功　　D. 头脑笨的学生怎么教都教不好

7. 万老师教学很认真，经常辛辛苦苦从上课讲到下课，嗓门特别大，被同事戏称为“全天候广播员”，可教学效果一直不好，万老师需要反思的是（　　）。【2015.11】

A. 教学态度　　B. 教学方式　　C. 教学目的　　D. 教学条件

8. 每次老师提问，小虎总爱抢着回答，但基本上都答错。对此老师应该（　　）。【2015.11】

A. 引导小虎仔细思考　　B. 安排小虎多做作业

C. 批评小虎思考不认真　　D. 对小虎举手置之不理

9. 平时嗓门大的小强在回答问题时声音小，老师批评说“声音那么小，难道你是女孩子吗?”全班哄堂大笑，该老师做法（　　）。【2015.3】

A. 合理，有助于促进学生自主学习　　B. 合理，有助于鼓励学生反思

C. 不合理，教育体现对学生的尊重　　D. 不合理，歧视学生的生理缺陷

10. 孙老师给小华写了这样的评语：“填空题错了一道，其他题全对，能够非常好地运用循环小数的简便记法等知识。等级评定为优秀。”关于孙老师的做法，下列选项中不正确的是（　　）。【2015.3】

A. 孙老师以分数作为评价标准　　B. 孙老师关注学生的知识掌握

C. 孙老师关注学生的学业水平　　D. 孙老师关注学生的学习效果

11. 某校经常组织一学科教师互相观摩教学，课后针对教学过程展开研讨，提出完善教学的建议，这种做法体现教师专业发展途径是（　　）。【2015.3】

A. 进修培训　　B. 同伴互助　　C. 师德结对　　D. 自我研修

12. 焦老师积极参加各种教师培训活动，返校后主动与同事们交流学习心得体会，并将其用于教学实践，关于焦老师的做法，不正确的是（　　）。【2015.3】

A. 体现了终身学习的自觉性　　B. 有利于师生的共同发展

C. 推动了学校的校本教研　　D. 有助于增进学校合作

13. 一名教师对两名学生说：“明天公开课，你俩不用去上课了。”教师的做法违背了（　　）。【2014.11】

A. 教育公平　　B. 因材施教　　C. 因势利导　　D. 循循善诱

14. 杨老师讲错题，学生纠正老师，杨老师不仅不批评反而表扬学生善于思考具有质疑精神，下列说法不当的是（　　）。【2014.11】

A. 老师重视培养学生的思考能力

B. 重视培养学生的自我评价能力

C. 重视培养创新求异

D. 重视培养批判思维能力

15. 下列选项中，不属于素质教育任务的是（　　）。【2014.3】

A. 增强学生的身体素质　　B. 增强学生的心理素质

C. 促进学生道德品质的发展　　D. 促进学生能力的平均发展

16. 某小学取消了各种形式的统考，废除了“百分制”，而代之以“评语+特长+等级”的评价标准。学校的做法（　　）。【2014.3】

A. 正确，体现了评价的甄别与选拔功能

B. 不正确，没有体现评价评价标准的多元化

C. 正确，体现了评价的激励与发展功能

D. 不正确，没有体现评价方式的多元化

17. 军军的英语成绩比较差，每次考试都不及格，这次考试及格了。军军本以为老师会表扬他，没想到老师一进教室就当着全班同学的面问他：“你这次考得特别好，不是抄来的吧?”老师的这种做法忽视的是（　　）。【2014.3】

A. 学生的完整性　B. 学生的个体性　C. 学生的独立性　D. 学生的发展性

18. 老师在专心致志地讲课时，发现有学生开小差。老师应采取的措施是（　　）。【2014.3】

A. 立即停止，让学生站着听课

B. 大发雷霆，要求学生公开检讨

C. 停止上课，对学生反复劝说

D. 轻拍学生，提醒学生集中精力

19. 沈老师收集废旧轮胎、破篮球、废纸箱、塑料绳等废旧材料，“变废为宝”，将之改造成各种合适的教具、学具，这表明老师具有（　　）。【2016.11】

A. 教学资源开发能力　　B. 课程组织实施能力

C. 教学程序设计能力　　D. 教育科学知识

20. 郑老师指导新教师时说，了解学生身心发展规律、学习心理等，对做好教育教学工作极为重要。郑老师的体会表明，教师不可忽视（　　）。【2016.11】

A. 政治理论知识　B. 文化基础知识　C. 学科专业知识　D. 教育科学知识

二、材料分析题

1. 材料【2016.3】

李老师认为，要让孩子树立自信心，就必须让孩子发现自己的优点。李老师组织学生讨论:“你有哪些优点?”同学们讨论得非常激烈，有的人说自己孝顺父母，有的说自己尊敬老师……大家发现原来自己很多优点呢。这时，一向活泼好动的小明把手举得很高，李老师说:“小明，你有什么优点?”小明说:“您为什么总是叫我们说优点啊？我爸爸说，每个人有缺点，老师也有缺点，我想说缺点。”教室里一下安静了。李老师说:“是的，我们每个人都有优点和缺点。老师也有缺点，请大家围绕小明的观点进行讨论吧!”大家七嘴八舌，最后，李老师说:“大家肯定优点的同时，也要正视自己的缺点，改正了缺点，我们会更强。”

课后，李老师在自己的日记里记录了这件事，并打算在合适的时候组织学生举办一次“我的小秘密”讨论活动，让同学们说说自己平时不好意思说出的缺点，并引导他们改掉这些缺点。

问题：请结合材料，从教育观的角度，评析李老师的教育行为。

2. 材料【2015.11】

王老师教六年级语文兼班主任，他每天都给学生布置大量作业，其实要批改堆积如山的作业也是一种折磨。他想，学生完成这些作业肯定不轻松。

一天下午放学前，王老师突然想，让学生自己给自己设计一次作业会怎么样呢？就叫“自设

作业”吧。当他把这一想法告诉学生时，学生很惊讶，作业还有自己设计的吗？同学们感到既新鲜又激动。

第二天，王老师带着期盼和不安的心情打开了那一份份作业，着实吃了一惊！有“老师，我考考您”，有“小发明介绍”，有“诉说我的烦恼”，有“我喜欢的名人名言”，有主题班会设计方案，有显示个性的硬笔书法，有的干脆就是一幅自画像……看着这些丰富多彩的作业，王老师激动不已！这些作业是同学们怀着极大地热情设计的，那里有学生的坦诚和率真，有学生的希望、喜悦、烦恼和困惑，还有他们对美的理解和对是非的判断。这其中闪烁着创造和智慧的火花，是师生之间心与心的交流。

当下午放学前王老师把作业本发下去时，同学们一改以往看也不看便塞进书包的习惯，而是迫不及待地翻开作业本，品味着老师批改的一字一句。借此时机，王老师指导学生把“自设作业”和语文学习结合起来。

以后的日子，“自设作业”竟在许多学生的作业中生了根，王老师发现，学生学习语文的兴趣更浓了。

请从学生观的角度，谈谈你从材料中获得的启示。

3. 材料【2014.11】

崔老师真是一个“懒”老师！

就说作文课吧，很多老师都有不成文的程序。首先，来个开场白，接着念几篇范文，发一通评论，再布置一篇作文，附带一堆提示……崔老师却不这样，他经常找一些文章，说阅读对于写作很重要，要大家自主阅读，然后让大家交流阅读感想。同学们往往争得面红耳赤，忙得不亦乐乎，他却显得逍遥自在。在此基础上，学生顺利地完成了作文，崔老师真懒！

崔老师建议同学们自主评选“班级之星”，并走“星光大道”。班上42个学生，大家都能自己评“星”，纷纷上台展现自己的风采。最后居然评出了各种各样的50颗“星”，他也没有反对。

崔老师负责学校宣传栏。起初，他叫几个能写会画的学生帮忙，后来竟然把组稿、绘画、编排等工作全交给学生们。最要命的是，他自己不做，居然要求大家每次必须有新意、有亮点，大家绞尽脑汁，他最多只在关键时点拨一下。有时大家忙活了半天，他却只说一句：“哎，还是没有新意。”同学们又得想办法。时间长了，同学们发现自己很有进步。

从学生观的角度，评价崔老师的教育行为。

4. 材料【2016.11】

四（1）班王红的语文、英语两科成绩都很好，唯独数学差，用她自己的话说：“我爸妈小时候数学都不好，遗传！”

刚接到这个班数学课的张老师很惋惜，她想：怎样让王红爱学数学，会学数学呢？在全面了解王红的学习现状以后，张老师决定从习得学习方法，消除数学畏惧入手帮助王红。

张老师先是和王红一起总结语文和英语的学习方法，归纳其中相同的地方，指导王红尝试将其应用在数学学习上。课堂上，张老师提问王红时，会将复杂的问题分解成一个个小问题，适当进行启发，并给王红提供机会说出解题思路，逐渐提高了王红的听课效果。

在操作性学习活动中，王红常常不知如何下手。针对这些问题，张老师一方面鼓励王红大胆操作，不要怕犯错误；另一方面教给她具体的操作方法，指导她逐步体验，渐入佳境。当作业难度较大时，张老师便给王红搭一个“脚手架”，涉及较容易的题目让她先完成，然后找到题目之间的联系，最终完成作业。对于王红的作业，张老师采用面批的形式，及时反馈，以便王红适时改进。

经过张老师和王红的共同努力，王红的数学成绩大幅度提高，王红再也不说自己“学不好数学”了。

问题：请结合材料，从学生观的角度，评价张老师的教育行为。

参考答案及解析

一、单项选择题

1.【答案】C

【解析】教学过程是教师教和学生学的双边活动过程，具体来说，教学过程就是通过有目的、有计划的师生交往和互动，学生积极主动地掌握系统的科学基础知识和基本技能，发展他们的智力和创造力的过程。张老师通过运用英语剧的形式进行教学能够增加教学过程的生动性和趣味性，并能激发学生参与英语学习的兴趣，优化了教学过程。

2.【答案】D

【解析】分层次进行教学就是教师根据学生现有的知识、能力水平和潜力倾向把学生科学地分成各自水平相近的群体并区别对待，这些群体在教师恰当的分层策略和相互作用中得到最好的发展和提高，是教师因材施教的体现。

3.【答案】D

【解析】我国的教育目的提倡的是使学生在脑力和体力方面上的和谐发展，德、智、体等方面的全面发展，促进学生的个性发展，并逐渐改革和完善评价机制，建立多元化的评价体系。题干中某小学增设多项荣誉称号，能够激发学生的参与热情，有助于促进学生的个性发展。

4.【答案】B

【解析】教师在教育过程中承担着研究者的角色。教师作为研究者是指教师应把教育教学工作中碰到的问题作为研究的课题，运用科学的方法进行研究，以寻找有效的解决方法。同时，教师也要树立终身学习的思想，不断提升自己的专业素养，促进自身的专业发展。

5.【答案】A

【解析】素质教育具有全体性、全面性、基础性、主体性、发展性、合作性、未来性等特点。全面性是指素质教育既要实现功能性目标，又要体现形成性的要求，通过实现全面发展教育，促进学生个体的最优发展。故选 A。

6.【答案】C

【解析】从学生方面考虑，每个学生都不同，各有差异，所擅长的内容也不一样，而且评价成功的方式不只是看成绩，成绩不是唯一标准，故选 C。B 项，学生在教学中应处于主体地位。

7.【答案】B

【解析】万老师辛苦教学，态度认真，教学目的明确，在同样教学条件下，可能出问题的就是教学方式问题，万老师需要反思自己的教学方式，从而改进教学效果。故选 B。

8.【答案】A

【解析】小虎爱抢答，但是答不对，从教师职业道德角度考虑，老师应该尊重、保护小虎，引导小虎思考，从而促进小虎的成长。故选 A。

9.【答案】C

【解析】老师对学生进行侮辱，起绰号，是没有尊重学生的表现。

10.【答案】A

【解析】孔老师并没有用分数来衡量学生。

11.【答案】B

【解析】学科内教师属于同伴，共此种方式为同伴互助。

12.【答案】D

【解析】焦老师的做法体现了积极与同事合作的精神，有助于促进学校合作。

13.【答案】A

【解析】从题干呈现的图中我们可以看出老师明确要求学习基础弱的学生不要上公开课的做法，违背了教育公平，教育公平首先是机会公平，教师显然剥夺了学生公平接受教育的机会。所以本题选 A。

14.【答案】B

【解析】本题属于反向选择题，杨老师对于学生敢于指出老师的错误的做法，说明老师注重培养学生的独立思考能力，也可以说反思能力；创新能力，就是要敢于质疑，敢于提出问题不人云亦云，而不是自我评价能力。所以，本题选 B。

15.【答案】D

【解析】素质教育是面向全体学生，促进学生全面发展的教育，即德智体美劳的全面发展，但同时又是促进个性发展的教育，因此是根据学生的特点在全面基础上因材施教，而不是能力的平均发展，这是对素质教育的误解，因此选 D。

16.【答案】C

【解析】等级是指思想品德、身体心理、劳动技能等方面素质发展所达到的程度，以“优秀、良好、及格、不及格形式”表述。特长是指学生的兴趣爱好和个性特长，以学生的平时表现为依据，评语指学生的操行评语，由个人自评、学生互评、教师评价学生的各个方面。因此“评语+特长+等级评价”这是素质教育实行的新型评价方式，即鼓励性的发展性评价，评价方式、评价标准都是多元化的。

17.【答案】D

【解析】新课改的学生观认为学生是一个完整的人，因此要考虑学生的全面发展；学生是独特的个体，因此要尊重学生，考虑学生的个别差异，因材施教，发挥学生的主体性；学生是发展中的人，因此学生具有发展的潜能和空间，教师要信任学生，鼓励学生。题目中老师正是忽视了学生的发展性，没有看到学生的潜力，不相信学生。

18.【答案】D

【解析】上课有些学生偶尔会开小差，要宽容地对待学生，因为此时最重要的是维持正常的课堂秩序，继续上课，因此要低调处理，以目光、手势等引导学生继续听课才是正确的做法。

19.【答案】A

【解析】教具、学具属于教学资源，故沈老师收集废旧材料改造成各种合适的教具、学具的行为属于开发教学资源的行为。

20.【答案】D

【解析】题中“了解学生身心发展规律、学习心理等”属于教育学、教育心理学相关内容，属于教育科学知识的相关内容。

二、材料分析题

1.【参考答案】

李老师的教学行为体现了素质教育的教育观，值得我们学习。

（1）素质教育观认为，教育活动应当面向全体学生，促进学生全面发展。材料中李老生组织全班学生，讨论学习，分析自己的特点，帮助学生认识自我及树立信心。

（2）素质教育以培训学生的创新精神和实践能力为重点，促进学生活泼，主动的发展。材料中李老师，组织学生讨论，改变传统教学方式，调动学生主动性和积极性。

（3）素质教学把学生作为有差异、有个性的人，着眼于学生的终身可持续发展，材料中李老师承认学生之间存在个性差异，每个人优点缺点不一样，引导他们健康和谐的发展。

2.【参考答案】

王老师的做法是合理的，充分践行了“以人为本”的学生观，值得每一位教师学习。

首先，王老师的行为体现了学生是发展的人，具有巨大的发展潜能。材料中，王老师说每个学生都是可以积极成长的，看到了学生未来的发展潜力，为帮助学生更好的发展，王老师让学生“自设作业”，对学习充满了信心，体现了教师对学生发展潜能的信任。

其次，王老师的行为体现了学生是独特的人，是完整的人。材料中，王老师大胆放手，让学生自己设计作业，充分展现学生自己的创造和智慧。通过“自设作业”给予学生全面展现个性的机会。每个学生都有自身的独特性，它们通过“自设作业”体现出来。王老师能正视学生的个别差异，对不同类型学生的作业都能认真批改，因材施教。

最后，王老师的行为体现了学生是具有独立意义的人，是学习的主体。材料中，王老师能依据素质教育的理念，尊重学生在学习活动中是认识的主体、实践的主体和发展的主体，是学习的主人。明确教育的根本日的在促进学生个体性的发展。通过让学生“自设作业”，引导学生把“自设作业”与语文学习结合起来，激发了学语文学习的兴趣，充分促进了学生主体性的发展。

综上所述，作为教师要持有“以人为本”的学生观，做到“一切为了每一名学生的发展”，尊重学生的主体地位，促进学生全面、个性化的发展。

3.【参考答案】

材料中崔老师的教育行为是恰当的，遵循了现代“以人为本”学生观的相关要求。

首先，“以人为本”的学生观认为学生是发展的人，具有巨大发展潜力。材料中，崔老师放手让学生做，作文课自主阅读，沟通交流阅读感想，完成作文。学生们还一起想创意、亮点，通过这些实践锻炼不断地成长进步。

其次，“以人为本”的学生观认为学生是独特的人，每个学生都具有自身的独特性。材料中，班级学生自主评选班级之星，每名学生都被评上了“星”，展现出了学生各种各样的风采。

最后，“以人为本”的学生观认为学生是发展的主体，是具有主体地位和主体需求及主动发展可能性的人。材料中崔老师将学校宣传栏的各项工作都交给了学生，让学生们集思广益，尊重学生们的想法，并督促学生们要有创意、有亮点，而老师从旁指导，充分发挥了学生的主观能动性。

总之，我们要学习崔老师的新型的学生观，将学生的发展作为教育的出发点和归宿。

4.【参考答案】

张老师的教育行为遵循了“以人为本”学生观的相关要求，值得肯定。

首先，“以人为本”的学生观认为学生是发展的人，具有巨大的发展潜力。材料中，张老师认为王红具有发展的潜力，能学好数学，采用各种方法帮助她学习，提高数学成绩。

其次，“以人为本”的学生观认为学生是独特的人，具有自身的独特性。每个学生的身心发展水平不同，具有差异性，老师要因材施教。材料中张老师针对王红的特点，为她设计学习方法，帮助她提高数学成绩。

最后，“以人为本”的学生观认为学生是独立意义的人，是学习的主体。材料中，张老师充分调动学生的主动性和积极性，一起发现问题，解决问题。引导学生主动学习，最终得到发展。

综上所述，作为教师，要持有“以人为本”的学生观，尊重学生的主体地位，促进学生全面、个性化发展。

第二章 教育法律法规

考试内容模块与要求

1．有关教育的法律法规

了解国家主要的教育法律法规，如《中华人民共和国宪法》《中华人民共和国教育法》《中华人民共和国义务教育法》《中华人民共和国教师法》《中华人民共和国未成年人保护法》《中华人民共和国预防未成年人犯罪法》《学生伤害事故处理办法》等。

了解《国家中长期教育改革和发展规划纲要（2010—2020 年）》的相关内容。

2．教师的权利和义务

理解教师的权利和义务，熟悉国家有关教育法律法规所规范的教师教育行为，依法从教。

依据国家教育法律法规，分析评价教师在教育教学实践中的实际问题。

3．学生权利保护

了解有关学生权利保护的教育法规，保护学生的合法权利。

依据国家教育法律法规，分析评价教育教学活动中的学生权利保护等实际问题。

本章知识框架图

- 教育法律法规
  - 教育法律法规概述
    - 教育法概述
    - 教育法律关系
    - 教育法律救济概述
  - 有关教育的法律法规
    - 《中华人民共和国宪法》
    - 《中华人民共和国教育法》
    - 《中华人民共和国义务教育法》
    - 《中华人民共和国教师法》
    - 《中华人民共和国未成年人保护法》
    - 《中华人民共和国预防未成年人犯罪法》
    - 《学生伤害事故处理办法》
    - 《国家中长期教育改革和发展规划纲要（2010—2020年）》
  - 教师的权利和义务
    - 教师的权利
    - 教师的义务
    - 教师教育行为
  - 教师违法行为及预防
    - 教师违法（侵权）行为的含义
    - 教师违法（侵权）行为的主要类型及其表现特征
    - 教师违法（侵权）行为的主要法律责任
    - 预防教师违法（侵权）行为的必要措施
  - 学生的权利及保护
    - 学生权利的含义和分类
    - 学生权利受侵害的表现
    - 学生权利的保护

第一节 教育法律法规概述

一、教育法概述

（一）教育法的内涵

教育法有广义和狭义之分。

广义的教育法是指由国家有权机关依照法定的权限和程序制定或认可的，以国家强制力保证实施的教育行为规范体系及其实施所形成的教育法律关系和教育法律秩序的总和。既包括国家各级权力机关制定的法律、法规，也包括国家各级行政机关制定和发布的命令、决定、条例、办法、指示和规章等规范性文件。

狭义的教育法专指由国家权力机关制定的教育法律。如《中华人民共和国教育法》，又被称为教育法的“母法”。

教育法具有以下几个本质属性。

第一，由国家制定或认可。第二，是一种行为规范。第三，以国家强制力保障实施。

（二）教育法的特点

1. 主体的复杂性

教育活动包括兴办教育、管理教育、实施教育、接受教育、参与和支持帮助教育等诸多方面。这些活动涉及教育行政机关、其他国家机关、社会组织（包括企业、事业单位、农村集体组织）、学校、社会团体和几乎每个家庭和公民。这些公民、法人、组织都是教育法调整的对象，都在教育活动中享有广泛的权利和承担多方面的义务，从而使教育法的主体呈现复杂性。

2. 调整范围的广泛性

（1）从受教育对象来看，《中华人民共和国宪法》（以下简称《宪法》）第四十六条中规定：“中华人民共和国公民有受教育的权利和义务。”教育已经同广大人民群众的切身利益息息相关。

（2）从调整的教育法律关系上看，伴随着办学体制、管理体制、投入体制、招生就业制度、学校内部管理体制等方面的全面改革，教育领域中的社会关系发生着重大变化。

3. 法律后果的特殊性

（1）注重保护受教育者，尤其是青少年学生。

（2）注重保护教师的特殊职业权利。

（3）注重维护学校的正当权益。

（三）教育法的体系

教育法体系指由不同形式的教育法律、法规按照一定的原则有机结合的、协调统一的法律规范体系，主要包括以下几个层次。

第一层次是宪法中有关教育的条款。如《宪法》第四十六条规定：“中华人民共和国公民有受教育的权利和义务。国家培养青年、少年、儿童在品德、智力、体质等方面全面发展。”由于宪法具有最高的法律效力，任何教育法规都不得与之相抵触，否则将失去效力。

第二层次是教育基本法，即《中华人民共和国教育法》（以下简称《教育法》）。它是与国家宪法相配套，对整个教育全局起宏观调控作用的教育基本法，是制定其他教育法规的基本依据。

第三层次是教育单行法。是根据宪法和教育基本法确立的原则制定的，用于调整某类教育或教育的某一具体部分的教育法规。我国先后已经制定并公布实施的教育单行法有 6 部：简称为《中华人民共和国学位条例》《中华人民共和国义务教育法》《中华人民共和国教师法》《中华人民共和国职业教育法》《中华人民共和国高等教育法》和《中华人民共和国民办教育促进法》。

第四层次是教育行政法规。它是与教育法律和其他法律相配套的，由国家最高行政机关（即国务院）制定、发布的教育行政法规。

第五层次是地方性的教育法规。它是省、自治区、直辖市的人民代表大会或其常委会和有地方立法权的人民代表大会及其常委会为贯彻国家的教育法律和教育行政法规，根据本行政区域的实际需要而制定的规范性文件。

第六层次是教育规章。它包括部门教育规章和地方政府教育规章。部门教育规章是指国务院所属各部委根据法律和行政法规，在本部门权限内单独或与其他部委联合发布的有关工作命令、指示、实施细则等规范性文件。其效力虽低于国务院制定的行政法规，但在全国有效。省、自治区、直辖市人民政府根据有关法律法规，在自身权限内发布的调整教育行为的规范性文件，称为政府教育规章。

（四）教育法的原则

教育法的原则是我国教育法本质的表现，反映了我国教育制度的根本特征。

1．坚持教育的社会主义方向，保证各类教育事业协调发展

《宪法》第十九条规定："国家发展社会主义的教育事业，提高全国人民的科学文化水平。"《教育法》第三条规定："国家坚持以马克思列宁主义、毛泽东思想和建设有中国特色的社会主义理论为指导，遵循宪法确定的基本原则，发展社会主义的教育事业。"

2．坚持全面发展的教育基本方针，保障公民平等的受教育权利

促进学生全面发展和保障公民平等的受教育权利，是得到我国宪法确认的两项基本的教育政策。《宪法》第四十六条第二款规定："国家培养青年、少年、儿童在品德、智力、体质等方面全面发展。"《教育法》第五条规定："教育必须为社会主义现代化建设服务，必须与生产劳动相结合，培养德、智、体等方面全面发展的社会主义事业的建设者和接班人。"

坚持教育的民主性原则，既要求人人享有平等的受教育机会，也要求教育法律关系主体履行教育法规定的义务。如《宪法》第四十六条第一款规定："中华人民共和国公民有受教育的权利和义务。"《教育法》第九条规定："中华人民共和国公民有受教育的权利和义务。公民不分民族、种族、性别、职业、财产状况、宗教信仰等，依法享有平等的受教育机会。"

3．确立不同主体的责任，维护教育的公共性原则

《教育法》第八条中规定："教育活动必须符合国家和社会公共利益。"体现了教育的公共性原则，反映了教育直接使个人受益、间接使社会受益的功效。《教育法》第八条中还规定了"国家实行教育与宗教相分离。任何组织和个人不得利用宗教进行妨碍国家教育制度的活动。"反映了教育的世俗化。

相关法条还有《教育法》第二十六条："国家制定教育发展规划，并举办学校及其他教育机构。国家鼓励企业事业组织、社会团体、其他社会组织及公民个人依法举办学校及其他教育机构。国家举办学校及其他教育机构，应当坚持勤俭节约的原则。以财政性经费、捐赠资产举办或者参与举办的学校及其他教育机构不得设立为营利性组织。"

（五）教育法的功能

教育法的功能是指教育法的属性、内容及其结构所决定的教育法的效用。它是教育法具有生命力的内在依据。

1．规范功能

教育法是通过规定教育主体在法律上的权利和义务及其实施后所承担的责任来调整教育活动和教育关系的，具有普遍性。

2．标准功能

教育法律规范是人们教育行为的标准，人们进行教育行为还是不进行教育行为是以教育法律为准绳的。

3．预示功能

教育法律规范使人们可以预先知晓或估计到如何开展教育活动和在什么范围内开展教育活动。

4．强制功能

法律是国家意志的体现，仅靠人们的自觉遵守是不够的，必须以强制力为后盾，使其得以贯彻执行。

二、教育法律关系

（一）教育法律关系的概念及其特征

教育法律关系是指教育法律规范在调整教育社会关系中所形成的人们之间的权利与义务关系。在教育活动中，教育主体之间也可以结成各种关系，如教师与学生、学校与社会等主体之间的法律关系。

教育法律关系的特征有：（1）教育法律关系的产生以教育法律规范的存在为前提；（2）教育法律关系是在教育教学活动过程中产生的；（3）教育法律关系是以权利和义务为内容的社会关系。

（二）教育法律关系的构成要素

教育法律关系的构成要素有主体、客体和内容，三者相互制约、缺一不可。

1．教育法律关系的主体

教育法律关系的主体是指教育法律关系的参加者，也就是在具体的教育法律关系中享有权利并承担义务的人和组织。我国教育法律关系的主体可分为三类：公民、机构和组织（法人）、国家。

教育法律关系中最重要的法律主体是学生与教师，教师的教育教学和学生的学习是教育活动的主要内容和基本形式。教师与学生之间的法律关系是形成教师与学生权利、义务的基础。

2．教育法律关系的客体

教育法律关系客体是教育法律关系主体的权利与义务所指向的对象。教育法律关系的客体一般包括物质财富、非物质财富、行为三大方面。教育领域中存在的法律纠纷，往往因之而起。

3．教育法律关系的内容

教育法律关系的内容是教育法律关系的主体依据法律规定而享有的权利与义务。教育法律关系一旦产生，其主体间就在法律上形成一种权利与义务关系。权利与义务是法律关系的核心，它由法律规范所确认并由国家强制力保证实施，是教育法律关系的重要构成要素之一。权利与义务相互依存，不可分割。

教育法律权利是指教育法律关系的主体依据教育法、教育法律规范享有的某种权能或利益。表现为教育法规关系的主体可以做出一定的作为或不作为，也可以要求他人做出一定的作为或不作为。教育法律义务是指教育法律关系的主体依据教育法律规范的规定必须承担或履行的某种责任，表现为教育法律关系的主体必须做出一定的行为或不做出一定的行为。

三、教育法律救济概述

（一）教育法律救济概念及特征

教育法律救济，是指教育法律关系主体的合法权益受到侵犯并造成损害时，获得恢复和补救的法律制度。教育法律救济的特征如下。

（1）权利受到伤害是教育法律救济存在的前提。如果权利未受损害，就无所谓救济。在法律救济中，必须有侵权行为的存在，相对人只有在合法权益受到侵害的基础上才可提出救济的请求。

（2）教育法律救济具有弥补性，它是对受损害的权利的弥补。包括司法救济、行政救济、组织内部或民间渠道进行救济等方式。

（3）教育法律救济的根本目的是实现各个主体的合法权益并保证其法定义务的履行。法的根本目的在于规范人们的社会行为，保障人们的合法权益。

（二）教育法律救济的途径

法律救济的途径是指相对人的合法权益受到损害时，请求救济的渠道和方式。法律救济的途径有四种：行政途径、司法途径、仲裁途径和调解途径。

（1）行政途径，是法律救济的主要方式，主要有行政申诉和行政复议两种方式。

（2）司法途径，又称诉讼途径，是指相对人就特定的侵权行为向人民法院提起诉讼，请求救济。

（3）仲裁途径，指在纠纷双方自愿平等的基础上，由非国家机关的仲裁机构以平等的第三者身份进行的活动。

（4）调解途径，有司法调解、行政调解、民间调解等。

第二节 有关教育的法律法规

一、《中华人民共和国宪法》

《中华人民共和国宪法》是国家的根本大法，具有最高的法律效力。

我国宪法作为教育法渊源，一是为教育法提供了基本指导思想和立法依据；二是为教育教学提供了基本法律规范。宪法中规定的国家的根本制度、国家生活的基本原则、国家机构、公民的基本权利和义务等，都直接或间接地制约着教育活动，是一切教育立法的重要依据。任何形式的教育法都不得与宪法相抵触。

二、《中华人民共和国教育法》

（1995年3月18日第八届全国人民代表大会第三次会议通过；根据2009年8月27日第十一届全国人民代表大会常务委员会第十次会议《关于修改部分法律的决定》第一次修正；根据2015年12月27日第十二届全国人民代表大会常务委员会第十八次会议《关于修改〈中华人民共和国教育法〉的决定》第二次修订，2015年12月27日中华人民共和国主席令第三十九号发布，自2016年6月1日起施行。）

第一章 总则

第一条 为了发展教育事业，提高全民族的素质，促进社会主义物质文明和精神文明建设，根据宪法，制定本法。

第二条 在中华人民共和国境内的各级各类教育，适用本法。

第三条 国家坚持以马克思列宁主义、毛泽东思想和建设有中国特色社会主义理论为指导，遵循宪法确定的基本原则，发展社会主义的教育事业。

第四条 教育是社会主义现代化建设的基础，国家保障教育事业优先发展。全社会应当关心和支持教育事业的发展。全社会应当尊重教师。

第五条 教育必须为社会主义现代化建设服务、为人民服务，必须与生产劳动和社会实践相结合，培养德、智、体、美等方面全面发展的社会主义建设者和接班人。

第六条 教育应当坚持立德树人，对受教育者加强社会主义核心价值观教育，增强受教育者的社会责任感、创新精神和实践能力。国家在受教育者中进行爱国主义、集体主义、中国特色社会主义的教育，进行理想、道德、纪律、法治、国防和民族团结的教育。

第七条 教育应当继承和弘扬中华民族优秀的历史文化传统，吸收人类文明发展的一切优秀成果。

第八条 教育活动必须符合国家和社会公共利益。国家实行教育与宗教相分离。任何组织和个人不得利用宗教进行妨碍国家教育制度的活动。

第九条 中华人民共和国公民有受教育的权利和义务。公民不分民族、种族、性别、职业、财产状况、宗教信仰等，依法享有平等的受教育机会。

第十条 国家根据各少数民族的特点和需要，帮助各少数民族地区发展教育事业。国家扶持边远贫困地区发展教育事业。国家扶持和发展残疾人教育事业。

第十一条 国家适应社会主义市场经济发展和社会进步的需要，推进教育改革，推动各级各类教育协调发展、衔接融通，完善现代国民教育体系，健全终身教育体系，提高教育现代化水平。国家采取措施促进教育公平，推动教育均衡发展。国家支持、鼓励和组织教育科学研究，推广教育科学研究成果，促进教育质量提高。

第十二条 国家通用语言文字为学校及其他教育机构的基本教育教学语言文字，学校及其他教育机构应当使用国家通用语言文字进行教育教学。民族自治地方以少数民族学生为主的学校及其他教育机构，从实际出发，使用国家通用语言文字和本民族或者当地民族通用的语言文字实施双语教育。国家采取措施，为少数民族学生为主的学校及其他教育机构实施双语教育提供条件和支持。

第十三条 国家对发展教育事业做出突出贡献的组织和个人，给予奖励。

第十四条 国务院和地方各级人民政府根据分级管理、分工负责的原则，领导和管理教育工作。中等及中等以下教育在国务院领导下，由地方人民政府管理。高等教育由国务院和省、自治区、直辖市人民政府管理。

第十五条 国务院教育行政部门主管全国教育工作，统筹规划、协调管理全国的教育事业。县级以上地方各级人民政府教育行政部门主管本行政区域内的教育工作。县级以上各级人民政府其他有关部门在各自的职责范围内，负责有关的教育工作。

第十六条 国务院和县级以上地方各级人民政府应当向本级人民代表大会或者其常务委员

会报告教育工作和教育经费预算、决算情况，接受监督。

第二章　教育基本制度

第十七条　国家实行学前教育、初等教育、中等教育、高等教育的学校教育制度。

国家建立科学的学制系统。学制系统内的学校和其他教育机构的设置、教育形式、修业年限、招生对象、培养目标等，由国务院或者由国务院授权教育行政部门规定。

第十八条　国家制定学前教育标准，加快普及学前教育，构建覆盖城乡，特别是农村的学前教育公共服务体系。各级人民政府应当采取措施，为适龄儿童接受学前教育提供条件和支持。

第十九条　国家实行九年制义务教育制度。各级人民政府采取各种措施保障适龄儿童、少年就学。适龄儿童、少年的父母或者其他监护人以及有关社会组织和个人有义务使适龄儿童、少年接受并完成规定年限的义务教育。

第二十条　国家实行职业教育制度和继续教育制度。各级人民政府、有关行政部门和行业组织以及企业事业组织应当采取措施，发展并保障公民接受职业学校教育或者各种形式的职业培训。国家鼓励发展多种形式的继续教育，使公民接受适当形式的政治、经济、文化、科学、技术、业务等方面的教育，促进不同类型学习成果的互认和衔接，推动全民终身学习。

第二十一条　国家实行国家教育考试制度。国家教育考试由国务院教育行政部门确定种类，并由国家批准的实施教育考试的机构承办。

第二十二条　国家实行学业证书制度。经国家批准设立或者认可的学校及其他教育机构按照国家有关规定，颁发学历证书或者其他学业证书。

第二十三条　国家实行学位制度。学位授予单位依法对达到一定学术水平或者专业技术水平的人员授予相应的学位，颁发学位证书。

第二十四条　各级人民政府、基层群众性自治组织和企业事业组织应当采取各种措施，开展扫除文盲的教育工作。

按照国家规定具有接受扫除文盲教育能力的公民，应当接受扫除文盲的教育。

第二十五条　国家实行教育督导制度和学校及其他教育机构教育评估制度。

第三章　学校及其他教育机构

第二十六条　国家制定教育发展规划，并举办学校及其他教育机构。国家鼓励企业事业组织、社会团体、其他社会组织及公民个人依法举办学校及其他教育机构。国家举办学校及其他教育机构，应当坚持勤俭节约的原则。以财政性经费、捐赠资产举办或者参与举办的学校及其他教育机构不得设立为营利性组织。

第二十七条　设立学校及其他教育机构，必须具备下列基本条件：

（一）有组织机构和章程；

（二）有合格的教师；

（三）有符合规定标准的教学场所及设施、设备等；

（四）有必备的办学资金和稳定的经费来源。

第二十八条　学校及其他教育机构的设立、变更和终止，应当按照国家有关规定办理审核、批准、注册或者备案手续。

第二十九条　学校及其他教育机构行使下列权利：

（一）按照章程自主管理；
（二）组织实施教育教学活动；
（三）招收学生或者其他受教育者；
（四）对受教育者进行学籍管理，实施奖励或者处分；
（五）对受教育者颁发相应的学业证书；
（六）聘任教师及其他职工，实施奖励或者处分；
（七）管理、使用本单位的设施和经费；
（八）拒绝任何组织和个人对教育教学活动的非法干涉；
（九）法律、法规规定的其他权利。

国家保护学校及其他教育机构的合法权益不受侵犯。

第三十条 学校及其他教育机构应当履行下列义务：
（一）遵守法律、法规；
（二）贯彻国家的教育方针，执行国家教育教学标准，保证教育教学质量；
（三）维护受教育者、教师及其他职工的合法权益；
（四）以适当方式为受教育者及其监护人了解受教育者的学业成绩及其他有关情况提供便利；
（五）遵照国家有关规定收取费用并公开收费项目；
（六）依法接受监督。

第三十一条 学校及其他教育机构的举办者按照国家有关规定，确定其所举办的学校或者其他教育机构的管理体制。学校及其他教育机构的校长或者主要行政负责人必须由具有中华人民共和国国籍、在中国境内定居、并具备国家规定任职条件的公民担任，其任免按照国家有关规定办理。学校的教学及其他行政管理，由校长负责。学校及其他教育机构应当按照国家有关规定，通过以教师为主体的教职工代表大会等组织形式，保障教职工参与民主管理和监督。

第三十二条 学校及其他教育机构具备法人条件的，自批准设立或者登记注册之日起取得法人资格。学校及其他教育机构在民事活动中依法享有民事权利，承担民事责任。学校及其他教育机构中的国有资产属于国家所有。学校及其他教育机构兴办的校办产业独立承担民事责任。

第四章 教师和其他教育工作者

第三十三条 教师享有法律规定的权利，履行法律规定的义务，忠诚于人民的教育事业。

第三十四条 国家保护教师的合法权益，改善教师的工作条件和生活条件，提高教师的社会地位。教师的工资报酬、福利待遇，依照法律、法规的规定办理。

第三十五条 国家实行教师资格、职务、聘任制度，通过考核、奖励、培养和培训，提高教师素质，加强教师队伍建设。

第三十六条 学校及其他教育机构中的管理人员，实行教育职员制度。

学校及其他教育机构中的教学辅助人员和其他专业技术人员，实行专业技术职务聘任制度。

第五章 受教育者

第三十七条 受教育者在入学、升学、就业等方面依法享有平等权利。学校和有关行政部门应当按照国家有关规定，保障女子在入学、升学、就业、授予学位、派出留学等方面享有同男子平等的权利。

第三十八条 国家、社会对符合入学条件、家庭经济困难的儿童、少年、青年，提供各种形式的资助。

第三十九条 国家、社会、学校及其他教育机构应当根据残疾人身心特性和需要实施教育，并为其提供帮助和便利。

第四十条 国家、社会、家庭、学校及其他教育机构应当为有违法犯罪行为的未成年人接受教育创造条件。

第四十一条 从业人员有依法接受职业培训和继续教育的权利和义务。

国家机关、企业事业组织和其他社会组织，应当为本单位职工的学习和培训提供条件和便利。

第四十二条 国家鼓励学校及其他教育机构、社会组织采取措施，为公民接受终身教育创造条件。

第四十三条 受教育者享有下列权利：

（一）参加教育教学计划安排的各种活动，使用教育教学设施、设备、图书资料；

（二）按照国家有关规定获得奖学金、贷学金、助学金；

（三）在学业成绩和品行上获得公正评价，完成规定的学业后获得相应的学业证书、学位证书；

（四）对学校给予的处分不服向有关部门提出申诉，对学校、教师侵犯其人身权、财产权等合法权益，提出申诉或者依法提起诉讼；

（五）法律、法规规定的其他权利。

第四十四条 受教育者应当履行下列义务：

（一）遵守法律、法规；

（二）遵守学生行为规范，尊敬师长，养成良好的思想品德和行为习惯；

（三）努力学习，完成规定的学习任务；

（四）遵守所在学校或者其他教育机构的管理制度。

第四十五条 教育、体育、卫生行政部门和学校及其他教育机构应当完善体育、卫生保健设施，保护学生的身心健康。

第六章 教育与社会

第四十六条 国家机关、军队、企业事业组织、社会团体及其他社会组织和个人，应当依法为儿童、少年、青年学生的身心健康成长创造良好的社会环境。

第四十七条 国家鼓励企业事业组织、社会团体及其他社会组织同高等学校、中等职业学校在教学、科研、技术开发和推广等方面进行多种形式的合作。企业事业组织、社会团体及其他社会组织和个人，可以通过适当形式，支持学校的建设，参与学校管理。

第四十八条 国家机关、军队、企业事业组织及其他社会组织应当为学校组织的学生实习、社会实践活动提供帮助和便利。

第四十九条 学校及其他教育机构在不影响正常教育教学活动的前提下，应当积极参加当地的社会公益活动。

第五十条 未成年人的父母或者其他监护人应当为其未成年子女或者其他被监护人受教育提供必要条件。未成年人的父母或者其他监护人应当配合学校及其他教育机构，对其未成年子女或者其他被监护人进行教育。学校、教师可以对学生家长提供家庭教育指导。

第五十一条 图书馆、博物馆、科技馆、文化馆、美术馆、体育馆（场）等社会公共文化体育设施，以及历史文化古迹和革命纪念馆（地），应当对教师、学生实行优待，为受教育者接受教育提供便利。广播、电视台（站）应当开设教育节目，促进受教育者思想品德、文化和科学技术素质的提高。

第五十二条 国家、社会建立和发展对未成年人进行校外教育的设施。学校及其他教育机构应当同基层群众性自治组织、企业事业组织、社会团体相互配合，加强对未成年人的校外教育工作。

第五十三条 国家鼓励社会团体、社会文化机构及其他社会组织和个人开展有益于受教育者身心健康的社会文化教育活动。

第七章　教育投入与条件保障

第五十四条 国家建立以财政拨款为主、其他多种渠道筹措教育经费为辅的体制，逐步增加对教育的投入，保证国家举办的学校教育经费的稳定来源。企业事业组织、社会团体及其他社会组织和个人依法举办的学校及其他教育机构，办学经费由举办者负责筹措，各级人民政府可以给予适当支持。

第五十五条 国家财政性教育经费支出占国民生产总值的比例应当随着国民经济的发展和财政收入的增长逐步提高。具体比例和实施步骤由国务院规定。全国各级财政支出总额中教育经费所占比例应当随着国民经济的发展逐步提高。

第五十六条 各级人民政府的教育经费支出，按照事权和财权相统一的原则，在财政预算中单独列项。各级人民政府教育财政拨款的增长应当高于财政经常性收入的增长，并使按在校学生人数平均的教育费用逐步增长，保证教师工资和学生人均公用经费逐步增长。

第五十七条 国务院及县级以上地方各级人民政府应当设立教育专项资金，重点扶持边远贫困地区、少数民族地区实施义务教育。

第五十八条 税务机关依法足额征收教育费附加，由教育行政部门统筹管理，主要用于实施义务教育。省、自治区、直辖市人民政府根据国务院的有关规定，可以决定开征用于教育的地方附加费，专款专用。

第五十九条 国家采取优惠措施，鼓励和扶持学校在不影响正常教育教学的前提下开展勤工俭学和社会服务，兴办校办产业。

第六十条 国家鼓励境内、境外社会组织和个人捐资助学。

第六十一条 国家财政性教育经费、社会组织和个人对教育的捐赠，必须用于教育，不得挪用、克扣。

第六十二条 国家鼓励运用金融、信贷手段，支持教育事业的发展。

第六十三条 各级人民政府及其教育行政部门应当加强对学校及其他教育机构教育经费的监督管理，提高教育投资效益。

第六十四条 地方各级人民政府及其有关行政部门必须把学校的基本建设纳入城乡建设规划，统筹安排学校的基本建设用地及所需物资，按照国家有关规定实行优先、优惠政策。

第六十五条 各级人民政府对教科书及教学用图书资料的出版发行，对教学仪器、设备的生产和供应，对用于学校教育教学和科学研究的图书资料、教学仪器、设备的进口，按照国家有关规定实行优先、优惠政策。

第六十六条 国家推进教育信息化，加快教育信息基础设施建设，利用信息技术促进优质教育资源普及共享，提高教育教学水平和教育管理水平。县级以上人民政府及其有关部门应当发展教育信息技术和其他现代化教学方式，有关行政部门应当优先安排，给予扶持。

国家鼓励学校及其他教育机构推广运用现代化教学方式。

第八章 教育对外交流与合作

第六十七条 国家鼓励开展教育对外交流与合作，支持学校及其他教育机构引进优质教育资源，依法开展中外合作办学，发展国际教育服务，培养国际化人才。教育对外交流与合作坚持独立自主、平等互利、相互尊重的原则，不得违反中国法律，不得损害国家主权、安全和社会公共利益。

第六十八条 中国境内公民出国留学、研究、进行学术交流或者任教，依照国家有关规定办理。

第六十九条 中国境外个人符合国家规定的条件并办理有关手续后，可以进入中国境内学校及其他教育机构学习、研究、进行学术交流或者任教，其合法权益受国家保护。

第七十条 中国对境外教育机构颁发的学位证书、学历证书及其他学业证书的承认，依照中华人民共和国缔结或者加入的国际条约办理，或者按照国家有关规定办理。

第九章 法律责任

第七十一条 违反国家有关规定，不按照预算核拨教育经费的，由同级人民政府限期核拨；情节严重的，对直接负责的主管人员和其他直接责任人员，依法给予处分。违反国家财政制度、财务制度，挪用、克扣教育经费的，由上级机关责令限期归还被挪用、克扣的经费，并对直接负责的主管人员和其他直接责任人员，依法给予处分；构成犯罪的，依法追究刑事责任。

第七十二条 结伙斗殴、寻衅滋事，扰乱学校及其他教育机构教育教学秩序或者破坏校舍、场地及其他财产的，由公安机关给予治安管理处罚；构成犯罪的，依法追究刑事责任。侵占学校及其他教育机构的校舍、场地及其他财产的，依法承担民事责任。

第七十三条 明知校舍或者教育教学设施有危险，而不采取措施，造成人员伤亡或者重大财产损失的，对直接负责的主管人员和其他直接责任人员，依法追究刑事责任。

第七十四条 违反国家有关规定，向学校或者其他教育机构收取费用的，由政府责令退还所收费用；对直接负责的主管人员和其他直接责任人员，依法给予处分。

第七十五条 违反国家有关规定，举办学校或者其他教育机构的，由教育行政部门或者其他有关行政部门予以撤销；有违法所得的，没收违法所得；对直接负责的主管人员和其他直接责任人员，依法给予处分。

第七十六条 学校或者其他教育机构违反国家有关规定招收学生的，由教育行政部门或者其他有关行政部门责令退回招收的学生，退还所收费用；对学校、其他教育机构给予警告，可以处违法所得五倍以下罚款；情节严重的，责令停止相关招生资格一年以上三年以下，直至撤销招生资格、吊销办学许可证；对直接负责的主管人员和其他直接责任人员，依法给予处分；构成犯罪的，依法追究刑事责任。

第七十七条 在招收学生工作中徇私舞弊的，由教育行政部门或者其他有关行政部门责令退回招收的人员；对直接负责的主管人员和其他直接责任人员，依法给予处分；构成犯罪的，依法追究刑事责任。

第七十八条 学校及其他教育机构违反国家有关规定向受教育者收取费用的，由教育行政部门或者其他有关行政部门责令退还所收费用；对直接负责的主管人员和其他直接责任人员，依法给予处分。

第七十九条 考生在国家教育考试中有下列行为之一的，由组织考试的教育考试机构工作人员在考试现场采取必要措施予以制止并终止其继续参加考试；组织考试的教育考试机构可以取消其相关考试资格或者考试成绩；情节严重的，由教育行政部门责令停止参加相关国家教育考试一年以上三年以下；构成违反治安管理行为的，由公安机关依法给予治安管理处罚；构成犯罪的，依法追究刑事责任：

（一）非法获取考试试题或者答案的；

（二）携带或者使用考试作弊器材、资料的；

（三）抄袭他人答案的；

（四）让他人代替自己参加考试的；

（五）其他以不正当手段获得考试成绩的作弊行为。

第八十条 任何组织或者个人在国家教育考试中有下列行为之一，有违法所得的，由公安机关没收违法所得，并处违法所得一倍以上五倍以下罚款；情节严重的，处五日以上十五日以下拘留；构成犯罪的，依法追究刑事责任；属于国家机关工作人员的，还应当依法给予处分：

（一）组织作弊的；

（二）通过提供考试作弊器材等方式为作弊提供帮助或者便利的；

（三）代替他人参加考试的；

（四）在考试结束前泄露、传播考试试题或者答案的；

（五）其他扰乱考试秩序的行为。

第八十一条 举办国家教育考试，教育行政部门、教育考试机构疏于管理，造成考场秩序混乱、作弊情况严重的，对直接负责的主管人员和其他直接责任人员，依法给予处分；构成犯罪的，依法追究刑事责任。

第八十二条 学校或者其他教育机构违反本法规定，颁发学位证书、学历证书或者其他学业证书的，由教育行政部门或者其他有关行政部门宣布证书无效，责令收回或者予以没收；有违法所得的，没收违法所得；情节严重的，责令停止相关招生资格一年以上三年以下，直至撤销招生资格、颁发证书资格；对直接负责的主管人员和其他直接责任人员，依法给予处分。

前款规定以外的任何组织或者个人制造、销售、颁发假冒学位证书、学历证书或者其他学业证书，构成违反治安管理行为的，由公安机关依法给予治安管理处罚；构成犯罪的，依法追究刑事责任。

以作弊、剽窃、抄袭等欺诈行为或者其他不正当手段获得学位证书、学历证书或者其他学业证书的，由颁发机构撤销相关证书。购买、使用假冒学位证书、学历证书或者其他学业证书，构成违反治安管理行为的，由公安机关依法给予治安管理处罚。

第八十三条 违反本法规定，侵犯教师、受教育者、学校或者其他教育机构的合法权益，造成损失、损害的，应当依法承担民事责任。

第十章　附则

第八十四条　军事学校教育由中央军事委员会根据本法的原则规定。宗教学校教育由国务院另行规定。

第八十五条　境外的组织和个人在中国境内办学和合作办学的办法，由国务院规定。

第八十六条　本法自1995年9月1日起施行。

三、《中华人民共和国义务教育法》

（1986年4月12日第六届全国人民代表大会第四次会议通过；2006年6月29日第十届全国人民代表大会常务委员会第二十二次会议修订；根据2015年4月24日第十二届全国人民代表大会常务委员会第十四次会议《全国人大常务委员会关于修改〈中华人民共和国义务教育法〉等五部法律的决定》第二次修订，由中华人民共和国主席令第25号发布，自公布之日起施行）

第一章　总则

第一条　为了保障适龄儿童、少年接受义务教育的权利，保证义务教育的实施，提高全民族素质，根据宪法和教育法，制定本法。

第二条　国家实行九年义务教育制度。义务教育是国家统一实施的所有适龄儿童、少年必须接受的教育，是国家必须予以保障的公益性事业。实施义务教育，不收学费、杂费。国家建立义务教育经费保障机制，保证义务教育制度实施。

第三条　义务教育必须贯彻国家的教育方针，实施素质教育，提高教育质量，使适龄儿童、少年在品德、智力、体质等方面全面发展，为培养有理想、有道德、有文化、有纪律的社会主义建设者和接班人奠定基础。

第四条　凡具有中华人民共和国国籍的适龄儿童、少年，不分性别、民族、种族、家庭财产状况、宗教信仰等，依法享有平等接受义务教育的权利，并履行接受义务教育的义务。

第五条　各级人民政府及其有关部门应当履行本法规定的各项职责，保障适龄儿童、少年接受义务教育的权利。适龄儿童、少年的父母或者其他法定监护人应当依法保证其按时入学接受并完成义务教育。依法实施义务教育的学校应当按照规定标准完成教育教学任务，保证教育教学质量。社会组织和个人应当为适龄儿童、少年接受义务教育创造良好的环境。

第六条　国务院和县级以上地方人民政府应当合理配置教育资源，促进义务教育均衡发展，改善薄弱学校的办学条件，并采取措施，保障农村地区、民族地区实施义务教育，保障家庭经济困难的和残疾的适龄儿童、少年接受义务教育。国家组织和鼓励经济发达地区支援经济欠发达地区实施义务教育。

第七条　义务教育实行国务院领导，省、自治区、直辖市人民政府统筹规划实施，县级人民政府为主管理的体制。县级以上人民政府教育行政部门具体负责义务教育实施工作；县级以上人民政府其他有关部门在各自的职责范围内负责义务教育实施工作。

第八条　人民政府教育督导机构对义务教育工作执行法律法规情况、教育教学质量以及义务教育均衡发展状况等进行督导，督导报告向社会公布。

第九条　任何社会组织或者个人有权对违反本法的行为向有关国家机关提出检举或者控告。发生违反本法的重大事件，妨碍义务教育实施，造成重大社会影响的，负有领导责任的人民政府或者人民政府教育行政部门负责人应当引咎辞职。

第十条 对在义务教育实施工作中做出突出贡献的社会组织和个人，各级人民政府及其有关部门按照有关规定给予表彰、奖励。

第二章 学生

第十一条 凡年满六周岁的儿童，其父母或者其他法定监护人应当送其入学接受并完成义务教育；条件不具备的地区的儿童，可以推迟到七周岁。适龄儿童、少年因身体状况需要延缓入学或者休学的，其父母或者其他法定监护人应当提出申请，由当地乡镇人民政府或者县级人民政府教育行政部门批准。

第十二条 适龄儿童、少年免试入学。地方各级人民政府应当保障适龄儿童、少年在户籍所在地学校就近入学。父母或者其他法定监护人在非户籍所在地工作或者居住的适龄儿童、少年，在其父母或者其他法定监护人工作或者居住地接受义务教育的，当地人民政府应当为其提供平等接受义务教育的条件。具体办法由省、自治区、直辖市规定。县级人民政府教育行政部门对本行政区域内的军人子女接受义务教育予以保障。

第十三条 县级人民政府教育行政部门和乡镇人民政府组织和督促适龄儿童、少年入学，帮助解决适龄儿童、少年接受义务教育的困难，采取措施防止适龄儿童、少年辍学。居民委员会和村民委员会协助政府做好工作，督促适龄儿童、少年入学。

第十四条 禁止用人单位招用应当接受义务教育的适龄儿童、少年。根据国家有关规定经批准招收适龄儿童、少年进行文艺、体育等专业训练的社会组织，应当保证所招收的适龄儿童、少年接受义务教育；自行实施义务教育的，应当经县级人民政府教育行政部门批准。

第三章 学校

第十五条 县级以上地方人民政府根据本行政区域内居住的适龄儿童、少年的数量和分布状况等因素，按照国家有关规定，制定、调整学校设置规划。新建居民区需要设置学校的，应当与居民区的建设同步进行。

第十六条 学校建设，应当符合国家规定的办学标准，适应教育教学需要；应当符合国家规定的选址要求和建设标准，确保学生和教职工安全。

第十七条 县级人民政府根据需要设置寄宿制学校，保障居住分散的适龄儿童、少年入学接受义务教育。

第十八条 国务院教育行政部门和省、自治区、直辖市人民政府根据需要，在经济发达地区设置接收少数民族适龄儿童、少年的学校（班）。

第十九条 县级以上地方人民政府根据需要设置相应的实施特殊教育的学校（班），对视力残疾、听力语言残疾和智力残疾的适龄儿童、少年实施义务教育。特殊教育学校（班）应当具备适应残疾儿童、少年学习、康复、生活特点的场所和设施。普通学校应当接收具有接受普通教育能力的残疾适龄儿童、少年随班就读，并为其学习、康复提供帮助。

第二十条 县级以上地方人民政府根据需要，为具有预防未成年人犯罪法规定的严重不良行为的适龄少年设置专门的学校实施义务教育。

第二十一条 对未完成义务教育的未成年犯和被采取强制性教育措施的未成年人应当进行义务教育，所需经费由人民政府予以保障。

第二十二条 县级以上人民政府及其教育行政部门应当促进学校均衡发展，缩小学校之间办学条件的差距，不得将学校分为重点学校和非重点学校。学校不得分设重点班和非重点班。县级以上人民政府及其教育行政部门不得以任何名义改变或者变相改变公办学校的性质。

第二十三条 各级人民政府及其有关部门依法维护学校周边秩序，保护学生、教师、学校的合法权益，为学校提供安全保障。

第二十四条 学校应当建立、健全安全制度和应急机制，对学生进行安全教育，加强管理，及时消除隐患，预防发生事故。县级以上地方人民政府定期对学校校舍安全进行检查；对需要维修、改造的，及时予以维修、改造。学校不得聘用曾经因故意犯罪被依法剥夺政治权利或者其他不适合从事义务教育工作的人担任工作人员。

第二十五条 学校不得违反国家规定收取费用，不得以向学生推销或者变相推销商品、服务等方式谋取利益。

第二十六条 学校实行校长负责制。校长应当符合国家规定的任职条件。校长由县级人民政府教育行政部门依法聘任。

第二十七条 对违反学校管理制度的学生，学校应当予以批评教育，不得开除。

第四章 教师

第二十八条 教师享有法律规定的权利，履行法律规定的义务，应当为人师表，忠诚于人民的教育事业。全社会应当尊重教师。

第二十九条 教师在教育教学中应当平等对待学生，关注学生的个体差异，因材施教，促进学生的充分发展。教师应当尊重学生的人格，不得歧视学生，不得对学生实施体罚、变相体罚或者其他侮辱人格尊严的行为，不得侵犯学生合法权益。

第三十条 教师应当取得国家规定的教师资格。国家建立统一的义务教育教师职务制度。教师职务分为初级职务、中级职务和高级职务。

第三十一条 各级人民政府保障教师工资福利和社会保险待遇，改善教师工作和生活条件；完善农村教师工资经费保障机制。教师的平均工资水平应当不低于当地公务员的平均工资水平。特殊教育教师享有特殊岗位补助津贴。在民族地区和边远贫困地区工作的教师享有艰苦贫困地区补助津贴。

第三十二条 县级以上人民政府应当加强教师培养工作，采取措施发展教师教育。县级人民政府教育行政部门应当均衡配置本行政区域内学校师资力量，组织校长、教师的培训和流动，加强对薄弱学校的建设。

第三十三条 国务院和地方各级人民政府鼓励和支持城市学校教师和高等学校毕业生到农村地区、民族地区从事义务教育工作。国家鼓励高等学校毕业生以志愿者的方式到农村地区、民族地区缺乏教师的学校任教。县级人民政府教育行政部门依法认定其教师资格，其任教时间计入工龄。

第五章 教育教学

第三十四条 教育教学工作应当符合教育规律和学生身心发展特点，面向全体学生，教书育人，将德育、智育、体育、美育等有机统一在教育教学活动中，注重培养学生独立思考能力、创新能力和实践能力，促进学生全面发展。

第三十五条 国务院教育行政部门根据适龄儿童、少年身心发展的状况和实际情况，确定教学制度、教育教学内容和课程设置，改革考试制度，并改进高级中等学校招生办法，推进实施素质教育。学校和教师按照确定的教育教学内容和课程设置开展教育教学活动，保证达到国家规定的基本质量要求。国家鼓励学校和教师采用启发式教育等教育教学方法，提高教育教学质量。

第三十六条 学校应当把德育放在首位，寓德育于教育教学之中，开展与学生年龄相适应的社会实践活动，形成学校、家庭、社会相互配合的思想道德教育体系，促进学生养成良好的思想品德和行为习惯。

第三十七条 学校应当保证学生的课外活动时间，组织开展文化娱乐等课外活动。社会公共文化体育设施应当为学校开展课外活动提供便利。

第三十八条 教科书根据国家教育方针和课程标准编写，内容力求精简，精选必备的基础知识、基本技能，经济实用，保证质量。国家机关工作人员和教科书审查人员，不得参与或者变相参与教科书的编写工作。

第三十九条 国家实行教科书审定制度。教科书的审定办法由国务院教育行政部门规定。

未经审定的教科书，不得出版、选用。

第四十条 教科书价格由省、自治区、直辖市人民政府价格行政部门会同同级出版行政部门按照微利原则确定。

第四十一条 国家鼓励教科书循环使用。

第六章 经费保障

第四十二条 国家将义务教育全面纳入财政保障范围，义务教育经费由国务院和地方各级人民政府依照本法规定予以保障。国务院和地方各级人民政府将义务教育经费纳入财政预算，按照教职工编制标准、工资标准和学校建设标准、学生人均公用经费标准等，及时足额拨付义务教育经费，确保学校的正常运转和校舍安全，确保教职工工资按照规定发放。

国务院和地方各级人民政府用于实施义务教育财政拨款的增长比例应当高于财政经常性收入的增长比例，保证按照在校学生人数平均的义务教育费用逐步增长，保证教职工工资和学生人均公用经费逐步增长。

第四十三条 学校的学生人均公用经费基本标准由国务院财政部门会同教育行政部门制定，并根据经济和社会发展状况适时调整。制定、调整学生人均公用经费基本标准，应当满足教育教学基本需要。省、自治区、直辖市人民政府可以根据本行政区域的实际情况，制定不低于国家标准的学校学生人均公用经费标准。

特殊教育学校（班）学生人均公用经费标准应当高于普通学校学生人均公用经费标准。

第四十四条 义务教育经费投入实行国务院和地方各级人民政府根据职责共同负担，省、自治区、直辖市人民政府负责统筹落实的体制。农村义务教育所需经费，由各级人民政府根据国务院的规定分项目、按比例分担。各级人民政府对家庭经济困难的适龄儿童、少年免费提供教科书并补助寄宿生生活费。义务教育经费保障的具体办法由国务院规定。

第四十五条 地方各级人民政府在财政预算中将义务教育经费单列。

县级人民政府编制预算，除向农村地区学校和薄弱学校倾斜外，应当均衡安排义务教育经费。

第四十六条 国务院和省、自治区、直辖市人民政府规范财政转移支付制度，加大一般性转移支付规模和规范义务教育专项转移支付，支持和引导地方各级人民政府增加对义务教育的投入。地方各级人民政府确保将上级人民政府的义务教育转移支付资金按照规定用于义务教育。

第四十七条 国务院和县级以上地方人民政府根据实际需要，设立专项资金，扶持农村地区、民族地区实施义务教育。

第四十八条 国家鼓励社会组织和个人向义务教育捐赠，鼓励按照国家有关基金会管理的规定设立义务教育基金。

第四十九条 义务教育经费严格按照预算规定用于义务教育；任何组织和个人不得侵占、挪用义务教育经费，不得向学校非法收取或者摊派费用。

第五十条 县级以上人民政府建立健全义务教育经费的审计监督和统计公告制度。

第七章 法律责任

第五十一条 国务院有关部门和地方各级人民政府违反本法第六章的规定，未履行对义务教育经费保障职责的，由国务院或者上级地方人民政府责令限期改正；情节严重的，对直接负责的主管人员和其他直接责任人员依法给予行政处分。

第五十二条 县级以上地方人民政府有下列情形之一的，由上级人民政府责令限期改正；情节严重的，对直接负责的主管人员和其他直接责任人员依法给予行政处分：

（一）未按照国家有关规定制定、调整学校的设置规划的；

（二）学校建设不符合国家规定的办学标准、选址要求和建设标准的；

（三）未定期对学校校舍安全进行检查，并及时维修、改造的；

（四）未依照本法规定均衡安排义务教育经费的。

第五十三条 县级以上人民政府或者其教育行政部门有下列情形之一的，由上级人民政府或者其教育行政部门责令限期改正、通报批评；情节严重的，对直接负责的主管人员和其他直接责任人员依法给予行政处分：

（一）将学校分为重点学校和非重点学校的；

（二）改变或者变相改变公办学校性质的。

县级人民政府教育行政部门或者乡镇人民政府未采取措施组织适龄儿童、少年入学或者防止辍学的，依照前款规定追究法律责任。

第五十四条 有下列情形之一的，由上级人民政府或者上级人民政府教育行政部门、财政部门、价格行政部门和审计机关根据职责分工责令限期改正；情节严重的，对直接负责的主管人员和其他直接责任人员依法给予处分：

（一）侵占、挪用义务教育经费的；

（二）向学校非法收取或者摊派费用的。

第五十五条 学校或者教师在义务教育工作中违反教育法、教师法规定的，依照教育法、教师法的有关规定处罚。

第五十六条 学校违反国家规定收取费用的，由县级人民政府教育行政部门责令退还所收费用；对直接负责的主管人员和其他直接责任人员依法给予处分。

学校以向学生推销或者变相推销商品、服务等方式谋取利益的，由县级人民政府教育行政部门给予通报批评；有违法所得的，没收违法所得；对直接负责的主管人员和其他直接责任人员依法给予处分。

国家机关工作人员和教科书审查人员参与或者变相参与教科书编写的，由县级以上人民政府或者其教育行政部门根据职责权限责令限期改正，依法给予行政处分；有违法所得的，没收违法所得。

第五十七条 学校有下列情形之一的，由县级人民政府教育行政部门责令限期改正；情节严重的，对直接负责的主管人员和其他直接责任人员依法给予处分：

（一）拒绝接收具有接受普通教育能力的残疾适龄儿童、少年随班就读的；

（二）分设重点班和非重点班的；

（三）违反本法规定开除学生的；

（四）选用未经审定的教科书的。

第五十八条 适龄儿童、少年的父母或者其他法定监护人无正当理由未依照本法规定送适龄儿童、少年入学接受义务教育的，由当地乡镇人民政府或者县级人民政府教育行政部门给予批评教育，责令限期改正。

第五十九条 有下列情形之一的，依照有关法律、行政法规的规定予以处罚：

（一）胁迫或者诱骗应当接受义务教育的适龄儿童、少年失学、辍学的；

（二）非法招用应当接受义务教育的适龄儿童、少年的；

（三）出版未经依法审定的教科书的。

第六十条 违反本法规定，构成犯罪的，依法追究刑事责任。

第八章 附则

第六十一条 对接受义务教育的适龄儿童、少年不收杂费的实施步骤，由国务院规定。

第六十二条 社会组织或者个人依法举办的民办学校实施义务教育的，依照民办教育促进法有关规定执行；民办教育促进法未作规定的，适用本法。

第六十三条 本法自 2006 年 9 月 1 日起施行。

四、《中华人民共和国教师法》

（1993 年 10 月 31 日第八届全国人民代表大会常务委员会第四次会议通过，1993 年 10 月 31 日中华人民共和国主席令第十五号公布，自 1994 年 1 月 1 日起施行）

第一章 总则

第一条 为了保障教师的合法权益，建设具有良好思想品德修养和业务素质的教师队伍，促进社会主义教育事业的发展，制定本法。

第二条 本法适用于在各级各类学校和其他教育机构中专门从事教育教学工作的教师。

第三条 教师是履行教育教学职责的专业人员，承担教书育人，培养社会主义事业建设者和接班人、提高民族素质的使命。教师应当忠诚于人民的教育事业。

第四条 各级人民政府应当采取措施，加强教师的思想政治教育和业务培训，改善教师的工作条件和生活条件，保障教师的合法权益，提高教师的社会地位。全社会都应当尊重教师。

第五条 国务院教育行政部门主管全国的教师工作。国务院有关部门在各自职权范围内负责有关的教师工作。学校和其他教育机构根据国家规定，自主进行教师管理工作。

第六条 每年九月十日为教师节。

第二章 权利和义务

第七条 教师享有下列权利：

（一）进行教育教学活动，开展教育教学改革和实验；

（二）从事科学研究、学术交流，参加专业的学术团体，在学术活动中充分发表意见；

（三）指导学生的学习和发展，评定学生的品行和学业成绩；

（四）按时获取工资报酬，享受国家规定的福利待遇以及寒暑假期的带薪休假；

（五）对学校教育教学、管理工作和教育行政部门的工作提出意见和建议，通过教职工代表大会或者其他形式，参与学校的民主管理；

（六）参加进修或者其他方式的培训。

第八条 教师应当履行下列义务：

（一）遵守宪法、法律和职业道德，为人师表；

（二）贯彻国家的教育方针，遵守规章制度，执行学校的教学计划，履行教师聘约，完成教育教学工作任务；

（三）对学生进行宪法所确定的基本原则的教育和爱国主义、民族团结的教育，法制教育以及思想品德、文化、科学技术教育，组织、带领学生开展有益的社会活动；

（四）关心、爱护全体学生，尊重学生人格，促进学生在品德、智力、体质等方面全面发展；

（五）制止有害于学生的行为或者其他侵犯学生合法权益的行为，批评和抵制有害于学生健康成长的现象；

（六）不断提高思想政治觉悟和教育教学业务水平。

第九条 为保障教师完成教育教学任务，各级人民政府、教育行政部门、有关部门、学校和其他教育机构应当履行下列职责：

（一）提供符合国家安全标准的教育教学设施和设备；

（二）提供必需的图书、资料及其他教育教学用品；

（三）对教师在教育教学、科学研究中的创造性工作给以鼓励和帮助；

（四）支持教师制止有害于学生的行为或者其他侵犯学生合法权益的行为。

第三章 资格和任用

第十条 国家实行教师资格制度。

中国公民凡遵守宪法和法律，热爱教育事业，具有良好的思想品德，具备本法规定的学历或者经国家教师资格考试合格，有教育教学能力，经认定合格的，可以取得教师资格。

第十一条 取得教师资格应当具备的相应学历是：

（一）取得幼儿园教师资格，应当具备幼儿师范学校毕业及其以上学历；

（二）取得小学教师资格，应当具备中等师范学校毕业及其以上学历；

（三）取得初级中学教师、初级职业学校文化、专业课教师资格，应当具备高等师范专科学校或者其他大学专科毕业及其以上学历；

（四）取得高级中学教师资格和中等专业学校、技工学校、职业高中文化课、专业课教师资格，应当具备高等师范院校本科或者其他大学本科毕业及其以上学历；取得中等专业学校、技工学校和职业高中学生实习指导教师资格应当具备的学历，由国务院教育行政部门规定；

（五）取得高等学校教师资格，应当具备研究生或者大学本科毕业学历；

（六）取得成人教育教师资格，应当按照成人教育的层次、类别，分别具备高等、中等学校毕业及其以上学历。

不具备本法规定的教师资格学历的公民，申请获取教师资格，必须通过国家教师资格考试。国家教师资格考试制度由国务院规定。

第十二条 本法实施前已经在学校或者其他教育机构中任教的教师，未具备本法规定学历的，由国务院教育行政部门规定教师资格过渡办法。

第十三条 中小学教师资格由县级以上地方人民政府教育行政部门认定。中等专业学校、技工学校的教师资格由县级以上地方人民政府教育行政部门组织有关主管部门认定。普通高等学校的教师资格由国务院或者省、自治区、直辖市教育行政部门或者由其委托的学校认定。

具备本法规定的学历或者经国家教师资格考试合格的公民，要求有关部门认定其教师资格的，有关部门应当依照本法规定的条件予以认定。

取得教师资格的人员首次任教时，应当有试用期。

第十四条 受到剥夺政治权利或者故意犯罪受到有期徒刑以上刑事处罚的，不能取得教师资格；已经取得教师资格的，丧失教师资格。

第十五条 各级师范学校毕业生，应当按照国家有关规定从事教育教学工作。

国家鼓励非师范高等学校毕业生到中小学或者职业学校任教。

第十六条 国家实行教师职务制度，具体办法由国务院规定。

第十七条 学校和其他教育机构应当逐步实行教师聘任制。教师的聘任应当遵循双方地位平等的原则，由学校和教师签订聘任合同，明确规定双方的权利、义务和责任。

实施教师聘任制的步骤、办法由国务院教育行政部门规定。

第四章 培养和培训

第十八条 各级人民政府和有关部门应当办好师范教育，并采取措施，鼓励优秀青年进入各级师范学校学习。各级教师进修学校承担培训中小学教师的任务。

非师范学校应当承担培养和培训中小学教师的任务。各级师范学校学生享受专业奖学金。

第十九条 各级人民政府教育行政部门、学校主管部门和学校应当制定教师培训规划，对教师进行多种形式的思想政治、业务培训。

第二十条 国家机关、企业事业单位和其他社会组织应当为教师的社会调查和社会实践提供方便，给予协助。

第二十一条 各级人民政府应当采取措施，为少数民族地区和边远贫困地区培养、培训教师。

第五章 考核

第二十二条 学校或者其他教育机构应当对教师的政治思想、业务水平、工作态度和工作成绩进行考核。

教育行政部门对教师的考核工作进行指导、监督。

第二十三条 考核应当客观、公正、准确，充分听取教师本人、其他教师以及学生的意见。

第二十四条 教师考核结果是受聘任教、晋升工资、实施奖惩的依据。

第六章 待遇

第二十五条 教师的平均工资水平应当不低于或者高于国家公务员的平均工资水平，并逐步提高。建立正常晋级增薪制度，具体办法由国务院规定。

第二十六条 中小学教师和职业学校教师享受教龄津贴和其他津贴，具体办法由国务院教育行政部门会同有关部门制定。

第二十七条 地方各级人民政府对教师以及具有中专以上学历的毕业生到少数民族地区和边远贫困地区从事教育教学工作的，应当予以补贴。

第二十八条 地方各级人民政府和国务院有关部门，对城市教师住房的建设、租赁、出售实行优先、优惠。

县、乡两级人民政府应当为农村中小学教师解决住房提供方便。

第二十九条 教师的医疗同当地国家公务员享受同等的待遇；定期对教师进行身体健康检查，并因地制宜安排教师进行休养。

医疗机构应当对当地教师的医疗提供方便。

第三十条 教师退休或者退职后，享受国家规定的退休或者退职待遇。

县级以上地方人民政府可以适当提高长期从事教育教学工作的中小学退休教师的退休金比例。

第三十一条 各级人民政府应当采取措施，改善国家补助、集体支付工资的中小学教师的待遇，逐步做到在工资收入上与国家支付工资的教师同工同酬，具体办法由地方各级人民政府根据本地区的实际情况规定。

第三十二条 社会力量所办学校的教师的待遇，由举办者自行确定并予以保障。

第七章 奖励

第三十三条 教师在教育教学、培养人才、科学研究、教学改革、学校建设、社会服务、勤工俭学等方面成绩优异的，由所在学校予以表彰、奖励。国务院和地方各级人民政府及其有关部门对有突出贡献的教师，应当予以表彰、奖励。对有重大贡献的教师，依照国家有关规定授予荣誉称号。

第三十四条 国家支持和鼓励社会组织或者个人向依法成立的奖励教师的基金组织捐助资金，对教师进行奖励。

第八章 法律责任

第三十五条 侮辱、殴打教师的，根据不同情况，分别给予行政处分或者行政处罚；造成损害的，责令赔偿损失；情节严重，构成犯罪的，依法追究刑事责任。

第三十六条 对依法提出申诉、控告、检举的教师进行打击报复的，由其所在单位或者上级机关责令改正；情节严重的，可以根据具体情况给予行政处分。国家工作人员对教师打击报复构成犯罪的，依照刑法第一百四十六条的规定追究刑事责任。

第三十七条 教师有下列情形之一的，由所在学校、其他教育机构或者教育行政部门给予行政处分或者解聘：

（一）故意不完成教育教学任务给教育教学工作造成损失的；

（二）体罚学生，经教育不改的；

（三）品行不良、侮辱学生，影响恶劣的。

教师有前款第（二）项、第（三）项所列情形之一，情节严重，构成犯罪的，依法追究刑事责任。

第三十八条 地方人民政府对违反本法规定，拖欠教师工资或者侵犯教师其他合法权益的，应当责令其限期改正。

违反国家财政制度、财务制度，挪用国家财政用于教育的经费，严重妨碍教育教学工作，拖欠教师工资，损害教师合法权益的，由上级机关责令限期归还被挪用的经费，并对直接责任人员给予行政处分；情节严重，构成犯罪的，依法追究刑事责任。

第三十九条 教师对学校或者其他教育机构侵犯其合法权益的，或者对学校或者其他教育机构作出的处理不服的，可以向教育行政部门提出申诉，教育行政部门应当在接到申诉的三十日内，作出处理。

教师认为当地人民政府有关行政部门侵犯其根据本法规定享有的权利的，可以向同级人民政府或者上一级人民政府有关部门提出申诉，同级人民政府或者上一级人民政府有关部门应当作出处理。

第九章 附则

第四十条 本法下列用语的含义是：

（一）各级各类学校，是指实施学前教育、普通初等教育、普通中等教育、职业教育、普通高等教育以及特殊教育、成人教育的学校。

（二）其他教育机构，是指少年宫以及地方教研室、电化教育机构等。

（三）中小学教师，是指幼儿园、特殊教育机构、普通中小学、成人初等中等教育机构、职业中学以及其他教育机构的教师。

第四十一条 学校和其他教育机构中的教育教学辅助人员，其他类型的学校的教师和教育教学辅助人员，可以根据实际情况参照本法的有关规定执行。

军队所属院校的教师和教育教学辅助人员，由中央军事委员会依照本法制定有关规定。

第四十二条 外籍教师的聘任办法由国务院教育行政部门规定。

第四十三条 本法自1994年1月1日起施行。

五、《中华人民共和国未成年人保护法》

1991年9月4日第七届全国人民代表大会常务委员会第二十一次会议通过

第一章 总则

第一条 为了保护未成年人的身心健康，保障未成年人的合法权益，促进未成年人在品德、智力、体质等方面全面发展，把他们培养成为有理想、有道德、有文化、有纪律的社会主义事业接班人，根据宪法，制定本法。

第二条 本法所称未成年人是指未满十八周岁的公民。

第三条 国家、社会、学校和家庭对未成年人进行理想教育、道德教育、文化教育、纪律和法制教育，进行爱国主义、集体主义和国际主义、共产主义的教育，提倡爱祖国、爱人民、爱劳动、爱科学、爱社会主义的公德，反对资本主义的、封建主义的和其他的腐朽思想的侵蚀。

第四条 保护未成年人的工作，应当遵循下列原则：

（一）保障未成年人的合法权益；

（二）尊重未成年人的人格尊严；

（三）适应未成年人身心发展的特点；

（四）教育与保护相结合。

第五条 国家保障未成年人的人身、财产和其他合法权益不受侵犯。保护未成年人，是国家机关、武装力量、政党、社会团体、企业事业组织、城乡基层群众性自治组织、未成年人的监护人和其他成年公民的共同责任。

对侵犯未成年人合法权益的行为，任何组织和个人都有权予以劝阻、制止或者向有关部门提出检举或者控告。

国家、社会、学校和家庭应当教育和帮助未成年人运用法律手段，维护自己的合法权益。

第二章 家庭保护

第十一条 父母或者其他监护人不得允许或者迫使未成年人结婚，不得为未成年人订立婚约。

第十二条 父母或者其他监护人不履行监护职责或者侵害被监护的未成年人的合法权益的，应当依法承担责任。

父母或者其他监护人有前款所列行为，经教育不改的，人民法院可以根据有关人员或者有关单位的申请，撤销其监护人的资格；依照民法通则第十六条的规定，另行确定监护人。

第三章 学校保护

第十三条 学校应当全面贯彻国家的教育方针，对未成年学生进行德育、智育、体育、美育、劳动教育以及社会生活指导和青春期教育。

学校应当关心、爱护学生；对品行有缺点、学习有困难的学生，应当耐心教育、帮助，不得歧视。

第十四条 学校应当尊重未成年学生的受教育权，不得随意开除未成年学生。

第十五条 学校、幼儿园的教职员应当尊重未成年人的人格尊严，不得对未成年学生和儿童实施体罚、变相体罚或者其他侮辱人格尊严的行为。

第十六条 学校不得使未成年学生在危及人身安全、健康的校舍和其他教育教学设施中活动。

任何组织和个人不得扰乱教学秩序，不得侵占、破坏学校的场地、房屋和设备。

第十七条 学校和幼儿园安排未成年学生和儿童参加集会、文化娱乐、社会实践等集体活动，应当有利于未成年人的健康成长，防止发生人身安全事故。

第十八条 按照国家有关规定送工读学校接受义务教育的未成年人，工读学校应当对其进行思想教育、文化教育、劳动技术教育和职业教育。

工读学校的教职员应当关心、爱护、尊重学生，不得歧视、厌弃。

第十九条 幼儿园应当做好保育、教育工作，促进幼儿在体质、智力、品德等方面和谐发展。

第四章 社会保护

第二十条 国家鼓励社会团体、企业事业组织和其他组织及公民，开展多种形式的有利于未成年人健康成长的社会活动。

第二十一条 各级人民政府应当创造条件，建立和改善适合未成年人文化生活需要的活动场所和设施。

第二十二条 博物馆、纪念馆、科技馆、文化馆、影剧院、体育场（馆）、动物园、公园等场所，应当对中小学生优惠开放。

第二十三条 营业性舞厅等不适宜未成年人活动的场所，有关主管部门和经营者应当采取措施，不得允许未成年人进入。

第二十四条 国家鼓励新闻、出版、广播、电影、电视、文艺等单位和作家、科学家、艺术家及其他公民，创作或者提供有益于未成年人健康成长的作品。出版专门以未成年人为对象的图书、报刊、音像制品等出版物，国家给予扶持。

第二十五条 严禁任何组织和个人向未成年人出售、出租或者以其他方式传播淫秽、暴力、凶杀、恐怖等毒害未成年人的图书、报刊、音像制品。

第二十六条 儿童食品、玩具、用具和游乐设施，不得有害于儿童的安全和健康。

第二十七条 任何人不得在中小学、幼儿园、托儿所的教室、寝室、活动室和其他未成年人集中活动的室内吸烟。

第二十八条 任何组织和个人不得招用未满十六周岁的未成年人，国家另有规定的除外。

任何组织和个人依照国家有关规定招收已满十六周岁未满十八周岁的未成年人的，应当在工种、劳动时间、劳动强度和保护措施等方面执行国家有关规定，不得安排其从事过重、有毒、有害的劳动或者危险作业。

第二十九条 对流浪乞讨或者离家出走的未成年人，民政部门或者其他有关部门应当负责交送其父母或者其他监护人；暂时无法查明其父母或者其他监护人的，由民政部门设立的儿童福利机构收容抚养。

第三十条 任何组织和个人不得披露未成年人的个人隐私。

第三十一条 对未成年人的信件，任何组织和个人不得隐匿、毁弃；除因追查犯罪的需要由公安机关或者人民检察院依照法律规定的程序进行检查，或者对无行为能力的未成年人的信件由其父母或者其他监护人代为开拆外，任何组织或者个人不得开拆。

第三十二条 卫生部门和学校应当为未成年人提供必要的卫生保健条件，做好预防疾病工作。

第三十三条 地方各级人民政府应当积极发展托幼事业，努力办好托儿所、幼儿园，鼓励和支持国家机关、社会团体、企业事业组织和其他社会力量兴办哺乳室、托儿所、幼儿园，提倡和支持举办家庭托儿所。

第三十四条 卫生部门应当对儿童实行预防接种证制度，积极防治儿童常见病、多发病，加强对传染病防治工作的监督管理和对托儿所、幼儿园卫生保健的业务指导。

第三十五条 各级人民政府和有关部门应当采取多种形式，培养和训练幼儿园、托儿所的保教人员，加强对他们的政治思想和业务教育。

第三十六条 国家依法保护未成年人的智力成果和荣誉权不受侵犯。对有特殊天赋或者有突出成就的未成年人，国家、社会、家庭和学校应当为他们的健康发展创造有利条件。

第三十七条 未成年人已经受完规定年限的义务教育不再升学的，政府有关部门和社会团体、企业事业组织应当根据实际情况，对他们进行职业技术培训，为他们创造劳动就业条件。

第五章 司法保护

第三十八条 对违法犯罪的未成年人，实行教育、感化、挽救的方针，坚持教育为主、惩罚为辅的原则。

第三十九条 已满十四周岁的未成年人犯罪，因不满十六周岁不予刑事处罚的，责令其家长或者其他监护人加以管教；必要时，也可以由政府收容教养。

第四十条 公安机关、人民检察院、人民法院办理未成年人犯罪的案件，应当照顾未成年人的身心特点，并可以根据需要设立专门机构或者指定专人办理。

公安机关、人民检察院、人民法院和少年犯管教所，应当尊重违法犯罪的未成年人的人格尊严，保障他们的合法权益。

第四十一条 公安机关、人民检察院、人民法院对审前羁押的未成年人，应当与羁押的成年人分别看管。对经人民法院判决服刑的未成年人，应当与服刑的成年人分别关押、管理。

第四十二条 十四周岁以上不满十六周岁的未成年人犯罪的案件，一律不公开审理。十六周岁以上不满十八周岁的未成年人犯罪的案件，一般也不公开审理。

对未成年人犯罪案件，在判决前，新闻报道、影视节目、公开出版物不得披露该未成年人的姓名、住所、照片及可能推断出该未成年人的资料。

第四十三条 家庭和学校及其他有关单位，应当配合违法犯罪未成年人所在的少年犯管教所等单位，共同做好违法犯罪未成年人的教育挽救工作。

第四十四条 人民检察院免予起诉、人民法院免除刑事处罚或者宣告缓刑以及被解除收容教养或者服刑期满释放的未成年人，复学、升学、就业不受歧视。

第四十五条 人民法院审理继承案件，应当依法保护未成年人的继承权。

人民法院审理离婚案件，离婚双方因抚养未成年子女发生争执，不能达成协议时，应当根据保障子女权益的原则和双方具体情况判决。

第六章 法律责任

第四十六条 未成年人的合法权益受到侵害的，被侵害人或者其监护人有权要求有关主管部门处理，或者依法向人民法院提起诉讼。

第四十七条 侵害未成年人的合法权益，对其造成财产损失或者其他损失、损害的，应当依法赔偿或者承担其他民事责任。

第四十八条 学校、幼儿园、托儿所的教职员对未成年学生和儿童实施体罚或者变相体罚，情节严重的，由其所在单位或者上级机关给予行政处分。

第四十九条 企业事业组织、个体工商户非法招用未满十六周岁的未成年人的，由劳动部门责令改正，处以罚款；情节严重的，由工商行政管理部门吊销营业执照。

第五十条 营业性舞厅等不适宜未成年人活动的场所允许未成年人进入的，由有关主管部门责令改正，可以处以罚款。

第五十一条 向未成年人出售、出租或者以其他方式传播淫秽的图书、报刊、音像制品等出版物的，依法从重处罚。

第五十二条 侵犯未成年人的人身权利或者其他合法权利，构成犯罪的，依法追究刑事责任。虐待未成年的家庭成员，情节恶劣的，依照刑法第一百八十二条的规定追究刑事责任。司法工作人员违反监管法规，对被监管的未成年人实行体罚虐待的，依照刑法第一百八十九条的规定追究刑事责任。对未成年人负有抚养义务而拒绝抚养，情节恶劣的，依照刑法第一百八十三条的规定追究刑事责任。溺婴的，依照刑法第一百三十二条的规定追究刑事责任。明知校舍有倒塌的危险而不采取措施，致使校舍倒塌，造成伤亡的，依照刑法第一百八十七条的规定追究刑事责任。

第五十三条 教唆未成年人违法犯罪的，依法从重处罚。引诱、教唆或者强迫未成年人吸食、注射毒品或者卖淫的，依法从重处罚。

第五十四条 当事人对依照本法作出的行政处罚决定不服的，可以先向上一级行政机关或者有关法律、法规规定的行政机关申请复议，对复议决定不服的，再向人民法院提起诉讼；也可以直接向人民法院提起诉讼。有关法律、法规规定应当先向行政机关申请复议，对复议决定不服再向人民法院提起诉讼的，依照有关法律、法规的规定办理。

当事人对行政处罚决定在法定期限内不申请复议，也不向人民法院提起诉讼，又不履行的，作出处罚决定的机关可以申请人民法院强制执行，或者依法强制执行。

第七章　附则

第五十五条 国务院有关部门可以根据本法制定有关条例，报国务院批准施行。

省、自治区、直辖市的人民代表大会常务委员会可以根据本法制定实施办法。

第五十六条 本法自 1992 年 1 月 1 日起施行。

六、《中华人民共和国预防未成年人犯罪法》

（1999 年 6 月 28 日第九届全国人民代表大会常务委员会第十次会议通过）

第一章　总则

第一条 为了保障未成年人身心健康，培养未成年人良好品行，有效地预防未成年人犯罪，制定本法。

第二条 预防未成年人犯罪，立足于教育和保护，从小抓起，对未成年人的不良行为及时进行预防和矫治。

第三条 预防未成年人犯罪，在各级人民政府组织领导下，实行综合治理。

政府有关部门、司法机关、人民团体、有关社会团体、学校、家庭、城市居民委员会、农村村民委员会等各方面共同参与，各负其责，做好预防未成年人犯罪工作，为未成年人身心健康发展创造良好的社会环境。

第四条 各级人民政府在预防未成年人犯罪方面的职责是：

（一）制定预防未成年人犯罪工作的规划；

（二）组织、协调公安、教育、文化、新闻出版、广播电影电视、工商、民政、司法行政等政府有关部门和其他社会组织进行预防未成年人犯罪工作；

（三）对本法实施的情况和工作规划的执行情况进行检查；

（四）总结、推广预防未成年人犯罪工作的经验，树立、表彰先进典型。

第五条 预防未成年人犯罪，应当结合未成年人不同年龄的生理、心理特点，加强青春期教育、心理矫治和预防犯罪对策的研究。

第二章　预防未成年人犯罪的教育

第六条　对未成年人应当加强理想、道德、法制和爱国主义、集体主义、社会主义教育。对于达到义务教育年龄的未成年人，在进行上述教育的同时，应当进行预防犯罪的教育。

预防未成年人犯罪的教育的目的，是增强未成年人的法制观念，使未成年人懂得违法和犯罪行为对个人、家庭、社会造成的危害，违法和犯罪行为应当承担的法律责任，树立遵纪守法和防范违法犯罪的意识。

第七条　教育行政部门、学校应当将预防犯罪的教育作为法制教育的内容纳入学校教育教学计划，结合常见多发的未成年人犯罪，对不同年龄的未成年人进行有针对性的预防犯罪教育。

第八条　司法行政部门、教育行政部门、共产主义青年团、少年先锋队应当结合实际，组织、举办展览会、报告会、演讲会等多种形式的预防未成年人犯罪的法制宣传活动。

学校应当结合实际举办以预防未成年人犯罪的教育为主要内容的活动。教育行政部门应当将预防未成年人犯罪教育的工作效果作为考核学校工作的一项重要内容。

第九条　学校应当聘任从事法制教育的专职或者兼职教师。学校根据条件可以聘请校外法律辅导员。

第十条　未成年人的父母或者其他监护人对未成年人的法制教育负有直接责任。学校在对学生进行预防犯罪教育时，应当将教育计划告知未成年人的父母或者其他监护人，未成年人的父母或者其他监护人应当结合学校的计划，针对具体情况进行教育。

第十一条　少年宫、青少年活动中心等校外活动场所应当把预防未成年人犯罪的教育作为一项重要的工作内容，开展多种形式的宣传教育活动。

第十二条　对于已满十六周岁不满十八周岁准备就业的未成年人，职业教育培训机构、用人单位应当将法律知识和预防犯罪教育纳入职业培训的内容。

第十三条　城市居民委员会、农村村民委员会应当积极开展有针对性的预防未成年人犯罪的法制宣传活动。

第三章　对未成年人不良行为的预防

第十四条　未成年人的父母或者其他监护人和学校应当教育未成年人不得有下列不良行为：

（一）旷课、夜不归宿；

（二）携带管制刀具；

（三）打架斗殴、辱骂他人；

（四）强行向他人索要财物；

（五）偷窃、故意毁坏财物；

（六）参与赌博或者变相赌博；

（七）观看、收听色情、淫秽的音像制品、读物等；

（八）进入法律、法规规定未成年人不适宜进入的营业性歌舞厅等场所；

（九）其他严重违背社会公德的不良行为。

第十五条　未成年人的父母或者其他监护人和学校应当教育未成年人不得吸烟、酗酒。任何经营场所不得向未成年人出售烟酒。

第十六条　中小学生旷课的，学校应当及时与其父母或者其他监护人取得联系。

未成年人擅自外出夜不归宿的，其父母或者其他监护人、其所在的寄宿制学校应当及时查找，或者向公安机关请求帮助。收留夜不归宿的未成年人的，应当征得其父母或者其他监护人的同意，或者在二十四小时内及时通知其父母或者其他监护人、所在学校或者及时向公安机关报告。

第十七条 未成年人的父母或者其他监护人和学校发现未成年人组织或者参加实施不良行为的团伙的，应当及时予以制止。发现该团伙有违法犯罪行为的，应当向公安机关报告。

第十八条 未成年人的父母或者其他监护人和学校发现有人教唆、胁迫、引诱未成年人违法犯罪的，应当向公安机关报告。公安机关接到报告后，应当及时依法查处，对未成年人人身安全受到威胁的，应当及时采取有效措施，保护其人身安全。

第十九条 未成年人的父母或者其他监护人，不得让不满十六周岁的未成年人脱离监护单独居住。

第二十条 未成年人的父母或者其他监护人对未成年人不得放任不管，不得迫使其离家出走，放弃监护职责。未成年人离家出走的，其父母或者其他监护人应当及时查找，或者向公安机关请求帮助。

第二十一条 未成年人的父母离异的，离异双方对子女都有教育的义务，任何一方都不得因离异而不履行教育子女的义务。

第二十二条 继父母、养父母对受其抚养教育的未成年继子女、养子女，应当履行本法规定的父母对未成年子女在预防犯罪方面的职责。

第二十三条 学校对有不良行为的未成年人应当加强教育、管理，不得歧视。

第二十四条 教育行政部门、学校应当举办各种形式的讲座、座谈、培训等活动，针对未成年人不同时期的生理、心理特点，介绍良好有效的教育方法，指导教师、未成年人的父母和其他监护人有效地防止、矫治未成年人的不良行为。

第二十五条 对于教唆、胁迫、引诱未成年人实施不良行为或者品行不良，影响恶劣，不适宜在学校工作的教职员工，教育行政部门、学校应当予以解聘或者辞退；构成犯罪的，依法追究刑事责任。

第二十六条 禁止在中小学校附近开办营业性歌舞厅、营业性电子游戏场所以及其他未成年人不适宜进入的场所。禁止开办上述场所的具体范围由省、自治区、直辖市人民政府规定。

对本法施行前已在中小学校附近开办上述场所的，应当限期迁移或者停业。

第二十七条 公安机关应当加强中小学校周围环境的治安管理，及时制止、处理中小学校周围发生的违法犯罪行为。城市居民委员会、农村村民委员会应当协助公安机关做好维护中小学校周围治安的工作。

第二十八条 公安派出所、城市居民委员会、农村村民委员会应当掌握本辖区内暂住人口中未成年人的就学、就业情况。对于暂住人口中未成年人实施不良行为的，应当督促其父母或者其他监护人进行有效的教育、制止。

第二十九条 任何人不得教唆、胁迫、引诱未成年人实施本法规定的不良行为，或者为未成年人实施不良行为提供条件。

第三十条 以未成年人为对象的出版物，不得含有诱发未成年人违法犯罪的内容，不得含有渲染暴力、色情、赌博、恐怖活动等危害未成年人身心健康的内容。

第三十一条 任何单位和个人不得向未成年人出售、出租含有诱发未成年人违法犯罪以及渲染暴力、色情、赌博、恐怖活动等危害未成年人身心健康内容的读物、音像制品或者电子出版物。

任何单位和个人不得利用通讯、计算机网络等方式提供前款规定的危害未成年人身心健康的内容及其信息。

第三十二条 广播、电影、电视、戏剧节目，不得有渲染暴力、色情、赌博、恐怖活动等危害未成年人身心健康的内容。广播电影电视行政部门、文化行政部门必须加强对广播、电影、电视、戏剧节目以及各类演播场所的管理。

第三十三条 营业性歌舞厅以及其他未成年人不适宜进入的场所，应当设置明显的未成年人禁止进入标志，不得允许未成年人进入。营业性电子游戏场所在国家法定节假日外，不得允许未成年人进入，并应当设置明显的未成年人禁止进入标志。对于难以判明是否已成年的，上述场所的工作人员可以要求其出示身份证件。

第四章 对未成年人严重不良行为的矫治

第三十四条 本法所称“严重不良行为”，是指下列严重危害社会，尚不够刑事处罚的违法行为：

（一）纠集他人结伙滋事，扰乱治安；

（二）携带管制刀具，屡教不改；

（三）多次拦截殴打他人或者强行索要他人财物；

（四）传播淫秽的读物或者音像制品等；

（五）进行淫乱或者色情、卖淫活动；

（六）多次偷窃；

（七）参与赌博，屡教不改；

（八）吸食、注射毒品；

（九）其他严重危害社会的行为。

第三十五条 对未成年人实施本法规定的严重不良行为的，应当及时予以制止。

对有本法规定严重不良行为的未成年人，其父母或者其他监护人和学校应当相互配合，采取措施严加管教，也可以送工读学校进行矫治和接受教育。

对未成年人送工读学校进行矫治和接受教育，应当由其父母或者其他监护人，或者原所在学校提出申请，经教育行政部门批准。

第三十六条 工读学校对就读的未成年人应当严格管理和教育。工读学校除按照义务教育法的要求，在课程设置上与普通学校相同外，应当加强法制教育的内容，针对未成年人严重不良行为产生的原因以及有严重不良行为的未成年人的心理特点，开展矫治工作。

家庭、学校应当关心、爱护在工读学校就读的未成年人，尊重他们的人格尊严，不得体罚、虐待和歧视。工读学校毕业的未成年人在升学、就业等方面，同普通学校毕业的学生享有同等的权利，任何单位和个人不得歧视。

第三十七条 未成年人有本法规定严重不良行为，构成违反治安管理行为的，由公安机关依法予以治安处罚。因不满十四周岁或者情节特别轻微免予处罚的，可以予以训诫。

第三十八条 未成年人因不满十六周岁不予刑事处罚的，责令他的父母或者其他监护人严加管教；在必要的时候，也可以由政府依法收容教养。

第三十九条 未成年人在被收容教养期间，执行机关应当保证其继续接受文化知识、法律知识或者职业技术教育；对没有完成义务教育的未成年人，执行机关应当保证其继续接受义务教育。

解除收容教养、劳动教养的未成年人，在复学、升学、就业等方面与其他未成年人享有同等权利，任何单位和个人不得歧视。

第五章 未成年人对犯罪的自我防范

第四十条 未成年人应当遵守法律、法规及社会公共道德规范，树立自尊、自律、自强意识，增强辨别是非和自我保护的能力，自觉抵制各种不良行为及违法犯罪行为的引诱和侵害。

第四十一条 被父母或者其他监护人遗弃、虐待的未成年人，有权向公安机关、民政部门、共产主义青年团、妇女联合会、未成年人保护组织或者学校、城市居民委员会、农村村民委员会请求保护。被请求的上述部门和组织都应当接受，根据情况需要采取救助措施的，应当先采取救助措施。

第四十二条 未成年人发现任何人对自己或者对其他未成年人实施本法第三章规定不得实施的行为或者犯罪行为，可以通过所在学校、其父母或者其他监护人向公安机关或者政府有关主管部门报告，也可以自己向上述机关报告。受理报告的机关应当及时依法查处。

第四十三条 对同犯罪行为作斗争以及举报犯罪行为的未成年人，司法机关、学校、社会应当加强保护，保障其不受打击报复。

第六章 对未成年人重新犯罪的预防

第四十四条 对犯罪的未成年人追究刑事责任，实行教育、感化、挽救方针，坚持教育为主、惩罚为辅的原则。

司法机关办理未成年人犯罪案件，应当保障未成年人行使其诉讼权利，保障未成年人得到法律帮助，并根据未成年人的生理、心理特点和犯罪的情况，有针对性地进行法制教育。

对于被采取刑事强制措施的未成年学生，在人民法院的判决生效以前，不得取消其学籍。

第四十五条 人民法院审判未成年人犯罪的刑事案件，应当由熟悉未成年人身心特点的审判员或者审判员和人民陪审员依法组成少年法庭进行。

对于已满十四周岁不满十六周岁未成年人犯罪的案件，一律不公开审理。已满十六周岁不满十八周岁未成年人犯罪的案件，一般也不公开审理。

对未成年人犯罪案件，新闻报道、影视节目、公开出版物不得披露该未成年人的姓名、住所、照片及可能推断出该未成年人的资料。

第四十六条 对被拘留、逮捕和执行刑罚的未成年人与成年人应当分别关押、分别管理、分别教育。未成年犯在被执行刑罚期间，执行机关应当加强对未成年犯的法制教育，对未成年犯进行职业技术教育。对没有完成义务教育的未成年犯，执行机关应当保证其继续接受义务教育。

第四十七条 未成年人的父母或者其他监护人和学校、城市居民委员会、农村村民委员会，对因不满十六周岁而不予刑事处罚、免予刑事处罚的未成年人，或者被判处非监禁刑罚、被判处刑罚宣告缓刑、被假释的未成年人，应当采取有效的帮教措施，协助司法机关做好对未成年人的教育、挽救工作。

城市居民委员会、农村村民委员会可以聘请思想品德优秀，作风正派，热心未成年人教育工作的离退休人员或者其他人员协助做好对前款规定的未成年人的教育、挽救工作。

第四十八条 依法免予刑事处罚、判处非监禁刑罚、判处刑罚宣告缓刑、假释或者刑罚执行完毕的未成年人，在复学、升学、就业等方面与其他未成年人享有同等权利，任何单位和个人不得歧视。

第七章 法律责任

第四十九条 未成年人的父母或者其他监护人不履行监护职责，放任未成年人有本法规定的不良行为或者严重不良行为的，由公安机关对未成年人的父母或者其他监护人予以训诫，责令其严加管教。

第五十条 未成年人的父母或者其他监护人违反本法第十九条的规定，让不满十六周岁的未成年人脱离监护单独居住的，由公安机关对未成年人的父母或者其他监护人予以训诫，责令其立即改正。

第五十一条 公安机关的工作人员违反本法第十八条的规定，接到报告后，不及时查处或者采取有效措施，严重不负责任的，予以行政处分；造成严重后果，构成犯罪的，依法追究刑事责任。

第五十二条 违反本法第三十条的规定，出版含有诱发未成年人违法犯罪以及渲染暴力、色情、赌博、恐怖活动等危害未成年人身心健康内容的出版物的，由出版行政部门没收出版物和违法所得，并处违法所得三倍以上十倍以下罚款；情节严重的，没收出版物和违法所得，并责令停业整顿或者吊销许可证。对直接负责的主管人员和其他直接责任人员处以罚款。

制作、复制宣扬淫秽内容的未成年人出版物，或者向未成年人出售、出租、传播宣扬淫秽内容的出版物的，依法予以治安处罚；构成犯罪的，依法追究刑事责任。

第五十三条 违反本法第三十一条的规定，向未成年人出售、出租含有诱发未成年人违法犯罪以及渲染暴力、色情、赌博、恐怖活动等危害未成年人身心健康内容的读物、音像制品、电子出版物的，或者利用通讯、计算机网络等方式提供上述危害未成年人身心健康内容及其信息的，没收读物、音像制品、电子出版物和违法所得，由政府有关主管部门处以罚款。

单位有前款行为的，没收读物、音像制品、电子出版物和违法所得，处以罚款，并对直接负责的主管人员和其他直接责任人员处以罚款。

第五十四条 影剧院、录像厅等各类演播场所，放映或者演出渲染暴力、色情、赌博、恐怖活动等危害未成年人身心健康的节目的，由政府有关主管部门没收违法播放的音像制品和违法所得，处以罚款，并对直接负责的主管人员和其他直接责任人员处以罚款；情节严重的，责令停业整顿或者由工商行政部门吊销营业执照。

第五十五条 营业性歌舞厅以及其他未成年人不适宜进入的场所、营业性电子游戏场所，违反本法第三十三条的规定，不设置明显的未成年人禁止进入标志，或者允许未成年人进入的，由文化行政部门责令改正、给予警告、责令停业整顿、没收违法所得，处以罚款，并对直接负责的主管人员和其他直接责任人员处以罚款；情节严重的，由工商行政部门吊销营业执照。

第五十六条 教唆、胁迫、引诱未成年人实施本法规定的不良行为、严重不良行为，或者为未成年人实施不良行为、严重不良行为提供条件，构成违反治安管理行为的，由公安机关依法予以治安处罚；构成犯罪的，依法追究刑事责任。

第八章　附则

第五十七条　本法自 1999 年 11 月 1 日起施行。

七、《学生伤害事故处理办法》

第一章　总则

第一条　为积极预防、妥善处理在校学生伤害事故，保护学生、学校的合法权益，根据《中华人民共和国教育法》《中华人民共和国未成年人保护法》和其他相关法律、行政法规及有关规定，制定本办法。

第二条　在学校实施的教育教学活动或者学校组织的校外活动中，以及在学校负有管理责任的校舍、场地、其他教育教学设施、生活设施内发生的，造成在校学生人身损害后果的事故的处理，适用本办法。

第三条　学生伤害事故应当遵循依法、客观公正、合理适当的原则，及时、妥善地处理。

第四条　学校的举办者应当提供符合安全标准的校舍、场地、其他教育教学设施和生活设施。

教育行政部门应当加强学校安全工作，指导学校落实预防学生伤害事故的措施，指导、协助学校妥善处理学生伤害事故，维护学校正常的教育教学秩序。

第五条　学校应当对在校学生进行必要的安全教育和自护自救教育；应当按照规定，建立健全安全制度，采取相应的管理措施，预防和消除教育教学环境中存在的安全隐患；当发生伤害事故时，应当及时采取措施救助受伤害学生。

学校对学生进行安全教育、管理和保护，应当针对学生年龄、认知能力和法律行为能力的不同，采用相应的内容和预防措施。

第六条　学生应当遵守学校的规章制度和纪律；在不同的受教育阶段，应当根据自身的年龄、认知能力和法律行为能力，避免和消除相应的危险。

第七条　未成年学生的父母或者其他监护人（以下称为监护人）应当依法履行监护职责，配合学校对学生进行安全教育、管理和保护工作。

学校对未成年学生不承担监护职责，但法律有规定的或者学校依法接受委托承担相应监护职责的情形除外。

第二章　事故与责任

第八条　学生伤害事故的责任，应当根据相关当事人的行为与损害后果之间的因果关系依法确定。

因学校、学生或者其他相关当事人的过错造成的学生伤害事故，相关当事人应当根据其行为过错程度的比例及其与损害后果之间的因果关系承担相应的责任。当事人的行为是损害后果发生的主要原因，应当承担主要责任；当事人的行为是损害后果发生的非主要原因，承担相应的责任。

第九条　因下列情形之一造成的学生伤害事故，学校应当依法承担相应的责任：

（一）学校的校舍、场地、其他公共设施，以及学校提供给学生使用的学具、教育教学和生活设施、设备不符合国家规定的标准，或者有明显不安全因素的；

（二）学校的安全保卫、消防、设施设备管理等安全管理制度有明显疏漏，或者管理混乱，存在重大安全隐患，而未及时采取措施的；

（三）学校向学生提供的药品、食品、饮用水等不符合国家或者行业的有关标准、要求的；

（四）学校组织学生参加教育教学活动或者校外活动，未对学生进行相应的安全教育，并未在可预见的范围内采取必要的安全措施的；

（五）学校知道教师或者其他工作人员患有不适宜担任教育教学工作的疾病，但未采取必要措施的；

（六）学校违反有关规定，组织或者安排未成年学生从事不宜未成年人参加的劳动、体育运动或者其他活动的；

（七）学生有特异体质或者特定疾病，不宜参加某种教育教学活动，学校知道或者应当知道，但未予以必要的注意的；

（八）学生在校期间突发疾病或者受到伤害，学校发现，但未根据实际情况及时采取相应措施，导致不良后果加重的；

（九）学校教师或者其他工作人员体罚或者变相体罚学生，或者在履行职责过程中违反工作要求、操作规程、职业道德或者其他有关规定的；

（十）学校教师或者其他工作人员在负有组织、管理未成年学生的职责期间，发现学生行为具有危险性，但未进行必要的管理、告诫或者制止的；

（十一）对未成年学生擅自离校等与学生人身安全直接相关的信息，学校发现或者知道，但未及时告知未成年学生的监护人，导致未成年学生因脱离监护人的保护而发生伤害的；

（十二）学校有未依法履行职责的其他情形的。

第十条　学生或者未成年学生监护人由于过错，有下列情形之一，造成学生伤害事故，应当依法承担相应的责任：

（一）学生违反法律法规的规定，违反社会公共行为准则、学校的规章制度或者纪律，实施按其年龄和认知能力应当知道具有危险或者可能危及他人的行为的；

（二）学生行为具有危险性，学校、教师已经告诫、纠正，但学生不听劝阻、拒不改正的；

（三）学生或者其监护人知道学生有特异体质，或者患有特定疾病，但未告知学校的；

（四）未成年学生的身体状况、行为、情绪等有异常情况，监护人知道或者已被学校告知，但未履行相应监护职责的；

（五）学生或者未成年学生监护人有其他过错的。

第十一条　学校安排学生参加活动，因提供场地、设备、交通工具、食品及其他消费与服务的经营者，或者学校以外的活动组织者的过错造成的学生伤害事故，有过错的当事人应当依法承担相应的责任。

第十二条　因下列情形之一造成的学生伤害事故，学校已履行了相应职责，行为并无不当的，无法律责任：

（一）地震、雷击、台风、洪水等不可抗的自然因素造成的；

（二）来自学校外部的突发性、偶发性侵害造成的；

（三）学生有特异体质、特定疾病或者异常心理状态，学校不知道或者难于知道的；

（四）学生自杀、自伤的；

（五）在对抗性或者具有风险性的体育竞赛活动中发生意外伤害的；

（六）其他意外因素造成的。

第十三条 下列情形下发生的造成学生人身损害后果的事故，学校行为并无不当的，不承担事故责任；事故责任应当按有关法律法规或者其他有关规定认定：

（一）在学生自行上学、放学、返校、离校途中发生的；

（二）在学生自行外出或者擅自离校期间发生的；

（三）在放学后、节假日或者假期等学校工作时间以外，学生自行滞留学校或者自行到校发生的；

（四）其他在学校管理职责范围外发生的。

第十四条 因学校教师或者其他工作人员与其职务无关的个人行为，或者因学生、教师及其他个人故意实施的违法犯罪行为，造成学生人身损害的，由致害人依法承担相应的责任。

第三章 事故处理程序

第十五条 发生学生伤害事故，学校应当及时救助受伤害学生，并应当及时告知未成年学生的监护人；有条件的，应当采取紧急救援等方式救助。

第十六条 发生学生伤害事故，情形严重的，学校应当及时向主管教育行政部门及有关部门报告；属于重大伤亡事故的，教育行政部门应当按照有关规定及时向同级人民政府和上一级教育行政部门报告。

第十七条 学校的主管教育行政部门应学校要求或者认为必要，可以指导、协助学校进行事故的处理工作，尽快恢复学校正常的教育教学秩序。

第十八条 发生学生伤害事故，学校与受伤害学生或者学生家长可以通过协商方式解决；双方自愿，可以书面请求主管教育行政部门进行调解。成年学生或者未成年学生的监护人也可以依法直接提起诉讼。

第十九条 教育行政部门收到调解申请，认为必要的，可以指定专门人员进行调解，并应当在受理申请之日起 60 日内完成调解。

第二十条 经教育行政部门调解，双方就事故处理达成一致意见的，应当在调解人员的见证下签订调解协议，结束调解；在调解期限内，双方不能达成一致意见，或者调解过程中一方提起诉讼，人民法院已经受理的，应当终止调解。调解结束或者终止，教育行政部门应当书面通知当事人。

第二十一条 对经调解达成的协议，一方当事人不履行或者反悔的，双方可以依法提起诉讼。

第二十二条 事故处理结束，学校应当将事故处理结果书面报告主管的教育行政部门；重大伤亡事故的处理结果，学校主管的教育行政部门应当向同级人民政府和上一级教育行政部门报告。

第四章 事故损害的赔偿

第二十三条 对发生学生伤害事故负有责任的组织或者个人，应当按照法律法规的有关规定，承担相应的损害赔偿责任。

第二十四条 学生伤害事故赔偿的范围与标准，按照有关行政法规、地方性法规或者最高人民法院司法解释中的有关规定确定。

教育行政部门进行调解时，认为学校有责任的，可以依照有关法律法规及国家有关规定，提出相应的调解方案。

第二十五条 对受伤害学生的伤残程度存在争议的，可以委托当地具有相应鉴定资格的医院或者有关机构，依据国家规定的人体伤残标准进行鉴定。

第二十六条 学校对学生伤害事故负有责任的，根据责任大小，适当予以经济赔偿，但不承担解决户口、住房、就业等与救助受伤害学生、赔偿相应经济损失无直接关系的其他事项。

学校无责任的，如果有条件，可以根据实际情况，本着自愿和可能的原则，对受伤害学生给予适当的帮助。

第二十七条 因学校教师或者其他工作人员在履行职务中的故意或者重大过失造成的学生伤害事故，学校予以赔偿后，可以向有关责任人员追偿。

第二十八条 未成年学生对学生伤害事故负有责任的，由其监护人依法承担相应的赔偿责任。

学生的行为侵害学校教师及其他工作人员以及其他组织、个人的合法权益，造成损失的，成年学生或者未成年学生的监护人应当依法予以赔偿。

第二十九条 根据双方达成的协议、经调解形成的协议或者人民法院的生效判决，应当由学校负担的赔偿金，学校应当负责筹措；学校无力完全筹措的，由学校的主管部门或者举办者协助筹措。

第三十条 县级以上人民政府教育行政部门或者学校举办者有条件的，可以通过设立学生伤害赔偿准备金等多种形式，依法筹措伤害赔偿金。

第三十一条 学校有条件的，应当依据保险法的有关规定，参加学校责任保险。教育行政部门可以根据实际情况，鼓励中小学参加学校责任保险。

提倡学生自愿参加意外伤害保险。在尊重学生意愿的前提下，学校可以为学生参加意外伤害保险创造便利条件，但不得从中收取任何费用。

第五章　事故责任者的处理

第三十二条 发生学生伤害事故，学校负有责任且情节严重的，教育行政部门应当根据有关规定，对学校的直接负责的主管人员和其他直接责任人员，分别给予相应的行政处分；有关责任人的行为触犯刑律的，应当移送司法机关依法追究刑事责任。

第三十三条 学校管理混乱，存在重大安全隐患的，主管的教育行政部门或者其他有关部门应当责令其限期整顿；对情节严重或者拒不改正的，应当依据法律法规的有关规定，给予相应的行政处罚。

第三十四条 教育行政部门未履行相应职责，对学生伤害事故的发生负有责任的，由有关部门对直接负责的主管人员和其他直接责任人员分别给予相应的行政处分；有关责任人的行为触犯刑律的，应当移送司法机关依法追究刑事责任。

第三十五条 违反学校纪律，对造成学生伤害事故负有责任的学生，学校可以给予相应的处分；触犯刑律的，由司法机关依法追究刑事责任。

第三十六条 受伤害学生的监护人、亲属或者其他有关人员，在事故处理过程中无理取闹，扰乱学校正常教育教学秩序，或者侵犯学校、学校教师或者其他工作人员的合法权益的，学校应当报告公安机关依法处理；造成损失的，可以依法要求赔偿。

第六章　附则

第三十七条 本办法所称学校，是指国家或者社会力量举办的全日制的中小学（含特殊教育学校）、各类中等职业学校、高等学校。本办法所称学生是指在上述学校中全日制就读的受教育者。

第三十八条 幼儿园发生的幼儿伤害事故，应当根据幼儿为完全无行为能力人的特点，参照本办法处理。

第三十九条 其他教育机构发生的学生伤害事故，参照本办法处理。

在学校注册的其他受教育者在学校管理范围内发生的伤害事故，参照本办法处理。

第四十条 本办法自 2002 年 9 月 1 日起实施，原国家教委、教育部颁布的与学生人身安全事故处理有关的规定，与本办法不符的，以本办法为准。

在本办法实施之前已处理完毕的学生伤害事故不再重新处理。

八、《国家中长期教育改革和发展规划纲要（2010—2020 年）》

根据党的十七大关于"优先发展教育，建设人力资源强国"的战略部署，为促进教育事业科学发展，全面提高国民素质，加快社会主义现代化进程，制定本《教育规划纲要》。

第一部分 总体战略

第一章 指导思想和工作方针

（一）指导思想。高举中国特色社会主义伟大旗帜，以邓小平理论和"三个代表"重要思想为指导，深入贯彻落实科学发展观，实施科教兴国战略和人才强国战略，优先发展教育，完善中国特色社会主义现代教育体系，办好人民满意的教育，建设人力资源强国。

（二）工作方针。优先发展、育人为本、改革创新、促进公平、提高质量。

把教育摆在优先发展的战略地位。教育优先发展是党和国家提出并长期坚持的一项重大方针。各级党委和政府要把优先发展教育作为贯彻落实科学发展观的一项基本要求，切实保证经济社会发展规划优先安排教育发展，财政资金优先保障教育投入，公共资源优先满足教育和人力资源开发需要。

把育人为本作为教育工作的根本要求。人力资源是我国经济社会发展的第一资源，教育是开发人力资源的主要途径。要以学生为主体，以教师为主导，充分发挥学生的主动性，把促进学生健康成长作为学校一切工作的出发点和落脚点。

把改革创新作为教育发展的强大动力。教育要发展，根本靠改革。要以体制机制改革为重点，鼓励地方和学校大胆探索和试验，加快重要领域和关键环节改革步伐。

把促进公平作为国家基本教育政策。教育公平是社会公平的重要基础。教育公平的关键是机会公平，基本要求是保障公民依法享有受教育的权利，重点是促进义务教育均衡发展和扶持困难群体，根本措施是合理配置教育资源，向农村地区、边远贫困地区和民族地区倾斜，加快缩小教育差距。教育公平的主要责任在政府，全社会要共同促进教育公平。

把提高质量作为教育改革发展的核心任务。树立科学的质量观，把促进人的全面发展、适应社会需要作为衡量教育质量的根本标准。

第二章 战略目标和战略主题

（三）战略目标。到 2020 年，基本实现教育现代化，基本形成学习型社会，进入人力资源强国行列。

实现更高水平的普及教育：基本普及学前教育；巩固提高九年义务教育水平；普及高中阶段

教育，毛入学率达到90%；高等教育大众化水平进一步提高，毛入学率达到40%；扫除青壮年文盲。新增劳动力平均受教育年限从 12.4 年提高到 13.5 年；主要劳动年龄人口平均受教育年限从9.5 年提高到 11.2 年，其中受过高等教育的比例达到 20%，具有高等教育文化程度的人数比 2009 年翻一番。

形成惠及全民的公平教育；提供更加丰富的优质教育；构建体系完备的终身教育；健全充满活力的教育体制。

（四）战略主题。坚持以人为本、全面实施素质教育是教育改革发展的战略主题，是贯彻党的教育方针的时代要求，其核心是解决好培养什么人、怎样培养人的重大问题，重点是面向全体学生、促进学生全面发展，着力提高学生服务国家服务人民的社会责任感、勇于探索的创新精神和善于解决问题的实践能力。

坚持德育为先。立德树人，把社会主义核心价值体系融入国民教育全过程。

坚持能力为重。优化知识结构，丰富社会实践，强化能力培养。

坚持全面发展。全面加强和改进德育、智育、体育、美育。坚持文化知识学习与思想品德修养的统一、理论学习与社会实践的统一、全面发展与个性发展的统一。促进德育、智育、体育、美育有机融合，提高学生综合素质，使学生成为德智体美全面发展的社会主义建设者和接班人。

第二部分　发展任务

第三章　学前教育

（五）基本普及学前教育。到 2020 年，普及学前一年教育，基本普及学前两年教育，有条件的地区普及学前三年教育。重视 0 至 3 岁婴幼儿教育。

（六）明确政府职责。教育行政部门加强对学前教育的宏观指导和管理，相关部门履行各自职责，充分调动各方面力量发展学前教育。

（七）重点发展农村学前教育。发挥乡镇中心幼儿园对村幼儿园的示范指导作用。支持贫困地区发展学前教育。

第四章　义务教育

（八）巩固提高九年义务教育水平。义务教育是国家依法统一实施、所有适龄儿童少年必须接受的教育，具有强制性、免费性和普及性，是教育工作的重中之重。到 2020 年，全面提高普及水平，全面提高教育质量，基本实现区域内均衡发展，确保适龄儿童少年接受良好义务教育。

巩固义务教育普及成果。坚持以输入地政府管理为主、以全日制公办中小学为主，确保进城务工人员随迁子女平等接受义务教育，研究制定进城务工人员随迁子女接受义务教育后在当地参加升学考试的办法。

提高义务教育质量。建立国家义务教育质量基本标准和监测制度。严格执行义务教育国家课程标准、教师资格标准。深化课程与教学方法改革，推行小班教学。

增强学生体质。科学安排学习、生活、锻炼，保证学生睡眠时间。大力开展”阳光体育”运动，保证学生每天锻炼一小时，不断提高学生体质健康水平。提倡合理膳食，改善学生营养状况，提高贫困地区农村学生营养水平。保护学生视力。

（九）推进义务教育均衡发展。均衡发展是义务教育的战略性任务。建立健全义务教育均衡发展保障机制。推进义务教育学校标准化建设，均衡配置教师、设备、图书、校舍等资源。

切实缩小校际差距，着力解决择校问题。加快薄弱学校改造，着力提高师资水平。实行县（区）域内教师、校长交流制度。实行优质普通高中和优质中等职业学校招生名额合理分配到区域内初中的办法。义务教育阶段不得设置重点学校和重点班。在保障适龄儿童少年就近进入公办学校的前提下，发展民办教育，提供选择机会。

加快缩小城乡差距。建立城乡一体化义务教育发展机制，在财政拨款、学校建设、教师配置等方面向农村倾斜。率先在县（区）域内实现城乡均衡发展，逐步在更大范围内推进。

努力缩小区域差距。加大对革命老区、民族地区、边疆地区、贫困地区义务教育的转移支付力度。鼓励发达地区支援欠发达地区。

（十）减轻中小学生课业负担。减轻学生课业负担是全社会的共同责任，把减负落实到中小学教育全过程，促进学生生动活泼学习、健康快乐成长。率先实现小学生减负。

第五章　高中阶段教育

（十一）加快普及高中阶段教育。到 2020 年，普及高中阶段教育，满足初中毕业生接受高中阶段教育需求。

（十二）全面提高普通高中学生综合素质。建立学生发展指导制度，加强对学生的理想、心理、学业等多方面指导。

（十三）推动普通高中多样化发展。

第六章　职业教育

（十四）大力发展职业教育。职业教育要面向人人、面向社会，着力培养学生的职业道德、职业技能和就业创业能力。

（十五）调动行业企业的积极性。建立健全政府主导、行业指导、企业参与的办学机制，制定促进校企合作办学法规，推进校企合作制度化。

（十六）加快发展面向农村的职业教育。逐步实施农村新成长劳动力免费劳动预备制培训。

（十七）增强职业教育吸引力。积极推进学历证书和职业资格证书“双证书”制度，推进职业学校专业课程内容和职业标准相衔接。完善就业准入制度，执行“先培训、后就业”“先培训、后上岗”的规定。

第七章　高等教育

（十八）全面提高高等教育质量。提高质量是高等教育发展的核心任务，是建设高等教育强国的基本要求。

（十九）提高人才培养质量。

（二十）提升科学研究水平。

（二十一）增强社会服务能力。

（二十二）优化结构办出特色。适应国家和区域经济社会发展需要，建立动态调整机制，不断优化高等教育结构。促进高校办出特色。加快建设一流大学和一流学科。

第八章　继续教育

（二十三）加快发展继续教育。继续教育是面向学校教育之后所有社会成员的教育活动，特别是成人教育活动，是终身学习体系的重要组成部分。

（二十四）建立健全继续教育体制机制。

（二十五）构建灵活开放的终身教育体系。搭建终身学习“立交桥”。

第九章 民族教育

（二十六）重视和支持民族教育事业。

（二十七）全面提高少数民族和民族地区教育发展水平。促进民族地区各级各类教育协调发展。大力推进双语教学。加强教育对口支援。

第十章 特殊教育

（二十八）关心和支持特殊教育。特殊教育是促进残疾人全面发展、帮助残疾人更好地融入社会的基本途径。

（二十九）完善特殊教育体系。到2020年，基本实现市（地）和30万人口以上、残疾儿童少年较多的县（市）都有一所特殊教育学校。

（三十）健全特殊教育保障机制。

第三部分 体制改革

第十一章 人才培养体制改革

（三十一）更新人才培养观念。深化教育体制改革，关键是更新教育观念，核心是改革人才培养体制，目的是提高人才培养水平。

（三十二）创新人才培养模式。适应国家和社会发展需要，遵循教育规律和人才成长规律，深化教育教学改革，创新教育教学方法，探索多种培养方式，形成各类人才辈出、拔尖创新人才不断涌现的局面。

注重学思结合。倡导启发式、探究式、讨论式、参与式教学，帮助学生学会学习。

注重知行统一。坚持教育教学与生产劳动、社会实践相结合。

注重因材施教。关注学生不同特点和个性差异，发展每一个学生的优势潜能。推进分层教学、走班制、学分制、导师制等教学管理制度改革。

（三十三）改革教育质量评价和人才评价制度。改进教育教学评价。改进人才评价及选用制度，为人才培养创造良好环境。

第十二章 考试招生制度改革

（三十四）推进考试招生制度改革。以考试招生制度改革为突破口，克服一考定终身的弊端，推进素质教育实施和创新人才培养。

（三十五）完善中等学校考试招生制度。完善初中就近免试入学的具体办法。完善学业水平考试和综合素质评价，为高中阶段学校招生录取提供更加科学的依据。改进高中阶段学校考试招生方式，发挥优质普通高中和优质中等职业学校招生名额合理分配的导向作用。规范优秀特长生录取程序与办法。中等职业学校实行自主招生或注册入学。

（三十六）完善高等学校考试招生制度。深化考试内容和形式改革，着重考查综合素质和能力。逐步实施高等学校分类入学考试。完善高等学校招生名额分配方式和招生录取办法，建立健全有利于促进入学机会公平、有利于优秀人才选拔的多元录取机制。

（三十七）加强信息公开和社会监督。完善考试招生信息发布制度，实现信息公开透明，保障考生权益，加强政府和社会监督。

第十三章　建设现代学校制度

（三十八）推进政校分开、管办分离。

（三十九）落实和扩大学校办学自主权。

（四十）完善中国特色现代大学制度。完善治理结构。公办高等学校要坚持和完善党委领导下的校长负责制。加强章程建设。扩大社会合作。推进专业评价。

（四十一）完善中小学学校管理制度。完善普通中小学和中等职业学校校长负责制。完善校长任职条件和任用办法。

第十四章　办学体制改革

（四十二）深化办学体制改革。坚持教育公益性原则，健全政府主导、社会参与、办学主体多元、办学形式多样、充满生机活力的办学体制，形成以政府办学为主体、全社会积极参与、公办教育和民办教育共同发展的格局。

（四十三）大力支持民办教育。

（四十四）依法管理民办教育。

第十五章　管理体制改革

（四十五）健全统筹有力、权责明确的教育管理体制。以转变政府职能和简政放权为重点，深化教育管理体制改革，提高公共教育服务水平。明确各级政府责任，规范学校办学行为，促进管办评分离，形成政事分开、权责明确、统筹协调、规范有序的教育管理体制。

（四十六）加强省级政府教育统筹。进一步加大省级政府对区域内各级各类教育的统筹。统筹管理义务教育，推进城乡义务教育均衡发展，依法落实发展义务教育的财政责任。

（四十七）转变政府教育管理职能。提高政府决策的科学性和管理的有效性。培育专业教育服务机构。

第十六章　扩大教育开放

（四十八）加强国际交流与合作。适应国家经济社会对外开放的要求，培养大批具有国际视野、通晓国际规则、能够参与国际事务和国际竞争的国际化人才。

（四十九）引进优质教育资源。吸引更多世界一流的专家学者来华从事教学、科研和管理工作，有计划地引进海外高端人才和学术团队。引进境外优秀教材，提高高等学校聘任外籍教师的比例。吸引海外优秀留学人员回国服务。

（五十）提高交流合作水平。加强中小学、职业学校对外交流与合作。加强国际理解教育，推动跨文化交流，增进学生对不同国家、不同文化的认识和理解。

推动我国高水平教育机构海外办学，创新和完善公派出国留学机制，进一步扩大外国留学生规模，加强与联合国教科文组织等国际组织的合作，扩展交流内容，创新合作模式，促进教育事业共同发展。

第四部分　保障措施

第十七章　加强教师队伍建设

（五十一）建设高素质教师队伍。严格教师资质，提升教师素质，努力造就一支师德高尚、业务精湛、结构合理、充满活力的高素质专业化教师队伍。

（五十二）加强师德建设。加强教师职业理想和职业道德教育，增强广大教师教书育人的责任感和使命感。

（五十三）提高教师业务水平。以农村教师为重点，提高中小学教师队伍整体素质。完善教师培训制度，将教师培训经费列入政府预算，对教师实行每五年一周期的全员培训。加大民族地区双语教师培养培训力度。加强校长培训，重视辅导员和班主任培训。加强教师教育，构建以师范院校为主体、综合大学参与、开放灵活的教师教育体系。深化教师教育改革，创新培养模式，增强实习实践环节，强化师德修养和教学能力训练，提高教师培养质量。

以“双师型”教师为重点，加强职业院校教师队伍建设。以中青年教师和创新团队为重点，建设高素质的高校教师队伍。

（五十四）提高教师地位待遇。落实教师绩效工资。依法保证教师平均工资水平不低于或者高于国家公务员的平均工资水平，并逐步提高。对长期在农村基层和艰苦边远地区工作的教师，在工资、职务（职称）等方面实行倾斜政策，完善津贴补贴标准。建设农村艰苦边远地区学校教师周转宿舍。

（五十五）健全教师管理制度。国家制定教师资格标准，提高教师任职学历标准和品行要求。建立教师资格证书定期登记制度。省级教育行政部门统一组织中小学教师资格考试和资格认定，县级教育行政部门按规定履行中小学教师的招聘录用、职务（职称）评聘、培养培训和考核等管理职能。

逐步实行城乡统一的中小学编制标准，对农村边远地区实行倾斜政策。创造有利条件，鼓励教师和校长在实践中大胆探索，创新教育思想、教育模式和教育方法，形成教学特色和办学风格，造就一批教育家，倡导教育家办学。

第十八章　保障经费投入

（五十六）加大教育投入。各级政府要优化财政支出结构，统筹各项收入，把教育作为财政支出重点领域予以优先保障。社会投入是教育投入的重要组成部分。充分调动全社会办教育积极性，扩大社会资源进入教育途径，多渠道增加教育投入。

（五十七）完善投入机制。义务教育全面纳入财政保障范围，实行国务院和地方各级人民政府根据职责共同负担，省、自治区、直辖市人民政府负责统筹落实的投入体制。进一步完善中央财政和地方财政分项目、按比例分担的农村义务教育经费保障机制，提高保障水平。尽快化解农村义务教育学校债务。

非义务教育实行以政府投入为主、受教育者合理分担、其他多种渠道筹措经费的投入机制。学前教育建立政府投入、社会举办者投入、家庭合理负担的投入机制。普通高中实行以财政投入为主，其他渠道筹措经费为辅的机制。中等职业教育实行政府、行业、企业及其他社会力量依法筹集经费的机制。高等教育实行以举办者投入为主、受教育者合理分担培养成本、学校设立基金接受社会捐赠等筹措经费的机制。进一步加大农村、边远贫困地区、民族地区教育投入。健全国家资助政策体系。

（五十八）加强经费管理。坚持依法理财，设立高等教育拨款咨询委员会，加强学校财务会计制度建设，完善教育经费监管机构职能，加强经费使用监督，防范学校财务风险。建立经费使用绩效评价制度，加强学校国有资产管理。

第十九章　加快教育信息化进程

（五十九）加快教育信息基础设施建设。到2020年，基本建成覆盖城乡各级各类学校的教育信息化体系，促进教育内容、教学手段和方法现代化。

（六十）加强优质教育资源开发与应用。强化信息技术应用。

（六十一）构建国家教育管理信息系统。制定学校基础信息管理要求，加快学校管理信息化进程，促进学校管理标准化、规范化。

第二十章　推进依法治教

（六十二）完善教育法律法规。

（六十三）全面推进依法行政。

（六十四）大力推进依法治校。

（六十五）完善督导制度和监督问责机制。

第二十一章　重大项目和改革试点

（六十六）组织实施重大项目。义务教育学校标准化建设。义务教育教师队伍建设。推进农村学前教育。职业教育基础能力建设。提升高等教育质量。发展民族教育。发展特殊教育。家庭经济困难学生资助。教育信息化建设。教育国际交流合作。

（六十七）组织开展改革试点。推进素质教育改革试点。义务教育均衡发展改革试点。职业教育办学模式改革试点。终身教育体制机制建设试点。拔尖创新人才培养改革试点。考试招生制度改革试点。深化办学体制改革试点。地方教育投入保障机制改革试点。省级政府教育统筹综合改革试点。

第二十二章　加强组织领导

（六十八）加强和改善对教育工作的领导。

（六十九）加强和改进教育系统党的建设。

（七十）切实维护教育系统和谐稳定。

第三节　教师的权利和义务

一、教师的权利

（一）教师权利的含义

教师权利也称教师的法律权利，是指教师依法享有的某种权能和利益，表现为教师作为权利享有者能够做出或不做出一定的行为，或要求他人做出一定行为的资格。

（二）确立教师权利的法律依据

1.《教育法》中关于教师权利的规定

《教育法》作为基本法有专章对教师和其他教育工作者的权利和义务作了原则性的规定。《教育法》第四章“教师和其他教育工作者”中，对教师权利的规定表述有：“教师享有法律规定的权利”“国家保护教师的合法权益”。

《教育法》第四章第三十四条规定，“国家保护教师的合法权益，改善教师的工作条件和生活条件，提高教师的社会地位。教师的工资报酬、福利待遇，依照法律、法规的规定办理”。

2.《教师法》中关于教师权利的规定

《教师法》第七条对教师的基本权利作了明确的规定，共有六个方面：教师享有“进行教育教学活动，开展教育教学改革和实验”的权利、教师享有“从事科学研究、学术交流，参加专业的学术团体，在学术活动中充分发表意见”的权利、教师拥有“指导学生的学习和发展，评定学生的品行和学业成绩的权利”、教师享有“按时获取工资报酬，享受国家规定的福利待遇以及寒暑假期的带薪休假”的权利、教师拥有“对学校教育教学、管理工作和教育行政部门的工作提出意见和建议，通过教职工代表大会或者其他形式，参与学校的民主管理”的权利、教师享有“参加进修或者其他方式的培训”的权利。

除了上述六个方面的规定，在《教师法》的相关条款中，涉及的教师权利还有：教师的申诉权利，即教师维护自己合法权益的权利；教师的人格权、人身权，教师的人格不容侮辱，教师的人身不容侵犯，等等。

3.《义务教育法》中关于教师权利的规定

《义务教育法》中有“教师”专章，对义务教育教师的权利也作了相关规定。其中有“教师享有法律规定的权利”“全社会应当尊重教师”“各级人民政府保障教师工资福利和社会保险待遇，改善教师工作和生活条件，完善农村教师工资经费保障机制”“教师的平均工资水平应当不低于当地公务员的平均工资水平”“特殊教育教师享有特殊岗位补助津贴。在民族地区和边远贫困地区工作的教师享有艰苦贫困地区补助津贴。”

（三）教师作为专业教育教学人员的职业权利

职业权利是教师作为教育工作者依据教育法规享有的教育权利与职业相关的其他权利。按照我国《教师法》等相关法律法规的规定，我国教师享有教育教学权、学术研究权、指导评价权、报酬待遇权、民主管理权、进修培训权六项权利。

1. 教育教学权

教师有进行教育教学活动，开展教育教学改革和实验的教育教学权，这是教师为履行教育教学职责必须具备的基本权利。它主要指教师可以依据其所在学校的培养目标组织课堂教学；按照课程计划、课程标准的要求确定其教学内容和进度，并不断完善教学内容；针对不同的教育、教学对象，在教育、教学的形式、方法、具体内容等方面进行自主改革、实验和完善。非依法律规定，任何组织或个人均不得剥夺在聘教师的这项法定权利。

2. 学术研究权

教师有从事教学研究、学术交流、参加专业的学术团体，在学术活动中发表意见的权利，这是教师作为专业技术人员所享有的一项基本权利。教师在完成现定的教育、教学任务的前提下，有权进行科学研究、技术开发、技术咨询、撰写学术论文或者著书立说，依法成立或参加学术团体、发表自己的观点、开展学术活动等权利。

3．指导评价权

教师有指导学生的学习和发展、评定学生的品行和学业成绩的指导评价权，这是教师在教育教学活动中居于主导地位的基本权利。教师有权依据学生的身心发展状况和特点因材施教，针对学生的特长、就业、升学等方面的发展给予指导；教师有权对学生的思想、品德、学习、劳动等方面给予客观、公正和恰如其分的评价；教师有权运用一定的方式、方法，促使学生的个性和能力得到充分的发展。任何组织和个人都不得非法干预教师这项权利的行使。

4．报酬待遇权

教师有权按时获取工资报酬，享受国家规定的福利待遇以及寒暑假期的带薪休假，这是教师的基本物质权利，是宪法赋予公民的劳动的权利和劳动者休息权利的具体化。它主要包括教师有权要求所在学校及其主管部门根据国家法律及教师聘用合同的规定，按时足额地支付工资报酬；教师有权享受国家规定的医疗、退休等各种福利待遇和优惠，以及寒暑假期的带薪休假等权利。

5．民主管理权

教师有权向学校教育教学、管理工作和教育行政部门的工作提出意见和建议，通过教职工代表大会或者其他形式，参与学校的民主管理的权利。这是教师参与教育民主管理的权利，是宪法赋予公民的民主权利在教育领域的具体适用。保证教师此项权利的行使，能够调动教师对教育教学工作的主动性和积极性，加强对学校和教育行政部门的监督。它主要包括教师享有对学校及其他教育行政部门工作的批评权和建议权；教师有权通过教职工代表大会、工会等组织形式及其他适当方式，参与学校的民主管理，讨论学校发展与改革等方面的重大问题；教师有权引导学生，培养学生的民主与法制意识，促进我国社会主义民主和法制建设；教师有权参与教育的民主管理。

6．进修培训权

教师有参加进修或者其他方式培训的权利。这是教师享有的接受继续教育，不断获得充实和发展的基本权利。它主要包括教师有权参与进修和接受其他多种形式的培训，不断更新知识，调整知识结构，提高自己的思想品德和业务素质及教育教学质量；教育行政部门和学校及其他教育机构应当采取多种形式，开辟多种渠道，保证教师进修培训权的顺畅行使；教师有权参加达到法定学历标准和达到高一级学历的进修或以拓宽知识为主的继续教育培训等。学校和教育行政部门应当作出规划，采取各种方式，开辟多种渠道，为教师参加进修和培训创造条件，提供机会，切实保障教师权利的实现。

二、教师的义务

（一）教师义务的含义

教师的义务，是指教师依照《教育法》《教师法》及其他有关法律、法规，从事教育教学工作而必须履行的责任，表现为教师在教育教学活动中做出一定行为或不得做出一定行为。

（二）确立教师义务的法律依据

1.《教育法》中关于教师义务的规定

《教育法》第四章“教师和其他教育工作者”中，对教师义务的规定有：教师要“履行法律规定的义务”“教师应当为人师表，忠诚于人民的教育事业”“教师在教育教学中承担着使每一个学生健康发展的任务”“教师应当取得国家规定的教师资格”。

2.《教师法》中关于教师义务的规定

（1）遵守宪法、法律和职业道德的义务

教师必须遵守宪法、法律和职业道德，为人师表。宪法和法律是国家、社会组织和公民活动的基本行为准则。教师要教书育人、为人师表，更应当模范地遵守宪法和法律，自觉培养学生的民主意识和法制观念，使其成为遵纪守法的公民。这不仅是教师自身的行为规范，也是法律要求教师应尽的基本义务。

（2）完成教育教学工作的义务

教学工作是教师的本职工作。所以，教师在教育教学活动中，必须贯彻国家的教育方针，遵守规章制度，遵守教育行政部门和学校其他教育机构制定的教育教学管理的各项规章制度和依据有关法律法规制订的具体的教学工作计划，履行聘任合同中约定的教育教学工作职责，完成职责范围内的教育教学任务，保证教育教学质量。

（3）进行思想品德教育的义务

教师的工作是教书育人的工作，通过教书，达到育人的目的。所以，教师在教育活动中有义务对学生进行宪法所确定的基本原则的教育和爱国主义教育、民族团结教育、法制教育以及思想品德、文化、科学技术教育，组织带领学生开展有益的社会活动。教师应自觉地结合自己教育教学的业务特点，将德育工作落实于教育教学工作的全过程中。对学生进行思想品德教育，不仅是政治思想品德课教师的职责，也是每一位教师的基本义务。

（4）关心爱护学生，促进学生的全面发展的义务

教师在教育教学活动中，应关心爱护全体学生，尊重学生的人格，促进学生在品德、智力、体质等方面全面发展。要树立尊重学生人格尊严的法制观念，不歧视学生，更不允许侮辱、体罚学生。对于极个别屡教不改、错误性质严重、需要给予纪律处分的学生也只能以理服人，不能压服。教师违反本法规定，侮辱、体罚学生，经教育不改的，依法追究法律责任。

（5）保护学生合法权益，促进学生健康成长的义务

教师有义务制止有害于学生的行为或者其他侵犯学生合法权益的行为，批评和抵制有害于学生健康成长的现象。保护学生的合法权益和身心健康成长，是全社会的共同责任。教师应当在学校工作和与教育教学工作相关的活动中，对侵犯其所负责教育管理的学生的合法权益的违法行为予以制止，保护学生的合法权益不受侵犯；也应当对社会上出现的有害于学生身心健康成长的不良现象进行批评和抵制，这既是全社会的责任，也是教师义不容辞的义务。

（6）不断提高思想觉悟和教育教学水平的义务

教师应不断提高自己思想政治觉悟和教育教学水平。教育教学工作是一项专业性较强的工作，担负着提高民族素质的使命。随着社会的进步，科技的发展，知识的更新速度不断加快。所以作为一名教师，要想胜任工作，跟上时代的发展步伐，就需要不断学习，加强自身的思想道德修养，提高业务水平。

三、教师教育行为

教师教育行为是指教师在实际教育中所表现出的各种外显性的活动或动作，是教师教育方法、措施与手段的总和，也是教师教育观念的外在表现。它对儿童认知发展、人格发展，特别是自我评价和心理健康具有重要影响。教师恰当的教育行为对学生的心理健康起

着积极的作用。教师不恰当的教育行为对学生的心理健康起着消极作用，甚至会导致心理障碍。

第四节 教师违法行为及预防

一、教师违法（侵权）行为的含义

教师违法行为即指教师出于故意或由于过失而侵害他人（主要是学生）合法权利的行为。在履行教师职责、实施教育教学活动中，中小学教师实施的侵权行为若是执行职务的行为，那么学校必须承担因此而导致的损害后果。如果是教师的个人行为导致他人权利受损，则学校不必承担责任。

二、教师违法（侵权）行为的主要类型及其表现特征

（一）侵犯学生的受教育权

受教育权是学生最基本的权利。常见的侵犯学生受教育权的表现形式如下。

（1）侵犯学生受教育机会的平等权。我国《教育法》第九条规定了公民受教育机会平等的基本原则。受教育机会平等，是指公民在受教育方面的权利和义务具有平等的法律地位，不因民族、种族、性别、职业、财产状况、宗教信仰等方面的不同或者差别而受到不平等的对待。

（2）侵犯学生的入学权。我国《义务教育法》第五条规定了义务教育对象的入学条件，即凡达到入学年龄（新学年开学前满 6 岁），不分性别、民族、种族，只要有接受教育的能力，都必须入学接受规定年限的义务教育。此外，实施义务教育的学校必须依法接受应该在本校就读的适龄儿童入学。

（3）侵犯学生参加考试的权利。我国《教育法》第四十二条规定，受教育者享有“参加教育教学计划安排的各种活动”的权利。这是学生在学校中享有的最基本的权利。在教育教学中，学生有权参加教学计划安排的授课、讲座、课堂讨论、观摩、实验、实习和考试等活动。

（4）随意开除学生。我国《未成年人保护法》第十四条规定，学校应当尊重未成年学生的受教育权，不得随意开除未成年学生。一些学校随意开除学生或勒令未成年学生退学的行为，就侵犯了未成年学生的受教育权。

此外，还有侵犯学生上课学习的权利、侵犯学生受教育的选择权、侵犯学生升学复学方面的同等权利、以侵犯姓名权的手段侵犯学生的受教育权、延误学生录取通知书的发放等。

（二）侵犯学生的人身权

人身权是公民享有的最基本的、最重要的权利。根据有关法律规定，学生的人身权可分为生命权、身体权、健康权、姓名与肖像权、名誉与荣誉权、人格尊严权、人身自由权、隐私权等。

（1）侵犯学生的生命权、身体权和健康权。学生作为公民享有《民法通则》赋予的生命权、身体权和健康权。在学校教育中，这类侵害主要是由体罚或变相体罚、教育教学设施设备不安全以及学校、教师的不作为侵权等造成的。

（2）侵犯学生的姓名肖像权、名誉荣誉权。一些特殊情况除外，学生有权禁止他人未经允许制作和使用自己的肖像，有权禁止他人对自己肖像进行毁损、玷污、丑化或歪曲。学生的名誉不得受到歪曲或损害。荣誉是一个人受到外部给予的光荣称誉，每个学生在学校应有平等的机会获得。

（3）侵犯学生的人格尊严权。学校和教师必须尊重学生的人格尊严，严禁对学生实施体罚、变相体罚或其他侮辱人格尊严的行为。

（4）侵犯学生的人身自由权。人身自由是公民的一项基本权利，包括身体行动自由和表达的自由。侵害学生人身自由的表现形式有：非法拘禁和限制学生、非法搜查学生、非法限制学生表达自由的权利等。

（5）侵犯学生的隐私权。隐私包括个人私生活、个人日记、照片、储蓄及财产状况、生活习惯及通讯秘密等。隐私权是指公民生活中不愿为他人公开或知悉的个人秘密的不可侵犯的人身权利。学校和教师侵犯学生隐私的表现形式有：故意隐匿、毁弃或者非法开拆学生信件，披露、宣扬学生自身及家庭成员的资料，提供学生成绩的方式不适当等。

（6）性侵害。近年来，少数教师对学生实施性犯罪的现象日趋严重，被侵害的对象绝大部分是14周岁以下的中小学生。其中最主要的性犯罪案件是强奸罪和猥亵儿童罪。

（三）侵犯学生的财产权

个人的财产所有权是指公民对个人所有的财产依法进行占有、使用、收益和处分的权利。学生的合法财产受法律保护，教师不得侵占、破坏或非法扣押、没收等。学生对教师侵犯其财产权的行为可依法申诉或提起诉讼。教师侵犯学生财产权的表现形式有：损坏学生财物、非法没收学生物品、乱罚款、乱摊派、推销商品等。

（四）侵犯学生的著作权

根据有关规定，只要是自己独立完成的，体现了自己的思想、情感、构思和表达方式的，属于文学、艺术和科学领域内并能以某种有形形式复制的智力成果都是著作权法所称的作品。构成作品并不需要达到一定的文学、艺术或者科技水准。著作权人对其作品享有发表权，任何人不得未经许可发表其作品。中小学生的作文也是作品，是受《中华人民共和国著作权法》保护的文字作品。

（五）不作为违法侵权

依性质不同，侵权行为可分为两类，即作为侵权行为和不作为侵权行为。作为侵权行为是指行为人以一定的作为致人损害的行为，如体罚、侮辱学生等。不作为侵权行为是指行为人以一定的不作为致人损害的行为。根据《中华人民共和国教师法》《中华人民共和国未成年人保护法》规定，学校和教师负有保护学生的法定义务。如果教师没有积极履行保护职责或阻止有害学生的行为即构成不作为侵权。学校和教师的不作为侵权行为表现形式有以下几个方面。

（1）对学生身体状况关照不力，即学生有特异体质或特定疾病，不宜参加某种教育教学活动，教师应当知道或已经知道，但未予以必要注意。

（2）教师对生病或受伤学生救护不力，即教师对学生在校期间突发疾病或者受到伤害，没有根据实际情况及时采取相应救治措施，而是消极的不作为，致使学生的疾病或者伤害因为延迟治疗的原因而加重。

（3）在履行职责中违反工作要求、操作规程，即教师在教育教学活动中违反专业规范，包括对待工作岗位、工作期间的要求，如实验室教师在组织实验过程中不得擅离职守；特定教育教学活动中遵循的操作规范，如体育课应当按照教学大纲要求首先组织学生热身。

（4）学校活动组织失职，即学校违反有关规定，组织或安排未成年学生从事不宜未成年人参加的劳动、体育运动或其他活动。

（5）饮食安全事故，即学校向学生提供的药品、食品、饮用水等不符合国家或者行业有关标准、要求。

（6）未及时向学生监护人履行告知义务，即教师发现或知道未成年学生擅自离校等与学生人身安全直接相关的信息，但未及时告知未成年学生的监护人，导致未成年学生因脱离监护人的监护而发生伤害，学校负有管理责任，但学生自行外出或擅自离校期间发生的伤害，学校不负有管理责任。

三、教师违法（侵权）行为的主要法律责任

（一）教师违法（侵权）行为

（1）故意不完成教育教学任务给教育教学工作造成损失的。构成此项违法责任必须具备两个条件：第一，主观上是“故意的”，即明知会对教育教学工作造成损失，但却放任这种行为的发生；第二，客观上要有“给教育教学工作造成损失”的后果。

（2）体罚学生，经教育不改的。体罚学生是指教师以暴力的方法或以暴力相威胁，或以其他强制性手段，侵害学生的身体和精神健康的侵权行为。

（3）品行不良、侮辱学生，影响恶劣的。主要指教师的人品或行为严重有悖于社会公德和教师职业道德，严重有损为人师表的形象和身份，在社会上和学生中产生了恶劣的影响。

（二）教师的法律责任

（1）按现行教师管理权限，由所在学校、其他教育机构或教育行政部门给予行政处分或者解聘。解聘包括解除岗位职务聘任合同，由学校或其他教育机构另聘做其他工作；也包括解除教师聘任合同，被解聘者另谋职业。

（2）教师有上述违法行为中的后两种行为，情节严重，构成犯罪的，由人民法院追究刑事责任。

（3）对学校、其他教育机构和学生造成损害或损失的，应当依照我国《民法通则》的有关规定赔偿损失、消除影响、恢复名誉等。这既可由学校或教育行政部门处理，也可由人民法院强制执行。

四、预防教师违法（侵权）行为的必要措施

（一）建立完善的教育法规体系

我国诸多法律法规都对保护未成年人做了明确规定，这为中小学生的身心发展提供了法律上的保障，但我们也要看到大部分地方教育立法还比较薄弱。中央、各省的法律法规只提出了一些大的框架、一些总的原则，各级地方应从实际出发，尽快将大框架、总原则地方化、具体化，使之在教育改革和发展的实践中发挥作用。

（二）建立严格公正的教育执法制度

建立教育事故仲裁委员会，严格教育执法制度。教育执法制度要求各级人民政府及其有关部门应当严格依法行政，正确地规范和引导教育的改革与发展，不得滥用权力。同时建立完备的有关教育行政处罚制度、行政复议制度、教育申诉制度等一系列教育法律救济制度，对违法侵害公民教育合法权益的责任人，国家行政机关或司法机关应当予以追究，真正做到有法必依、执法必严、违法必究。

（三）建立全面的教育法律监督机制

监督是法律得以实施的一项重要保证。教师侵权行为之所以没有做到违法必究，很大程度上是由于缺少有效的法律监督约束。监督机制和高素质的执法队伍是依法治教的根本保证。我们在建立严格公正的教育执法制度的同时，还应建立和完善法律法规执法监督机制，教育执法人员同样应当依法接受国家权力机关的监督和人民群众的监督。

（四）增强法制观念，宣传、普及教育法规

教育法律的实施，不仅要有执法队伍来执行，更重要的是靠全体公民自觉去遵守，这就要提高全体公民的教育法律意识。加强教育法律的宣传，让广大教师和学生认识教育法律的预防和保护作用。

通过广播站、宣传栏等进行宣传，召开各种座谈会、讨论会，促进师生员工的学习与交流，使教师树立依法治教的观念。

（五）加强学校的规范管理

各级教委和学校应严格执行党的教育方针，彻底扭转教育过程中重智育轻德育、片面追求升学率等偏离党的教育方针的局面。注重提高教师的业务素质和职业道德修养，树立正确的学生观。学校可将依法治教的目标和工作内容分解细化，形成责任共同体，使责任共同体依法完成各自的职责，从而使学校工作规范化。同时各级教委和学校应结合实际制定出切实可行的考核评比的规章制度。

（六）增强教师的法律意识，减少侵权行为的发生

增强教师的法律意识，是减少侵权行为发生、促进学生健康发展的主要途径。首先要加强教师对学生权利的认识，让每位教师都深刻体会学生的法定权利以及侵害学生权利应负的责任，从而减少侵权行为的发生；其次要加强教师对相关案例的学习。

（七）加强学生对自己法定权利的认识，培养学生的自我保护意识

中小学教师的侵权对象多数是未成年学生，有相当多的学生还不具有完全行为和能力责任，因此，要加强学生对自己法定权利的认识。例如，在小学开设教育法规图片展、开设各种讲座；在中学开设法律课程，重点教授学生权利的知识等，让每个学生都能运用法律武器捍卫自己的合法权利。

（八）加大安全教育力度

大力推行社会安全教育，加强学校内师生的安全观念。首先，要健全规章制度，切实落实安全工作责任制，依靠群众和社会各方面，建立严密的安全防范体系；其次，要加强学生的安全观

念，使学生学会自我防范，防止因为教师的违法行为造成学生的身心伤害。

第五节 学生的权利及保护

一、学生权利的含义和分类

（一）学生权利的含义

受教育者的权利有广义和狭义两种理解。广义的受教育者的权利包括两方面：一是作为公民享有法律所赋予公民的一切权利；二是作为受教育者所享有的受教育的权利。狭义的学生权利是指受教育者所享有的教育法律所规定的权利。在此，我们是在狭义的范畴内来理解受教育者的权利。

（二）小学生权利保护的意义

1．小学生权利保护是其身心健康发展的条件

小学生处在身心发展的最重要时期，身心健康发展是他们的重要权利。但是，由于他们身体尚在成长之中，心智也还在成熟的过程中，他们还没有经济上的能力，抵御各种诱惑和防止受到伤害的能力还不足，所以小学生只有得到家庭、学校、社会及各个方面的保护，才能确保他们身心健康发展。小学生的身心发展，虽然需要社会全方位的保护，但是小学生日常大量时间是在学校中度过的，小学教师是他们每天接触最多的成年人。小学教师对小学生实施的保护，对小学生的成长具有特别的意义。

2．小学生权利保护是实现小学教育目标的要求

小学生作为成长中的人，是小学教育活动的对象，要把他们培养成为德、智、体、美等各方面全面发展的社会主义事业建设者和接班人。这一要求不仅是小学教育目标中所规定的，也是我国教育目的的要求。

小学教育目标的规定和我国教育目的的要求，对于小学生来说并不只是一种外在的要求，而是小学生自身健康发展的需要。因为我国的小学教育目标，体现的是人成长发展的本质要求，是受教育者的利益所在。因而，保障小学生能够按照我国教育目的和小学教育目标的要求发展，就是小学生的权利所在。小学生作为未成年人所拥有的受教育权，是我国教育法明文规定的。受教育权是学生的重要权利，但是学生并不能自动的实现这一权利，需要教育者予以保障。

（三）学生的基本权利

学生的权利可以分为两部分，一是指国家宪法和法律授予所有公民的权利，如《宪法》第四十六条规定，“中华人民共和国公民有受教育的权利。”“公民的受教育权利受法律保护。”“我国公民的受教育权一律平等，不受种族、性别、社会地位、出身等方面的限制。”二是指教育法律、法规授予尚处于学生阶段的公民的权利。根据《教育法》规定，学生享有以下五项权利，分别简称为：参加教育教学权、获得经济资助权、获得学业证书权、申诉起诉权和法定其他权利。

1．学生的公民权

（1）人身权

人身权又称为非财产权利，指不直接具有财产内容，与主体人身不可分离的权利。主要包括生命健康权、人格尊严权、肖像权、荣誉权、隐私权、安全权等。

（2）财产权

一般而言，学生财产权包括财产所有权、继承权、受赠权以及知识产权中的财产权利等。公民私人财产神圣不可侵犯。学校、教师在教育教学活动中侵犯学生财产权的行为主要表现为两类：一是对违纪的学生进行罚款；二是对学生携带的与学习无关的物品予以没收、毁坏或丢弃。

2. 学生的基本法律权利

（1）参加教育教学权

学生享有“参加教育教学计划安排的各种活动，使用教学设施、设备、图书资料”的权利，简称“参加教育教学权”。这是学生的基本权利，主要包括以下两方面。

① 参加教育教学活动权

在教学过程中，学生有权参加教育教学计划安排中的各种课堂教学、讲座、课堂讨论、观摩、实验、见习、实习、测试和考试等活动。任何组织和个人不得以任何借口非法剥夺学生参加教育教学活动的权利。这体现了教学民主精神，是广大学生接受教育获取知识的保障。

② 使用教育教学设施权

学生有平等使用教育教学设施设备和图书资料的权利。为保障学生完成学习任务，学校及其他教育机构应当依法按规定提供符合卫生安全标准的教育教学设施、设备、图书资料及其他教育教学用品。

（2）获得经济资助权

学生享有“按照国家有关规定获得奖学金、贷学金、助学金”的权利，简称“获得经济资助权”。

（3）获得学业证书权

获得学业证书权是指学生享有“在学业成绩和品行上获得公正评价，完成规定的学业后获得相应的学业证书、学位证书”的权利。主要体现在以下两个方面。

① 获得公正评价

按照学生学籍管理的规定，学生的学籍档案里有学习成绩登记表，学校要如实地记录学生各科学习成绩和品行状况。

② 获得学业证书

一个学生完成规定的学业后就应该获得相应的学业证书或学位证书，这是学生的一项重大权利。

（4）申诉起诉权

学生享有“对学校给予的处分不服，向有关部门提出申诉，对学校、教师侵犯其人身权、财产权等合法权益，提出申诉或者依法提起诉讼”的权利，简称“申诉起诉权”。

（5）法定其他权

学生除了享有以上四项权利外，还享有“法律、法规规定的其他权利”，简称“法定其他权”。

二、学生权利受侵害的表现

（一）侵害青少年学生的受教育权

受教育权是公民的一项基本权利，教师不得以任何理由限制学生上课，不得随意开除学生。

但实际上，青少年学生的受教育权经常受到侵害。主要表现为：学生因为迟到，不遵守纪律，未完成作业，作业出错，甚至有时只是家长未在作业上签名，就被教师赶出教室，不允许听课；教师随意占用学生的上课时间，指派学生参加一些与教育教学无关的活动，如商业庆典、开幕式等；一些教师为让学生应付考试，放弃或终止了许多课程的开设和教学，如不开设音乐、美术课或随意挤占体育课等与应试无关的课程；也有学校为提高升学率，把成绩不好的学生开除，不允许其参加升学考试。

（二）侵害青少年学生的身体健康权

身体健康权是公民依法享有的身体健康不受侵害的权利，它是学生人身权的重要内容。教师不得对未成年人实施体罚、变相体罚或者唆使他人侵害学生的身体安全行为。但实际上，目前仍有很多教师对学生身体健康权的认识不够清晰，仍然有体罚或变相体罚行为。主要表现为：有些教师动手打学生、罚学生劳动、罚学生超量做作业、罚学生抄班规、罚学生超量运动等。教师的体罚、变相体罚或唆使他人侵犯学生的身体安全行为造成受罚学生的心灵创伤和肉体痛苦，甚至致伤、致残。

（三）侵害青少年学生的人格尊严

每个人都有人格和尊严，人格尊严是公民的一项基本权利。教师应当尊重学生的人格尊严。但实际上，在教育教学中侵害学生人格尊严的行为还时有发生。主要表现为：讽刺、挖苦学生；故意侮辱学生，随意谩骂学生；给学生取一些歧视性的绰号或侮辱性的称号，如“弱智”“笨蛋”等；借助教师在学生中的影响力，孤立学生；在公共场合随意议论学生的过错；不给学生以合理的解释权和辩护权；以记档案威胁学生等。在生活中有些教师错误地认为只要不给学生身体上造成伤害，不触犯刑律就行。岂不知，这种“心罚”比体罚给学生造成的伤害更大，导致学生丧失信心，甚至自暴自弃。

（四）侵害青少年学生的人身自由权

人身自由权是我国公民最基本的权利。教师应当保护学生的人身自由权。但实际上，教师常常自觉不自觉地侵害学生的人身自由，主要表现为：以未完成作业或不守纪律为由，罚站或不让学生按时放学，或剥夺学生课外自由活动时间。此外，有时也有非法搜身行为的发生。如有时学生的财物丢失，班主任为了搜寻被偷财物，自己或由学生干部对班里学生进行非法搜身。

（五）侵害青少年学生的隐私权

隐私权是指公民依法享有私人生活安宁和私人信息保密的权利。教师不得侵害学生的隐私权。但实际上，教育教学中教师在对待学生成绩、男女生交往等问题上若处理不当，极易造成对学生隐私权的侵害。主要表现为：不少学校为了激励学生相互竞争，习惯于公布学生的考试成绩及其排名；个别教师借口防止学生早恋，私拆或扣留学生信件，翻看学生的日记、短信等。

（六）侵害青少年学生的休息权

休息权是公民的一项基本权利。教师应保护学生的休息权。保护学生的休息权有利于学生的身体健康，有利于提高学生的学习效率。但实际上，教师侵害学生休息权的现象比较普遍。主要表现为：一些老师不能按时下课，经常拖堂；一些学校不能按时放学，占用课余时间给学生集体补课或训练；还有一些学校占用学生午饭后的休息时间，组织诸如比赛、大扫除等活动；还有少数学校占用学生周末时间组织大型活动等。

三、学生权利的保护

（一）家庭保护

（1）父母或者其他监护人应当创造良好、和睦的家庭环境，依法履行对未成年学生的监护职责和抚养义务；

（2）父母或者其他监护人应当做好未成年学生的心理辅导工作，引导未成年学生进行有益身心健康的活动，预防和制止未成年学生吸烟、酗酒、流浪、沉迷网络以及赌博、吸毒、卖淫等行为；

（3）父母或其他监护人应当尊重未成年人受教育的权利，使适龄未成年人依法入学并完成义务教育；

（4）父母或者其他监护人在作出与未成年学生权益有关的决定时应告知其本人，并听取他们的意见；

（5）父母或者其他监护人因某些缘故不能履行对未成年学生监护职责的，应当委托有监护能力的其他成年人代为监护。

（二）学校保护

（1）学校应当尊重学生受教育的权利，关心、爱护学生，对于品行有缺点、学习有困难的学生，不得歧视，不得违反法律和国家规定开除未成年学生；

（2）学校应当做好学生的心理辅导工作和青春期教育工作；

（3）学校的教职员工应当尊重未成年人的人格尊严，不得对学生实施体罚、变相体罚或者其他侮辱人格尊严的行为；

（4）学校应当做好未成年学生的人身安全保护工作。

（三）社会保护

（1）全社会应当树立尊重、保护、教育未成年学生的良好风尚，关心、爱护未成年学生；

（2）各级人民政府应当保障未成年学生受教育的权利，对家庭经济困难、残疾和流动人口中的未成年学生，要对其接受义务教育给予帮助；

（3）各类设施和场所如爱国主义教育基地、博物馆等，应当按照有关规定对未成年学生免费或者优惠开放；

（4）国家鼓励出版有利于未成年学生健康成长的作品，禁止任何组织、个人向未成年学生出售、出租或以其他方式传播有可能危害未成年学生健康成长的图书、报刊、音像制品、电子出版物以及网络信息等；

（5）任何组织或者个人不得招用未满十六周岁的未成年人，国家另有规定的除外；任何组织或者个人不得披露未成年人的个人隐私，未成年人的信件、日记、电子邮件，任何组织或者个人不得隐匿、毁弃；

（6）国家依法保护未成年人的智力成果和荣誉权不受侵犯。

（四）司法保护

（1）公安机关、人民检察院、人民法院以及司法行政部门，应当依法履行职责，在司法活动中保护未成年学生的合法权益；

（2）人民法院审理离婚案件，涉及未成年子女抚养问题的，应当听取有表达意愿能力的未成年子女的意见，根据保障子女权益的原则和双方具体情况依法处理；

（3）对违法犯罪的未成年人，实行教育、感化、挽救的方针，坚持教育为主、惩罚为辅的原则。对违法犯罪的未成年人，应当依法从轻、减轻或者免除处罚；

（4）对未成年学生的犯罪案件的办理和审理，应当照顾未成年人身心发展特点，尊重他们的人格尊严，保障他们的合法权益，并根据需要设立专门机构或者指定专人办理；对羁押、服刑的未成年人，应当与成年人分别关押；羁押、服刑的未成年人没有完成义务教育的，应当对其进行义务教育，解除羁押、服刑期满的未成年人的复学、升学、就业不受歧视。

本章历年试题分析

1. 根据《教师法》的相关规定，社会力量所办学校教师的待遇（　　）。【2016.3】

A. 由教育行政部门确定

B. 由举办者自行确定，由教育行政部门予以保障

C. 由教育行政部门确定并予以保障

D. 由举办者自行确定并予以保障

2. 根据《教师法》的相关规定，教师有下列哪种情形，可以由所在学校予以行政处分或解聘（　　）。【2016.3】

A. 故意不完成教学任务造成损失的　　B. 课余时间无偿为学生补课的

C. 教学过程中延长授课时间的　　D. 学生管理中严厉对待学生的

3. 张某利用未成年人在街头乞讨，依据《中华人民共和国未成年人保护法》的相关规定，对于张某的行为（　　）。【2016.3】

A. 应当由公安机关依法给予行政处罚　　B. 应当由司法机关提起公诉

C. 应当由未成年人主张自我权利　　D. 应当由社区组织予以制裁

4. 五年级学生小强因被父母责骂，心情低落，老师发现后对其进行了安慰，但小强在课间还是自伤了。下列说法正确的是（　　）。【2016.3】

A. 学生是在学校受伤的，学校应当承担责任

B. 学校对学生负有监护义务，应当承担责任

C. 学生行为属于自伤行为，学校不应承担责任

D. 学生受伤发生在课间，学校不应承担责任

5.《纲要》提出，义务教育的战略性任务是（　　）。【2016.3】

A. 以人为本　　B. 均衡发展　　C. 注重创新　　D. 提升质量

6. 依据《国家中长期教育改革与发展规划纲要（2010—2020 年）》，切实推进义务教育均衡发展，实行（　　）。【2015.11】

A. 县（区）域内教师、校长交流制度　　B. 镇（乡）域内教师、校长交流制度

C. 省（区）域内教师、校长交流制度　　D. 地（市）域内教师、校长交流制度

7. 小刚同学因多次旷课被学校处分，他对学校给予的处分不服，向有关部门提出教育申诉，

被申诉人是（　　）。【2015.11】

A. 校长　　B. 学校　　C. 书记　　D. 教育行政部门

8. 某学校在期末考试后，将学生的考试成绩排名张榜公布，该学校做法（　　）。【2015.11】

A. 体现学校的管理权　　B. 体现了学校的教育权

C. 侵犯了学生的受教育权　　D. 侵犯了学生的隐私权

9. 开烟酒店的张某经常向小学生出售香烟，张某的行为（　）。【2015.11】

A. 合法，学生可以自愿购买　　B. 合法，商家有自主经营权

C. 不合法，家长没有委托小学生购买香烟　D. 不合法，张某不能向小学生出售香烟

10. 某县教育局长马某挪用教育经费建造教育局办公大楼，对于马某应当依法（　　）。【2015.3】

A. 给予行政处分　　B. 给予行政拘留　　C. 责令其悔过　　D. 责令其赔礼道歉

11. 小学生李某多次违反学校管理制度，对于李某，学校可以采取的管教方式是（　　）。【2015.3】

A. 收养教育　　B. 强制劝退　　C. 开除学籍　　D. 批评教育

12. 8岁的亮亮是一名孤儿，根据《中华人民共和国未成年人保护法》，应对其履行收留抚养责任的主体是（　　）。【2015.3】

A. 教育行政部门　　B. 学校教育机构　　C. 儿童福利机构　　D. 社区居名委员会

13. 12岁的王某参与打架斗殴，违反了治安管理规定。对于王某的行为，下列选项中正确的是（　　）。【2015.3】

A. 依法可以免予处罚　　B. 无需承担法律责任

C. 可由公安机关予以收养教育　　D. 可由公安机关予以行政拘留

14.《国家中长期教育改革和发展规划纲要（2010—2020年）》提出，要将减轻中小学课业负担作为教育工作的重要任务。为切实减轻学生课业负担，各级政府可以采取的措施有（　　）。【2015.3】

A. 减少学生课外及校外活动　　B. 加强教辅市场管理，取缔补习机构

C. 依据升学率对地区和学校进行排名　　D. 调整教材内容，科学设计课程难度

15. 国家机关工作人员陈某因参与小学语文教科书的编写工作，被当地人民政府基于行政记过处分，并处没收全部违法所得。当地人民政府做出这一处分的法律依据是（　　）。【2015.3】

A.《中华人民共和国教育法》　　B.《中华人民共和国教师法》

C.《中华人民共和国义务教育法》　　D.《中华人民共和国未成年人保护法》

16. 某公办小学为筹集更多的经费改善办学条件，兴办了一所校办工厂，该小学的做法（　　）。【2014.11】

A. 合法，在不影响正常教育教学的前提下学校可以开展营利活动

B. 合法，在不影响正常教育教学的前提下学校可以兴办校办产业

C. 不合法，违反了教育活动必须符合国家和社会公共利益的规定

D. 不合法，违反了学校不得从事勤工俭学和社会盈利服务的规定

17. 小学生小光放学回家被妈妈责骂了一顿，一气之下跑到好朋友家里要求借宿一晚，小亮的父母答应了，关于小亮的父母对小光的留宿行为，下列选项中不正确的是（　　）。

【2014.11】

A. 小亮的父母应及时向当地公安机关报告

B. 小亮的父母可以留宿小光以保护小光的人身安全

C. 小亮的父母应在二十四小时内及时通知小光的父母

D. 小亮的父母应在二十四小时内及时通知小光所在学校

18. 为了保护学生的隐私，某小学规定语文教师不得在课堂上点评学生的作文，该校的做法（　　）。【2014.11】

A. 正确，学校有权对教师提出工作要求　B. 正确，学校应该满足学生的自尊需求

C. 不正确，学校侵犯了教师的专业权利　D. 不正确，学校限制了教师的言论自由

19.《国家中长期教育改革和发展规划纲要（2010—2020年）》提出健全统筹有力、责权明确的教学体制，深化教学改革的重点是（　　）。【2014.11】

A. 加强学校政府教育统筹　B. 转变政府职能，简政放权

C. 建立依法办学的学校制度　D. 规范政府管理权

20. 根据《国家中长期教育改革和发展规划纲要（2010—2020年）》，为了减轻中小学学生课业负担，可以采取的改革措施不包括（　　）。【2014.3】

A. 修改课程方案　B. 调整教材内容　C. 促进教学方法　D. 减少考试次数

21. 教育行政部门取缔了一批违反国家规划私自招收未成年学生的私立学校。教育行政部门这一行政行为的法律依据是（　　）。【2014.3】

A.《中华人民共和国教育法》　B.《中华人民共和国教师法》

C.《中华人民共和国未成年人保护法》　D.《中华人民共和国预防未成年人犯罪法》

22. 张老师大学本科毕业后自愿到少数民族地区从事教育工作，依据《中华人民共和国教师法》，应当依法对张老师（　　）。【2014.3】

A. 给予补贴　B. 给予表彰　C. 进行奖励　D. 提高津贴

23. 学生刘某因家庭经济困难无法按规定完成义务教育。依据《中华人民共和国未成年人保护法》对于刘某的受教育权利，具有保障责任的是（　　）。【2014.3】

A. 刘某的监护人　B. 当地教育机构　C. 儿童福利机构　D. 当地人民政府

24. 国有企业员工李某经常在家酗酒后打骂孩子，对于李某的行为，下列表述中正确的是（　　）。【2014.3】

A. 可由李某所在单位给予处分　B. 可由李某所在单位给予劝诫

C. 可由当地人民政府给予行政处罚　D. 可由当地人民政府给予劝诫

25. 小学教师梁某因上班迟到被罚款，她对学习的决定不服，提出申诉，申诉的受理机关应是（　　）。【2016.11】

A. 教职工代表大会 B. 信访机关　C. 教育行政部门　D. 检察机关

26. 就读于农村某校的亮亮小学未毕业，父母让其辍学帮忙照顾店里生意。依据《中华人民共和国义务教育法》的相关规定，给予亮亮父母批评教育并责令按期改正的机构是（　　）。【2016.11】

A. 村委会　B. 学校　C. 乡级人民政府　D. 县级人民政府

27. 某小学让学生乐队停课参加某公司庆典，公司给予学校一定的经济回报。该校做法（　　）。

【2016.11】

A. 正确。可以改善学校办学条件　　B. 正确。学校拥有管理学生权利

C. 不正确。侵犯了学生的受教育权　　D. 不正确。侵犯了学生的人身权

28. 小学生军军的父母不履行监护职责，对其旷课和夜不归宿行为放任不管。依据《中华人民共和国预防未成年人犯罪法》的相关规定，应给予军军父母训诫并责令其严加管教的机关是（　　）。【2016.11】

A. 教育行政机关　B. 公安机关　C. 学校　D. 检察机关

29. 小学生王玲的作文被老师推荐发表，所获稿酬应归（　　）。【2016.11】

A. 学校　B. 推荐老师　C. 班主任　D. 王玲

30.《国家中长期教育改革和发展规划纲要（2010—2020 年）提出，要提高教师地位待遇，并提出了一系列保障措施。下列选项中，不符合规定的是（　　）。【2016.11】

A. 落实教师绩效工资

B. 保证教师工资水平不低于其他行业水平

C. 建设农村艰苦边远地区学校教师周转宿舍

D. 对长期在农村工作的教师在工资方面实行倾斜

参考答案及解析

1.【答案】D

【解析】《中华人民共和国教师法》规定，社会力量所办学校教师的待遇由举办者自行确定并予以保障。

2.【答案】A

【解析】《中华人民共和国教师法》中规定教师应贯彻国家的教育方针，遵守规章制度，执行学校的教学计划，履行教师职责，完成教育教学工作任务。因此，如果教师故意不完成教学任务，或造成损失，学校可以进行行政处分或解聘。

3.【答案】A

【解析】依据《中华人民共和国未成年人保护法》的相关规定，侵犯未成年人隐私，构成违反治安管理行为的，由公安机关依法给予行政处罚。

4.【答案】C

【解析】在学生事故处理中，如果发生学生自伤，学校已履行了相应职责，行为并无不当的，无法律责任。

5.【答案】B

【解析】《国家中长期教育改革和发展规划纲要（2010—2020 年）》提出，把均衡发展作为义务教育战略性任务。

6.【答案】A

【解析】《纲要》第十七章“加强教师队伍建设”，第六十七条规定：“义务教育均衡发展改革试点。建立城乡一体化义务教育发展机制；试行县域内教师和校长交流制度；试行优质高中将招生名额合理分配到区域内普通初中的办法；切实解决区域内义务教育阶段择校问题等”。

故选 A。

7.【答案】B

【解析】申诉权是指学生在受到学校处分或认为学校、教师侵犯其人身权、财产权时，可以向学校或相关主管部门申述理由，请求处理的一种自我保护方式和权利，情节严重的还可以对侵犯者提起诉讼。申诉权是《中华人民共和国教育法》赋予学生的权利。故选 B。

8.【答案】D

【解析】未成年人作为独立的个体，享有隐私权，有权保守自己的秘密和维护自己的尊严。学校张贴学生成绩，将成绩公示，披露了学生隐私，属于不当做法，故选 D。

9.【答案】D

【解析】《中华人民共和国未成年人保护法》第四章“社会保护”第三十七条规定：“禁止向未成年人出售烟酒、经营者应当在显著位置设置不向未成年人出售烟酒的标志；对难以判明是未成年人的，应当要求其出示身份证件。”

10.【答案】A

【解析】违反国家有关规定，不按照预算核拨教育经费的，由同级人民政府限期核拨，情节严重的，对直接负责的主管人员和其他责任人员，依法给予行政处分。

11.【答案】D

【解析】学校不能进行收容教养，也没有权力劝退和开除学籍，否则侵犯了学生的受教育权，D 项是学校可以采取的办法。

12.【答案】C

【解析】《中华人民共和国未成年人保护法》第四十三条规定：“对孤儿、无法查明其父母或者其他监护人的以及其他生活无着的未成年人，由民政部门设立的儿童福利机构收留抚养。”

13.【答案】C

【解析】《中华人民共和国预防未成年人犯罪法》第三十七条规定，“未成年人有本法规定严重不良行为，构成违反治安管理行为的，由公安机关依法予以治安处罚。因不满十四周岁或者情节特别轻微免予处罚的，可以予以训诫。”收容教养属于治安处罚的范围。

14.【答案】D

【解析】《国家中长期教育改革和发展规划纲要（2010—2020 年）》第十条规定：“各级政府要把减负作为教育工作的重要目标，统筹规划，整体推进。调整教材内容，科学设计课程难度。改革考试评价制度和学校考核办法。规范办学行为，建立学生课业负担监测和公告制度。不得以升学率对地区和学校进行排名，不得下达升学指标。规范各种社会补习机构和教辅市场。”

15.【答案】C

【解析】《中华人民共和国义务教育法》第五十六条规定，“国家机关工作人员和教科书审查人员参与或者变相参与教科书编写的，由县级以上人民政府或者其教育行政部门根据职责权限责令限期改正，依法给予行政处分；有违法所得的，没收违法所得。”

16.【答案】B

【解析】1995 年起施行的《中华人民共和国教育法》第五十八条提出：“国家采取优惠措施，鼓励和扶持学校在不影响正常教育教学的前提下开展勤工俭学和社会服务，兴办校办产业。”所以，本题选 B。

17.【答案】B

【解析】根据《中华人民共和国预防未成年人犯罪法》第十六条的规定，“未成年人擅自外出夜不归宿的，其父母或者其他监护人、其所在的寄宿制学校应当及时查找，或者向公安机关请求帮助。收留夜不归宿的未成年人的，应当征得其父母或者其他监护人的同意，或者在二十四小时内及时通知其父母或者其他监护人、所在学校或者及时向公安机关报告。”所以，本题B选项错误。

18.【答案】C

【解析】老师对学生的作文进行点评属于老师专业范围内的权利，区别于老师将学生的作文内容进行公开，学校的这项规定显然不正确。所以，本题选C。

19.【答案】B

【解析】《国家中长期教育改革和发展规划纲要（2010—2020年）》第四十五条规定，“以转变政府职能和简政放权为重点，深化教育管理体制改革，提高公共教育服务水平。明确各级政府责任，规范学校办学行为，促进管办评分离，形成政事分开、权责明确、统筹协调、规范有序的教育管理体制。”所以，本题选D。

20.【答案】A

【解析】《纲要》倡导学校不以升学率搞学校排名。“减轻中小学生课业负担”主要是改革考试评价制度和学校考核办法，并且“严格执行课程方案，不得增加课时和提高难度。”作为减负的主体，学校首先需要做的是打造优质高效课堂，这就要求教师探究出更优化的教学方法，以缓解由来已久的中小学生课业负担过重问题。

21.【答案】A

【解析】《中华人民共和国教育法》第七十五条规定，“违反国家有关规定，举办学校或者其他教育机构的，由教育行政部门予以撤销；有违法所得的，没收违法所得；对直接负责的主管人员和其他直接责任人员，依法给予行政处分。”

22.【答案】A

【解析】《中华人民共和国教师法》第二十七条规定，“地方各级人民政府对教师以及具有中专以上学历的毕业生到少数民族地区和边远贫困地区从事教育教学工作的，应当予以补贴。”

23.【答案】D

【解析】《中华人民共和国未成年人保护法》第二十八条规定：“各级人民政府应当保障未成年人受教育的权利，并采取措施保障家庭经济困难的、残疾的和流动人口中的未成年人等接受义务教育。”

24.【答案】B

【解析】《中华人民共和国未成年人保护法》第六十二条规定，“父母或者其他监护人不依法履行监护职责，或者侵害未成年人合法权益的，由其所在单位或者居民委员会、村民委员会予以劝诫、制止；构成违反治安管理行为的，由公安机关依法给予行政处罚。”因此选B，由其单位进行劝诫。

25.【答案】C

【解析】《中华人民共和国教师法》第三十九条规定，“教师对学校或者其他教育机构侵犯其合法权益的，或者对学校或者其他教育机构作出的处理不服的，可以向教育行政部门提出申诉。”

26.【答案】C

【解析】《中华人民共和国义务教育法》第五十八条规定，“适龄儿童、少年的父母或者其他法定监护人无正当理由未依照本法规定送适龄儿童、少年入学接受义务教育的，由当地乡镇人民政府或者县级人民政府教育行政部门给予批评教育，责令限期改正。”

27.【答案】C

【解析】这个学校这样的做法剥夺了学生正常时间上课的权利，属于侵犯其教育权。

28.【答案】B

【解析】《中华人民共和国预防未成年人犯罪法》第四十九条规定，“未成年人的父母或者其他监护人不履行监护职责，放任未成年人有本法规定的不良行为或者严重不良行为的，由公安机关对未成年人的父母或者其他监护人予以训诫，责令其严加管教。”

29.【答案】D

【解析】学生享有人身权、财产权、知识产权等权利。学生的作文被发表，获得的报酬理应归学生所有，故选D。

30.【答案】B

【解析】《纲要》第四部分“保障措施”第十七章“加强教师队伍建设”中提到，“提高教师地位待遇。落实教师绩效工资。依法保证教师平均工资水平不低于或者高于国家公务员的平均工资水平，并逐步提高。对长期在农村基层和艰苦边远地区工作的教师，在工资、职务（职称）等方面实行倾斜政策，完善津贴补贴标准。建设农村艰苦边远地区学校教师周转宿舍。”教师平均工资水平不低于或者高于国家公务员的平均工资水平，而不是其他行业，故选B。

第三章 教师职业道德规范

考试内容模块与要求

1．教师职业道德

了解《中小学教师职业道德规范》（2008年修订），掌握教师职业道德规范的主要内容，遵守法律及社会接受的行为准则。理解《中小学班主任工作条例》文件精神。

分析评价教育教学实践中教师的道德规范问题。

2．教师职业行为

了解教师职业行为规范的要求。

理解教师职业行为规范的主要内容，在教育活动中运用行为规范恰当地处理与学生、学生家长、同事以及教育管理者的关系。

在教育教学活动中，依据教师职业行为规范，爱国守法、爱岗敬业、关爱学生、教书育人、为人师表。

本章知识框架图

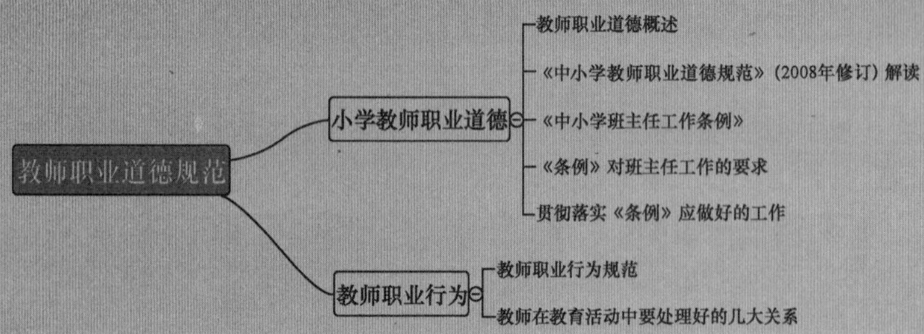

第一节 小学教师职业道德

一、教师职业道德概述

（一）教师职业道德的含义

教师职业道德，简称师德，是指教师在其职业生活中，调节和处理与他人、社会、集体等关系时所应遵守的基本行为规范或行为准则，以及在此基础上所表现出来的观念意识和行为品质。

（二）教师职业道德的品质

教师职业道德品质是指教师行业的道德要求在教师个人思想和行动中表现出的稳定特征和倾向。教师职业道德品质是教师职业道德认识、教师职业道德情感和教师职业道德行为等要素的统一体。

1. 教师职业道德认识

教师职业道德认识是对教师职业道德规范体系的认识。从教师职业与社会的关系和教师职业内部的关系这个广义的理解看，教师职业道德认识包括思想要求、政治要求和职业内部活动的道德要求。教师职业道德认识的核心是职业道德价值观。

2. 教师职业道德情感

教师职业道德情感，是教师在践行教师职业道德认识的情感体验。教师职业道德情感的重要范畴是“爱”—“教师爱”。教师没有职业之爱，就没有真正的教师职业道德情感。

3. 教师职业道德行为

教师职业道德行为是教师职业道德规范在教师行为上的体现。教师的行为自觉地符合教师职业道德规范的要求，是形成教师职业道德品质的标志。

（三）教师的职业道德特点

由于教师职业劳动能力、任务、对象等不同于其他职业，因此，教师职业道德具有自身的特点。

1. 教师职业道德的教育专门性（适用的针对性）

教育专门性指教师职业道德对教育善恶的专门体现性和对教育的专门适用性，这是教师职业道德的一个基本特点。

教师职业道德的形成和发展与教师这一行业有着密切的联系。教师职业的独特性决定了教师职业道德的针对性。可以说，教师职业道德是关于教育领域是非善恶的道德，它的一切理论都是围绕教师职业展开的。它不仅告诉人们教师职业何以为善的道理，而且还指出了教师职业如何为善的途径。

2. 教师职业道德体现教书和育人要求的一致性

教育家苏霍姆林斯基告诫教师：“请你记住，你不仅是自己学科的教员，而且是学生的教育者、生活的导师和道德的引路人。”

3．教师职业道德内容的全面性

教师职业道德内容的全面性包括职业理想、职业态度、职业责任、职业技能、职业规范、职业良心、职业作风、职业情操等。

4．教师职业道德功能的多样性

教师职业道德功能的多样性包括职业工作的精神动力、人际关系和利益关系的调节、言行示范的自觉性等。

5．教师职业道德境界的高层次性

境界的高层次性是指社会和他人对教师职业道德要求总是在整个社会道德体系中处于较高水平和较高层次。教师职业道德的高层次是由教师教书育人的目的和任务决定的。

6．教师职业道德要求的双重性

教师的根本任务是教书育人，教师职业道德的一切内容都是围绕这一根本问题产生的，都是与这一根本问题相联系。教师职业道德的教书与育人要求的双重性要求教师能够根据国家和社会的要求，把人类世代创造积累起来的知识、经验和技能认真负责地传授给年青一代，从德、智、体等方面培养和塑造学生，使人成才。

7．教师职业道德标准的严格性

教师职业道德较之于其他职业道德有更高的标准和要求，因为教师是培养新一代的园丁，是铺路石，是人梯。这种具有崇高献身精神的职业决定了教师应具有崇高的精神境界和高尚的道德。

（四）教师职业道德的社会作用

1．教育功能

（1）教师的人格、品性、德操对学生人格的形成起着奠基作用。

（2）教师良好的职业道德对学生思想品德的形成和学业的发展起着催化和激励作用。

（3）教师文明的言谈举止对学生行为习惯的形成起着修正作用。

（4）教师良好的心理素质对学生心理品质的形成起着完善作用。

2．调节功能

调节功能是教师职业道德的最基本、最主要的功能，它不仅指向教育过程，而且也指向教师本身。

（1）教师职业道德对教育过程具有调节作用

教师职业道德作用于学校工作，主要是通过教师行为规范的约束来有效地调节教师职业活动中应该共同遵守的行为准则，并以此为依据，妥善地处理好学校教育过程中出现的师生之间、教师之间、教师与领导之间、教师与教育事业和社会其他方面之间的矛盾，以便形成各个方面和环节的最佳结合。

（2）教师职业道德对教师本身具有自我调节功能

教师职业道德是教师一般道德品质的反映，反过来它又作为一种调节手段，促进教师一般道德品质的完善和提高。

3．促进功能

在实践领域，教师职业道德的功能还表现在其直接或间接地影响社会风气，对社会主义精神文明建设起着促进作用。

（五）教师职业道德的基本原则

教师职业道德的基本原则是教师调整个人与他人以及与社会关系的根本指导原则，是区别于其他类型的社会道德的最根本的标志，对教师行为起根本的指导作用。

1．忠于教育事业的原则

忠于教育事业的原则是教师职业道德的基本原则的核心内容，反映了教师职业道德的阶级本质和时代特征，是对社会主义道德中集体主义原则的具体化。

2．教育民主的原则

教育民主的原则既指在教育过程中，教师之间平等协作地开展教育活动，也指教师采用民主的方式方法。

3．教育人道主义的原则

教育人道主义是人道主义在教育领域的具体体现和必然要求，是任何时期的学校教育都应当遵循的基本道德原则。

二、《中小学教师职业道德规范》（2008 年修订）解读

（一）内容

（1）爱国守法。热爱祖国，热爱人民，拥护中国共产党领导，拥护社会主义。全面贯彻国家教育方针，自觉遵守教育法律法规，依法履行教师职责权利。不得有违背党和国家方针政策的言行。

（2）爱岗敬业。忠诚于人民教育事业，志存高远，勤恳敬业，甘为人梯，乐于奉献。对工作高度负责，认真备课上课，认真批改作业，认真辅导学生。不得敷衍塞责。

（3）关爱学生。关心爱护全体学生，尊重学生人格，平等公正对待学生。对学生严慈相济，做学生良师益友。保护学生安全，关心学生健康，维护学生权益。不讽刺、挖苦、歧视学生，不体罚或变相体罚学生。

（4）教书育人。遵循教育规律，实施素质教育。循循善诱，诲人不倦，因材施教。培养学生良好品行，激发学生创新精神，促进学生全面发展。不以分数作为评价学生的唯一标准。

（5）为人师表。坚守高尚情操，知荣明耻，严于律己，以身作则。衣着得体，语言规范，举止文明。关心集体，团结协作，尊重同事，尊重家长。作风正派，廉洁奉公。自觉抵制有偿家教，不利用职务之便谋取私利。

（6）终身学习。崇尚科学精神，树立终身学习理念，拓宽知识视野，更新知识结构。潜心钻研业务，勇于探索创新，不断提高专业素养和教育教学水平。

（二）要求

1．“爱国守法”——教师职业的基本要求

教师守法集中体现在知法、懂法、守法、要依法执教。

教师要做到爱国守法，应当讲政治、讲正气、讲法律，有爱国之情、报国之志、效国之行，并引导学生爱国。

2．“爱岗敬业”——教师职业的本质要求

（1）忠诚于人民的教育事业，志存高远。

（2）勤恳敬业，甘为人梯，乐于奉献。对工作高度负责。

（3）不得敷衍塞责——这是爱岗敬业的严肃阐述。

其中，爱岗是敬业的基础，敬业是爱岗的具体体现。教师的爱岗就是热爱教育事业，具体体现为热爱自己选择的岗位、热爱工作和热爱学生。敬业是对一名普通教师的起码要求，是维持师德的底线。

3．“关爱学生”——师德的灵魂

（1）关心爱护全体学生，尊重、平等、公正对待学生。

（2）对学生严慈相济，做学生良师益友。

（3）保护学生安全，关心学生健康。

（4）维护学生权益，不讽刺挖苦、歧视学生，不体罚和变相体罚学生。

4．“教书育人”——教师的天职

（1）遵循教育规律，实施素质教育。

（2）循循善诱、诲人不倦、因材施教。

（3）培养学生良好品行，激发学生创新精神，促进学生全面发展。

（4）不以分数作为评价学生的唯一标准。

5．“为人师表”——教师职业的内在要求

（1）知荣明耻，坚守高尚情操。

（2）衣着得体、语言规范，举止文明。

（3）关心集体、团结协作。

一名合格的教师，在与他面对面的学生面前，本身就是一本书，一本开卷有益的好书。因为他的仪表风度、工作态度、学识修养、言行举止，对学生健康成长将产生的终生性影响，是任何教科书与课堂都不可取代的。

6．“终身学习”——教师专业发展不竭的动力

终身学习是21世纪的基本生存素质，教师必须不断强化自身学习，树立终身学习观念。一个没有学习能力的人终将被社会抛弃，一个没有学习习惯的教师，终将是下岗的对象。爱好读书应该是教师的职业素养和习惯。

三、《中小学班主任工作条例》

中小学班主任工作规定（节选）

第一章　总则

第一条　为进一步推进未成年人思想道德建设，加强中小学班主任工作，充分发挥班主任在教育学生中的重要作用，制定本规定。

第二条　班主任是中小学日常思想道德教育和学生管理工作的主要实施者，是中小学生健康成长的引领者，班主任要努力成为中小学生的人生导师。

班主任是中小学的重要岗位，从事班主任工作是中小学教师的重要职责。教师担任班主任期间应将班主任工作作为主业。

第三条　加强班主任队伍建设是坚持育人为本、德育为先的重要体现。政府有关部门和学校应为班主任开展工作创造有利条件，保障其享有的待遇与权利。

第二章　配备与选聘

第四条　中小学每个班级应当配备一名班主任。

第五条　班主任由学校从班级任课教师中选聘。聘期由学校确定，担任一个班级的班主任时间一般应连续1学年以上。

第六条　教师初次担任班主任应接受岗前培训，符合选聘条件后学校方可聘用。

第七条　选聘班主任应当在教师任职条件的基础上突出考查以下条件：

（一）作风正派，心理健康，为人师表；

（二）热爱学生，善于与学生、学生家长及其他任课教师沟通；

（三）爱岗敬业，具有较强的教育引导和组织管理能力。

第三章　职责与任务

第八条　全面了解班级内每一个学生，深入分析学生思想、心理、学习、生活状况。关心爱护全体学生，平等对待每一个学生，尊重学生人格。采取多种方式与学生沟通，有针对性地进行思想道德教育，促进学生德智体美全面发展。

第九条　认真做好班级的日常管理工作，维护班级良好秩序，培养学生的规则意识、责任意识和集体荣誉感，营造民主和谐、团结互助、健康向上的集体氛围。指导班委会和团队工作。

第十条　组织、指导开展班会、团队会（日）、文体娱乐、社会实践、春（秋）游等形式多样的班级活动，注重调动学生的积极性和主动性，并做好安全防护工作。

第十一条　组织做好学生的综合素质评价工作，指导学生认真记载成长记录，实事求是地评定学生操行，向学校提出奖惩建议。

第十二条　经常与任课教师和其他教职员工沟通，主动与学生家长、学生所在社区联系，努力形成教育合力。

第四章　待遇与权利

第十三条　学校在教育管理工作中应充分发挥班主任的骨干作用，注重听取班主任意见。

第十四条　班主任工作量按当地教师标准课时工作量的一半计入教师基本工作量。各地要合理安排班主任的课时工作量，确保班主任做好班级管理工作。

第十五条　班主任津贴纳入绩效工资管理。在绩效工资分配中要向班主任倾斜。对于班主任承担超课时工作量的，以超课时补贴发放班主任津贴。

第十六条　班主任在日常教育教学管理中，有采取适当方式对学生进行批评教育的权利。

第五章　培养与培训

第十七条　教育行政部门和学校应制定班主任培养培训规划，有组织地开展班主任岗位培训。

第十八条　教师教育机构应承担班主任培训任务，教育硕士专业学位教育应设立中小学班主任工作培养方向。

第六章　考核与奖惩

第十九条　教育行政部门建立科学的班主任工作评价体系和奖惩制度。对长期从事班主任工作或在班主任岗位上做出突出贡献的教师定期予以表彰奖励。选拔学校管理干部应优先考虑长期从事班主任工作的优秀班主任。

第二十条 学校建立班主任工作档案，定期组织对班主任的考核工作。考核结果作为教师聘任、奖励和职务晋升的重要依据。对不能履行班主任职责的，应调离班主任岗位。

四、《条例》对班主任工作的要求

（一）坚持育人为本、德育为先的目标导向

教师要把学校教育目标落实到班级日常管理工作过程中，切实把德育放在首位，注重学生正确的世界观、人生观、价值观和社会主义荣辱观的培养形成，培养学生健全、独立的人格。引导学生培养学习兴趣，树立正确的学习目标，促进学生全面协调健康发展。

（二）注重公平，面向班集体每一个学生

班主任要关心每一个学生，了解他们的内心世界。根据每个学生的特点，精心设计相应的教学方案，引导、帮助每一个学生健康成长。要特别注意关注学生中的弱势群体和边缘群体，为每一个学生的终身发展奠定基础。

（三）学生的全面发展

坚持以人为本，以学生的全面发展为班主任工作的根本出发点，要关心他们的学习、思想、道德、身体、心理、人格等各方面的发展状况。培养学生各方面的能力，提高学生各方面的素质，发挥学生个性特长，充分发掘学生的潜能。

（四）建立平等互信的师生关系

班主任要平等对待学生，建立和谐的、朋友式的师生关系。尊重学生，注重与学生交流沟通的方式，做学生人生路上的良师益友。

（五）建立完善班级管理制度

通过建立科学合理的班级日常管理规范，培养学生良好习惯的养成。从小事着手，积极开展行为规范教育。加强学生自主管理，增进学生民主意识，培养学生独立处理问题的能力。

（六）鼓励学生参加班级活动和社会实践活动

指导班集体通过开展班会、团队会、各种主题教育活动、丰富多彩的文体活动和社会实践活动，丰富学生的生活，弘扬爱国主义、集体主义和民族主义精神，培养学生正确的劳动观念和劳动习惯。

五、贯彻落实《条例》应做好的工作

各级教育行政部门和广大中小学校要依据《中小学班主任工作条例》，把加强班主任工作作为落实科学发展观、贯彻党的教育方针、加强和改进未成年人思想道德建设、全面实施素质教育的有力抓手，结合当地实际认真抓好抓实。

（一）组织班主任培训

要将中小学班主任培训纳入教师教育计划，有组织地开展岗前和岗位培训，定期交流班主任工作经验，组织班主任进行社会考察，提高班主任的政治素质、业务素质、心理素质和工作研究能力。教师教育机构要承担班主任的培训任务，教育硕士学位教育中应设立中小学班主任工作培养方向，并优先招收在职优秀班主任。

（二）合理安排班主任工作量

要合理安排班主任教师的课时工作量，保证班主任教师有时间和精力开展班主任工作。要在义务教育学校绩效工资分配中，把教师担任班主任、班主任工作开展得如何作为重要衡量指标。对于班主任教师超课时工作量的，要发放超课时补贴。

（三）完善班主任的奖励制度

将优秀班主任的表彰奖励纳入教师、教育工作者的表彰奖励体系之中，定期表彰优秀班主任。应积极发展优秀班主任加入党组织，优秀班主任应列入学校党政后备干部培养范围。要鼓励广大中小学校普遍重视和加强班主任队伍建设，充分发挥班主任在学校教育工作中的重要作用，使班主任成为广大教师踊跃担当的光荣而重要的岗位。

（四）把班主任工作作为学校教育的重要工作来抓

要制定切实可行的办法加强班主任工作，认真做好班主任的选聘工作，应从思想道德素质和业务水平较高、身体健康、乐于奉献的优秀教师中选聘班主任。要建立科学的班主任工作评价体系，规范管理，鼓励、支持班主任开展工作。学校应建立班主任工作档案，定期考核班主任工作。对不能履行班主任职责的，应调离班主任岗位。

第二节 教师职业行为

一、教师职业行为规范

（一）教师职业行为规范的概念

教师职业行为规范是教师在职业活动过程中，为了实现教育目标、履行教育职责、严守职业道德、从思想认识到日常行为应遵守的基本准则。教师的一言一行、一举一动都是学校形象的再现，所以，不断提高教师的自身素质、规范教师的行为是学校文化建设的重要内容。

（二）教师职业行为规范的基本要求

1．教师思想行为规范

首先，教师要做到热爱祖国、热爱人民，拥护社会主义，认真执行党和国家的教育路线、方针和政策，遵纪守法，做社会主义精神文明的建设者和传播者。

其次，教师要忠诚党的教育事业，树立正确的人生观和价值观，发扬无私的精神，乐于奉献。

最后，教师还要加强职业道德修养，依法行教，不从事有偿家教，不利用职权向学生或者学生家长索要礼物、钱财或让学生家长为自己提供个人服务，不接受学生家长的宴请及其他类似要求，时刻树立教师的良好形象。

2．教师教学行为规范

教学是实现教育目标的重要途径。规范教师教学行为是提高教师的业务素质和教育教学质量的客观要求。

首先，教师要端正教学态度，严肃对待教学工作，熟悉教材，认真备课，组织好课堂教学。

其次，进行课堂教学时，教师要注意活跃课堂气氛，创造轻松的学习条件，鼓励学生积极思考，引发学生的求知欲，教师课堂要表达清楚、板书规范，认真完成教学计划；根据学生的学习能力分层教学、因材施教；按时上下课，不迟到、不缺课、不拖堂，不随意占用学生音、体、美课或者班会、自习课的时间，不给学生增加课业负担。

最后，教师在课下要认真批改作业，耐心辅导学生，用心编制练习题，把握好指导学生的每一个环节，帮助学生改正学习上的错误，包括态度、方法等。

3．教师人际行为规范

首先，教师对待学生要永远保持爱心和耐心，尊重学生、关心学生，同时，也要严格要求、耐心辅导，不急不躁、不偏不袒，与学生建立和谐、民主的师生关系，守护学生健康、快乐地成长。

其次，教师与学生家长之间要保持良好的合作关系。

再次，教师与同事之间要保持协同、向上的合作关系，互相尊重、互相学习、取长补短、乐于助人。

最后，教师对于管理者要尊重和理解，服从安排，积极配合，协助管理者圆满完成任务，提升自身的素养。教师还要以主人公的精神积极参与管理事务。

4．教师仪表行为规范

首先，教师的仪表行为要以学生的欣赏水平为前提。教师必须在为人师表的宗旨下，服饰打扮整洁朴实、美观大方，充分地把自己的审美观点和精神风貌呈现给学生；言行举止应谨慎谦和、文明礼貌；为人应热情真诚、落落大方，给学生树立一个既值得尊敬，又和蔼可亲的形象。

其次，教师的仪表行为要与自己的性格特点相得益彰。教师在自己的自身仪表行为的塑造中，需要充分地考虑到自己的性格特征，从实际出发，扬长避短，努力创造具有自己特点的鲜明的个性风度。

再次，教师的仪表行为要符合自己的年龄特点。教师的仪表行为要适合自己的年龄特点，展现出自己独具的神采。

最后，教师的仪表行为要与课堂教学的情调相适应。教师可以根据具体的教学内容来安排授课气氛、情调，以便更有效地调动各方面因素传情达意、相互辉映，使其能更好地与原内容保持审美情趣上的协调一致。

5．教师语言行为规范

首先，教师要使用普通话，边远地区的教师也要通过媒体及其他途径练习普通话，力争发音标准。教师的课堂用语、语法要规范，避免方言、土语，指导学生使用正确的词语和语法。

其次，语义要明确、表达要清楚，这需要教师熟悉学科知识，思路清晰。教师要不断修炼语言能力，在有限的课堂教学中简洁明了地传授知识，解答问题。

再次，语句要完整，上下连贯、有逻辑性。课堂教学切忌教师言语断层、表达混乱、自相矛盾。教师使用规范、正确的语言可以大大提高教学效果，也可以增加教师的个人魅力。

最后，教师还要注意与时俱进、丰富语言，学会用学生熟悉、喜欢的语言表达教学内容，加强与学生的交流，拉近与学生的距离，增加亲和力，帮助教育教学取得好的效果。

二、教师在教育活动中要处理好的几大关系

（一）教师与学生的关系

师生关系是教师各类人际关系中最基本、最重要的关系。素质教育观下构建良好的师生关系应当从热爱学生、尊重学生、了解学生、公平公正地对待学生、严格要求学生五个具体的方面展开。

1．热爱学生

热爱学生是处理师生关系的基础和根本出发点，教师在具体的教育教学实践中把学生的成长放在第一位，关爱每一位学生，是高尚师德的具体体现。

2．尊重学生

尊重学生，是教师建立师生间平等关系的表现。在师生平等的交往关系中，教师的爱是真爱，教师的爱才能够实现，学生也才能够感受到教师的爱，从而接受教师对自己的教育。

首先，尊重学生就要尊重学生的人格。

其次，尊重学生的个性差异。

最后，要始终信任学生。

3．赏识学生

教师要赏识学生，因为小学生，特别是低年级学生，由于其处于特殊的身心发展阶段，具有明显的向师性，教师说的每一句话都会成为他们心中的圣典。

因此，小学教师要认识到赏识教育的意义和无形的作用，用爱心和尊重来回报学生的信任，给孩子以希望和满足。

4．公平公正地对待学生

教师公正地对待学生要求教师要公正、公平、不偏不倚、一视同仁。一方面，教师不能因为个人感情的好恶、私人关系、学生成绩的优劣等偏袒或是轻视学生；另一方面，教师不能因为学生的性别、美丑、性格特征、身体条件、家庭出身等的不同而偏袒或轻视学生。公平公正地对待学生是树立正确师生观的核心问题。

5．严格要求学生

首先，严而有理。教师在要求学生时，一方面要符合学生身心发展规律，符合教育的规律，不应压抑、抑制，使人片面发展；另一方面，教师在要求学生时要摆事实、讲道理，使学生欣然接受。

其次，严而有度。教师要根据学生实际情况提出适度的要求，从关心、爱护学生角度出发，认真考虑每一项要求有可能产生的后果，以便做到恰到好处。

再次，严而有恒。教师对学生的要求必须始终一贯，坚持到底。不能朝令夕改、虎头蛇尾。在贯彻中如遇到来自学生惰性、理解程度等方面的阻挠，教师必须态度坚决、意志坚定。

最后，严而有方。教师对学生提出的要求必须从学生实际情况出发，在充分考虑教育条件的基础上，选择合适的教育方式，刚柔相济，寓刚于柔。

（二）教师与学生家长的关系

家长作为孩子的第一任教师，对孩子的成长也负有责任，并且是影响孩子成长的重要因素。

因此，家庭教育对学生在学校中接受教育的效果有着重要的影响，教师与学生家长的关系显得尤为重要。

1．建立平等的沟通关系

教师和家长都是以教育好学生、促进学生身心的全面发展为共同目标的，应该建立彼此信任、相互支持的平等关系，只有平等才有沟通的可能；只有平等双方才不会落入误区，形成扯皮、推诿、渎职等状态，齐心合力教育好学生。

2．形成良好的沟通习惯

首先，教师要积极主动地与家长建立联系，通过家访、家长会、联系手册、电话、通信、网络等多种形式，与家长互通情况，共同商讨、协调教育方法、步骤。

其次，教师要树立服务意识，尊重家长，全面、客观地介绍孩子在校学习、生活的情况，热情、耐心地与家长进行沟通，要虚心地听取家长的批评和建议，经常向家长征求意见。

再次，教师要及时地通报学生的思想、学习、生活的动态，特别是出现异常情况或突发事件时，要第一时间与家长沟通，及时分析原因，商讨对策，共同实施最有效的教育方法。

最后，教师要认真听取家长的意见和建议。教师要放下“教育权威”的架子，经常向家长征求意见，虚心听取他们的批评和建议，找出和确立有效地对学生进行教育的方法和途径，以不断改进自己的工作。这样，家长会觉得教师可亲可信，有利于维护教师的威信。

3．尊重家长的人格

在教师与家长关系中，教师起主导作用，但教师和家长在人格上是完全平等的，不存在尊卑之分。

因此，教师必须尊重学生家长的人格，特别是尊重社会地位低和所谓“差生”的家长的人格。

4．教育学生尊重家长

教师不仅要身体力行地尊重学生家长，还要教育学生尊重自己的父母，特别是那些社会地位和文化水平不高的父母。

（三）教师与同事的关系

1．尊重

教师在教师集体中开展着教育教学专业性活动，这种教育教学活动通常需要靠集体的力量去完成，因此，对于同处于教育教学活动的同事，在地位上应当是平等的，并给予必要的尊重。

2．理解

教师工作从个体上看是存在差异的，因为具体分工有所不同。由于工作任务及性质上的差异，教师集体中也会产生矛盾与冲突，这就需要教师与同事之间能够互相理解。

3．协作

教师集体完成教育教学工作，若想实现一定的教育目的，教师必须与同事进行协作，维护团结，相互理解，相互支持。

（四）教师与教育管理者的关系

教师在教育组织中开展教育教学活动，必然要在一定教育管理者的管理之下开展工作。从管理的角度看，教师与教育管理者是管理与被管理的关系。教师与教育管理者的关系，实质上是组织中承担不同任务的人们之间的关系。

1. 尊重

教师在教育管理者的协调下开展工作，目的是为了共同实现学校组织的教育教学目标。教育管理者的管理目标与教师的职业活动目标是高度一致的。所以，教师应当尊重教育管理者根据自己的管理职责所开展的教育管理活动。

2. 支持

教师的职责和任务在很大程度上是由学校教育管理者赋予的。每一位教师根据自己对职责的承诺，完成学校组织管理者分配的任务，是学校组织实现教育目标的保障。因而，教师应当在自己的职业行为上支持学校教育管理者对于学校管理工作的开展。

本章历年试题分析

一、单项选择题

1. 骨干教师华老师教学能力突出，经常一个人钻研教学，这说明华老师缺乏（　　）。【2016.3】

A. 严于律己的意识 B. 团结协作的精神 C. 严谨工作的态度 D. 敬业爱岗的品格

2. 李老师尽管从教多年，但每次备课依然一丝不苟，同一节课在不同的班级往往采取不同的授课方式。下列对李老师的行为的评析，不恰当的是（　　）。【2016.3】

A. 因材施教　B. 严谨治学　C. 严慈相济　D. 潜心钻研

3. 班主任王老师在班上开展“悦读悦享”活动，与同学们同读一本书，经常将自己的“阅读心得”与同学们分享。下列分析不恰当的是（　　）。【2016.3】

A. 王老师注重师生同读互促，率先垂范 B. 王老师注重营造读书氛围，激趣启智

C. 王老师注重学习，不断提升自我素养 D. 王老师注重公正，对同学们一视同仁

4. 骨干教师闵老师在年终的同行测评中得分不高很郁闷，上课时学生出一点差错就大发雷霆，闵老师应（　　）。【2015.11】

A. 严格待生，专注教学　B. 保持个性，坚持自我

C. 注重反省，调适自我　D. 迎合同事，搞好关系

5. 小红怀疑同桌小刚偷了她新买的文具盒，并报告了老师，老师让班干部搜查小刚的书包和抽屉，小刚再三辩白，拒绝被搜，该老师的做法（　　）。【2015.11】

A. 错误，应该充分尊重信任小刚　B. 错误，要应该搜查所有学生的书包

C. 错误，应不当着同学的面搜查　D. 错误，应该通知家长后搜查

6. 李老师一个学期对父亲是副乡长的小杜家访了8次，却从未对需要帮助的留守儿童小龙家访过。李老师的做法（　　）。【2015.11】

A. 符合主动联系家长的要求　B. 有违平等待生的要求

C. 符合因材施教的教育要求　D. 有违严慈相济的要求

7. 宋老师发现有的学生常将“鸟”和“乌”混淆，就编了首儿歌：“小鸟小鸟有眼睛，没有眼睛看不见。”他创编了很多类似的儿歌，对学生识字有很大帮助，宋老师的做法体现的师德规范是（　　）。【2015.3】

A. 廉价从教　B. 公正待生　C. 探索创新　D. 举止文明

8. 晓光多次在钢琴比赛中获奖，但不愿意学习文化课程。方老师劝说道：“特长需要保持，

可是只有打好文化基础，你才能在音乐道路上走得更远。”方老师的做法（　　）。【2015.3】

A. 不合理，不利于学生发展特长

B. 不合理，违背了学生的兴趣爱好

C. 合理，学生必须在各个学科领域平均发展

D. 合理，教师应该关注学生的全面发展

9. 面对违纪学生，个别老师采取罚款的办法，叶老师没有这样做，而是耐心地与学生交流，帮助他们改正缺点。这说明叶老师能够做到（　　）。【2015.3】

A. 依法执教　　B. 团结协作　　C. 尊重同事　　D. 终身学习

10. 下列关于家访的做法不恰当的是（　　）。【2014.11】

A. 忌“指导”，对教育问题不要给家长建议

B. 忌“独白”，与家长交流不要唱独角戏

C. 忌“教训”，不要居高临下教训家长

D. 忌“揭短”，不要当着儿童的面向家长告状

11. 班主任张老师决定，凡是考试成绩前三名的学生可以免除班级卫生义务。张老师的做法（　　）。【2014.11】

A. 不利于学生品德养成　　B. 有利于班级管理创新

C. 有利于激发学生学习　　D. 不利于学生平均发展

12. 小丽考试不理想，发卷子时，刘老师对她说：“你还穿‘耐克’，赶紧回家换‘特步’吧。耐克的标志是√，特步的标志是×。”小丽顿时羞红了脸。这表明刘老师（　　）。【2014.3】

A. 教学语言有失严谨　　B. 无视学生人格尊严

C. 批评学生严而有格　　D. 教育学生严慈相济

13. 新入职的王老师想去优秀教师李老师班上随班听课，学习经验。李老师笑容可掬地说：“你是名牌大学毕业的高材生，我的课上得不好。就不要去听了。”这表明李老师（　　）。【2014.3】

A. 缺乏专业发展意识　　B. 缺乏团结协作精神

C. 能够尊重信任同行　　D. 鼓励同事自我提升

14. 同学们正在听孙老师讲课，乐乐却偷偷扯了一下糖糖的头发，糖糖疼得大叫。孙老师立即大声呵斥道：“乐乐，你不想听就出去！”“乐乐太坏了，以后同学们都别跟他玩。”孙老师的做法（　　）。【2016.11】

A. 合理，维护了教师的权威　　B. 不合理，侮辱了乐乐的人格

C. 合理，保护了糖糖的健康　　D. 不合理，破坏了课堂学习氛围

15. 从教20多年的李老师教学经验十分丰富，但他还是很注意学习新知识，用于探索创新，不断提高自己的专业素养和教育教学水平，这说明李老师具有（　　）。【2016.11】

A. 爱护学生的情怀 B. 遵纪守法的意识 C. 团结协作的精神 D. 终身学习的意识

16. 夏老师和汤老师都在积极准备参加市小学教育基本技能大赛，首次参加比赛的夏老师向汤老师请教，汤老师因担心夏老师在比赛中超过自己，就说自己也不清楚，汤老师的做法表明她（　　）。【2016.11】

A. 具有帮助同事自我创新的意识　　B. 缺乏尊重同事人格的品德

C. 具有促使同事自主发展的意说　　D. 缺乏与同事自主合作的精神

17. 部分家长认为教育孩子是教师的事情，自己可以不管孩子。对此，教师的下列做法正确的是（　　）。【2016.11】

A. 引导家长一同做好教育工作　　B. 责怪家长对教育不负责任

C. 放弃合作，自己好好教育学生　　D. 给予理解，家长教育能力有限

二、材料分析题

1. 材料【2015.11】

小威和小蕊是蒋老师班的一对孪生兄妹，可是，他们兄妹二人的关系却并不那么融洽。在一篇题为《我的烦恼》的作文中，妹妹小蕊这样写道："我最大的烦恼，便是一直和哥哥在同一个班。在家里的情形已经让我难以忍受了，没想到在学校还是这样！"

看到这段话，蒋老师很是疑惑，找小蕊谈心后，才明白事情的来龙去脉。因为家里有两个孩子，父母便对他们时时进行比较，引导两人凡事必竞争。每次考试后，成绩好的可以得到表扬和奖励，而落后者却一无所有。小蕊一直很努力，成绩也不错，但大多时候总落后一点儿。看着哥哥时常获得奖励，而自己却只能生活哥哥的光环之下，嫉妒开始滋长，并对哥哥产生了一肚子怨气。她固执地认为，如果不是哥哥的存在，所有的好事都是她一人的，哥哥简直太可恶了！

因为嫉妒，无论在家里还是学校，小蕊都变着法子与小威作对，经常搞一些恶作剧，比如把小威写完的作业撕掉，偷偷把他的课本、文具藏起来，在同学中说小威的坏话等等，久而久之，两人的关系越来越紧张。看到这对孪生兄妹整天像仇人一样，他们的父母也感到非常苦恼。蒋老师该怎么做呢？

问题：请根据教师职业道德的要求，为蒋老师出谋划策。

2. 材料【2014.11】

送教下乡结束时，一个孩子拉着王老师怯生生地问道："老师，您明天还教我们吗？"看着孩子满怀渴望、充满期待的眼神，王老师心里一动，便决定到这所偏远的乡村小学支教。没想到，这一教，便是10年。

这所小学的教师很少，王老师利用业余时间，不断加强学习，丰富自己。课堂上，他的"十八般武艺"全都派上了用场，善教数学的他同样能演绎语文的精彩，美术、体育、科学等课也上得有模有样。课外，他带领孩子们练书法、打乒乓球、办小报、玩双杠……于是，孩子们的许多"第一次"纷至沓来，第一次升旗仪式、第一次诗词朗诵会、第一次校园钢笔字展览、第一次乒乓球赛……在丰富的实践活动中，学校里的留守儿童也变得开朗多了。

王老师的幽默、热情、多才深深地吸引了孩子们，他们变得越来越爱上学、爱读书，学习成绩大都突飞猛进。

毕业的学生在给王老师的贺卡上写道："王老师，是您给予了我们阳光般的温暖、前行的力量，让我们的童年多彩而快乐，谢谢您！"

问题：请从教师职业道德的角度，评价王老师的教育行为。

3. 材料【2014.3】

我的小学语文老师脾气很大，动不动就训人，我不喜欢他，也就不喜欢他的课。四年下来，我的语文成绩一直很差，并因此而自卑。

可是后来发生的一件事彻底改变了这一切。那天一上课，坐在教室里的我就开起了小差。"李

明，你起来回答……”突然，老师向我提问了。可怜的我连什么问题都没有听清楚，战战兢兢站了起来，准备挨一顿臭骂。出乎意料的是，老师竟对我深情地微笑了一下。

我真不敢相信！四年来，老师从来没有对我微笑过！对我微笑了，说明老师是看得起我的，不嫌弃我的成绩差，想到这里，我挺直了腰板，认真听起课来。

不一会儿，老师的脸又转到我这边来了。大概是看到我听课认真的缘故吧，老师又给我热情的一笑。我心想，老师一定是在鼓励我。那天我非常开心。从此以后，我的语文成绩突飞猛进。虽然老师再也没有对我微笑过，但我想，老师的心里是喜欢我的。我能看到老师的心在对我微笑。

多年以后，我回到家乡，去看望这位语文老师，感谢他那两次微笑。老师默默回忆许久，感触地说：“我很惭愧！我记得当年的那两个微笑并不是给你的。是我的女朋友和校长在你的身后听课……两个并不是给你的微笑，却改变了你的一生！以后，我要改变教育方式，把微笑送给所有的学生……”

问题：从教师职业道德的角度分析你从材料中获得的启示。

4. 材料【2016.11】

学校组织秋游，关老师带领学生到动物园参观。大家参观猴山时发现老猴子抢小猴子的东西吃，于是纷纷议论：“老猴子怎么抢小猴子的东西吃呢”“它怎么不爱护小猴子呢”“猴子又不是人”“人有时候也会抢东西吃”……听着同学们的议论，老师若有所思。

返校后，关老师组织全班同学进行讨论，同学们踊跃发言。

“老猴子抢小猴子的东西吃就是不对！”

“《动物世界》里面说，这是动物的生存竞争，属于动物的本能，无所谓好坏。”

“动物间可以这样，我们人可不能这样！”

关老师赞同道：“对！动物之间可以抢东西吃，而人不能，因为人类社会是讲文明的，我们要尊老爱幼。”

小松站起来追问道：“有的人捕杀猴子，卖到酒店去，他们这样做，对吗？”

关老师回答：“他们这样做是不对的，爱护动物是我们每一个人的责任，我们不能仅停留在保护动物的口号上，而应思考如何与动物和谐相处，做一个负责任、有爱心的人。”

问题：请结合材料，从教师职业道德的角度，评析关老师的教育行为。

参考答案及解析

一、单项选择题

1.【答案】B

【解析】教师要重视交往与合作能力的培养，在集体中工作，要注意协作。

2.【答案】C

【解析】李老师备课的一丝不苟体现的是她的严谨治学；不同的班级不同的授课方式，体现的是她因材施教；而她从教多年依然如此，体现了她潜心钻研。没有体现 C 选项。

3.【答案】D

【解析】该题干显示了王老师在读书上营造读书氛围，和学生共同促进，也加强了自身的修养。

没有体现 D。

4.【答案】C

【解析】骨干老师在同行评测中评分不高，这位老师应该学会反思，反思自己的行为与职业道德理论要求的差距，反思自己与周围其他老师和先进模范人物的差距，努力完善自己，故选 C。

5.【答案】A

【解析】未成年人作为独立的个体，享有隐私权，有权保守自己的秘密和维护自己的尊严。老师私自搜小刚的书包和抽屉，侵犯了小刚的隐私权，属于不当做法，故选 A。

6.【答案】B

【解析】教师职业道德要求教师要关爱学生，关心爱护全体学生，尊重学生人格，平等公正对待学生。关爱学生的范围是全体学生，而不是某一部分。本题中李老师明显没有做到此项要求，故选 B。

7.【答案】C

【解析】编儿歌的目的是为了让学生记住“鸟”和“乌”的区别，而儿歌属于老师的创新，故选 C。

8.【答案】D

【解析】素质教育的内涵阐述中要求学生全面发展。

9.【答案】A

【解析】可以采用排除法，B、C、D 选项不符合题干。C 项的尊重同事，如果改为尊重学生也可以。教师是不可以采用罚款的方式处理违纪的学生的，这也侵犯了学生的权利。

10.【答案】A

【解析】本题属于反向选择。老师在家访时应该注意忌“独白”，忌“教训”，忌“揭短”。老师对家教问题可以给家长提出建议。所以，不正确的是 A。

11.【答案】A

【解析】学生在学校进行班级卫生活动也是对学生进行教育的一项内容，班主任免除了考试前三名学生的卫生义务，实际上不利于学生劳动习惯的养成和品德的形成。所以，不利于学生的全面发展。因此，本题选 A。

12.【答案】B

【解析】刘老师的做法是不正确的，侮辱了学生的人格尊严。

13.【答案】B

【解析】同事间的这种关系说明李老师不够团结，专业发展是指李老师自己不进步。

14.【答案】B

【解析】孙老师的话过于严重，有辱学生人格。

15.【答案】D

【解析】李老师已从教 20 多年还很注意学习新知识，说明李老师具有终身学习的理念。

16.【答案】D

【解析】汤老师因担心夏老师在比赛中超过自己就说自己不清楚，说明其缺乏与同事之间的协作。

17.【答案】A

【解析】教师与家长的地位平等，教师应当引导家长一同对孩子进行教育。

二、材料分析题

1.【参考答案】

蒋老师要根据教师职业道德的要求，及时介入帮助调节兄妹俩人的矛盾，修复他们之间的亲密关系，恢复家庭的和睦。应从以下几个方面入手。

第一，教师职业道德规范要求教师做到爱岗敬业，对工作高度负责。蒋老师不能对此事漠不关心，应该关心爱护这两位有矛盾的兄妹，及时介入调解。促进二人之间的沟通，消除误解改善他们之间的紧张关系。

第二，教师职业道德规范要求教师做到关爱学生，关心爱护全体学生，尊重学生人格，平等公正对待学生，关心学生健康。小蕊的成绩虽然落后于哥哥，而且经常搞恶作剧，但是教师应该关心每一个学生，用爱来教育学生。

第三，教师职业道德规范要求教师做到为人师表，教师要尊重家长。兄妹之间有如此严重的矛盾，并不仅仅是由二人造成的，父母不合理的教育方式才是主要原因。因此，蒋老师要在尊重家长的基础上通过家访等方式与他们的父母平等沟通，对他们教育子女的方式进行帮助、指导，修正不合理的教育方式。

第四，教师职业道德规范要求教师做到教书育人，要循循善诱，诲人不倦，因材施教。培养学生良好品行，不以分数作为评价学生的唯一标准。小蕊的嫉妒心理已经严重地影响了她和哥哥的兄妹关系，因此，蒋老师要耐心地循循善诱，引导她改变自己对哥哥的不合理认知，培养小蕊乐观、豁达、正确看待事物的合理认知，消除对哥哥的敌意。在此基础上，促进兄妹之间的沟通交流，逐渐消除不快，恢复亲密关系。

第五，教师职业道德规范要求教师做到终身学习，要潜心钻研业务，勇于探索创新。在教育教学过程中会遇到许多未曾接触过的新问题。因此，蒋老师在发挥自己教育机智的同时，也要不断学习不同领域的知识，丰富完善自己的知识系统，不断提高自己各方面的综合能力，才能更好地解决这些陌生的问题。

总之，作为教师要关心爱护每一位学生，循循善诱、诲人不倦，与学生父母沟通交流形成教育合力，更好地促进学生全面健康的发展。

2.【参考答案】

教师职业道德规范要求老师做到：爱国守法、爱岗敬业、关爱学生、教书育人、为人师表和终身学习。

材料中王老师的教育行为体现了爱岗敬业、关爱学生、教书育人，终身学习。

首先，王老师做到了爱岗敬业。爱岗敬业要求老师要忠于人民的教育事业，勤恳敬业，甘为人梯，乐于奉献。材料中的王老师支教10年，并且不断加强学习丰富自己，教了孩子们很多的“第一次”，所以，体现了爱岗敬业。

其次，王老师做到了关爱学生。关爱学生要求老师做到关心爱护全体学生，尊重学生，平等对待学生，对学生严慈相济，做学生良师益友。材料中王老师幽默、热情，博得孩子们的喜爱，成为孩子们的良师益友。

再次，王老师做到了教书育人。教书育人要求老师能够遵循教育规律，循循善诱，促进学生全面发展。材料中王老师并不只教给学生自己擅长的数学知识，而是语文、体育、美术、科学等课都给学生进行学习，促进学生全面发展。孩子们爱上学、爱读书，说明王老师遵循了教育规律，激发了学生兴趣。培养了孩子们乐观、开朗、阳光的性格。

最后，王老师做到了终身学习。终身学习要求老师能够树立终身学习理念，更新知识结构，拓宽知识视野，用于探索创新，提升自己教学专业素养和水平。材料中王老师利用业余时间不断学习，提升自己，课上十八般武艺都派上用场，课下多种形式的实践活动丰富学生们的生活。因此，王老师做到了终身学习，具有不断进取和钻研的精神。

总之，材料中王老师具备了教师应有的职业道德，是我们学习的榜样。

3.【参考答案】

教师职业道德规范要求老师做到：爱国守法、爱岗敬业、关爱学生、教书育人、为人师表和终身学习。

首先，教师应当关爱学生。关爱学生是指教师要关心爱护全体学生，尊重学生人格，平等公正地对待学生。材料中教师的微笑不经意间让学生获得了被尊重的情感体验，从而促使学生产生了强烈的学习兴趣，并取得了语文学习成绩的突飞猛进。因此，作为教师必须真正树立起关爱学生的意识，尊重学生人格，关注学生的学习过程及情感体验，从而促进学生的个性与社会性发展。

其次，教师应当终身学习，注重反思。当发现自己当年的行为有问题后，这位老师深深得反思，并敢于承认错误，体现了其高尚的职业道德。

4.【参考答案】

关老师的教育行为符合教师职业道德的相关要求，值得肯定。

首先，关老师的行为体现了教书育人。教书育人要求老师在工作中遵循教育规律，实施素质教育；循循善诱，诲人不倦，因材施教；培养学生良好品行，不以分数作为评价学生的唯一标准。材料中关老师通过全班同学讨论学习，激发学生创新精神，培养学生良好品行。

其次，关老师的行为体现了关爱学生。关爱学生要求老师要关心爱护全体学生，尊重他们的人格，平等公正对待学生。对学生严慈相济，做学生的良师益友。材料中关老师组织学生通过讨论学习，引导学生尊老爱幼，爱护动物，促进了学生的全面发展。

最后，关老师的行为体现了为人师表。为人师表要求老师坚守高尚情操，团结协作，尊重同事，尊重家长。作风正派，廉洁奉公。材料中关老师以身作则，教育学生尊老爱幼，给学生树立榜样。总之，教师的行为体现了崇高的教师职业道德，这种精神值得弘扬，需要每个老师学习。

第四章 文化素养

考试内容模块与要求

1．中外历史知识

了解中外历史上的重大事件。

2．中外科技发展史与学科常识

了解中外科技发展史上的代表人物及其主要成就。

了解一定的科学常识，熟悉常见的科普读物，具有一定的科学素养。

3．中外文学常识

了解中外文学史上重要的作家作品。

4．中国传统文化知识

了解重要的中国传统文化知识。

5．艺术鉴赏知识

了解一定的艺术鉴赏知识。

了解艺术鉴赏的一般规律，并能有效地运用于教育教学活动。

本章知识框架图

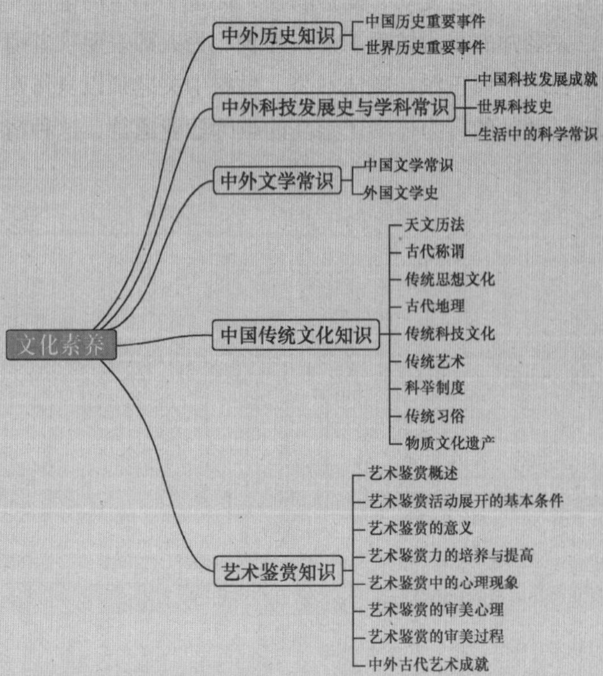

第一节 中外历史知识

一、中国历史重要事件

（一）原始社会

1. 原始人群

（1）元谋人

1965 年，在云南省元谋县发现的古人类化石被命名为“元谋人”，距今约 170 万年，是已知的我国境内最早的人类。

（2）北京人

1929 年，在北京西南周口店龙骨山发现一个完整的远古人类头盖骨化石被命名为“北京人”，距今约 50 万年。

2. 氏族公社时期

（1）半坡文化和河姆渡文化

在距今六七千年前，母系氏族社会进入了繁荣时期，其中最能反映母系氏族公社繁荣时期面貌的是半坡遗址和河姆渡遗址。半坡遗址位于今陕西西安半坡村，是距今五六千年前的古人类遗址。河姆渡遗址位于今浙江余姚县河姆渡村，是距今约 7 千年前的古人类遗址。

（2）龙山文化和大汶口文化

1928 年，考古工作者在山东龙山镇（今属山东章丘市）发现了龙山文化遗址，出土了很多黑陶和其他器物，故龙山文化也称为“黑陶文化”。大汶口文化遗址位于山东泰安地区大汶口，距今四五千年，处于父系氏族公社阶段。

（二）农业社会

1. 中国文明时代的开始（夏——西周）

（1）夏朝

约公元前 21 世纪，王位世袭制代替了禅让制，启建立了我国历史上第一个奴隶制国家。夏朝的“夏历”是我国最早的历法。

（2）商朝

① 盘庚迁都

商汤建立商朝的时候，最早的国都在亳（今河南商丘）。商的第二十位王盘庚，挫败了大多数贵族，带着平民和奴隶，渡过黄河，搬迁到殷（今河南安阳小屯村）。在那里整顿商朝的政治，使衰落的商朝出现了复兴的局面。

② 甲骨文的出现

我国有文字可考的历史是从商朝开始的。商代的文字主要是刻记在甲骨、铜器及其他器物上，其中以刻记在甲骨上为最多，刻记在甲骨上的文字称为“甲骨文”。

③ 武王伐纣

公元前 11 世纪中期，周武王乘商朝内乱，联合其他部落讨伐商纣，激战于商都郊外的牧野，商兵阵前倒戈，引周兵攻入商都，商纣王自焚而死，商亡。

（3）西周

西周分封始于周武王，为了巩固统治，成王时大规模分封诸侯。分封的原则与对象是根据与周王血缘关系的亲疏、功劳的大小，其前提是承认周王的统治。通过分封制，西周将政权和族权合一，依据血缘关系的亲疏来确定权威和财产的继承权，建立起严格的等级从属关系。

2．中国封建时代的开始（东周——秦）

（1）春秋战国

①“春秋五霸”和“战国七雄”

“春秋五霸”——齐桓公、宋襄公、晋文公、秦穆公和楚庄王。齐、楚、燕、韩、赵、魏、秦，史称“战国七雄”。

② 商鞅变法

商鞅变法发生于公元前356年，秦孝公任用商鞅变法。其内容主要是：废井田，开阡陌，承认土地私有；奖励军功，按功授爵；建立县制；奖励耕织，禁止弃农经商。秦国经过这次地主阶级的政治改革，废除了旧制度，封建经济得到发展，秦国逐渐成为七国中实力最强的国家，为秦统一六国奠定了基础。

③“百家争鸣”

“百家争鸣”是我国第一次思想解放运动，形成中国的传统文化体系。其中，儒家思想孕育了我国传统文化中的政治理想和道德准则，道家学说构成了两千多年传统思想的哲学基础，法家思想中的变革精神，成为历代进步思想家、政治家改革图治的理论武器。他们共同构成了中华民族传统文化的基本精神。

（2）秦

① 秦统一六国

秦王嬴政于公元前221年灭六国，实现统一，建立秦朝，定都咸阳，建立和健全专制主义中央集权制度。

② 焚书坑儒

公元前213年，秦始皇采纳李斯的建议，下令焚烧《秦记》以外的列国史记，对不属于博士馆的私藏《诗》《书》等也限期交出烧毁；有敢谈论《诗》《书》的处死，以古非今的灭族；禁止私学，想学法令的人要以官吏为师。后将四百六十多名方士和儒生挖大坑活埋。史称“焚书坑儒”。

③ 陈胜、吴广起义

陈胜、吴广是中国历史上第一次大规模的农民起义，动摇了秦王朝统治。

3．封建制度的巩固到灭亡时期（汉——清）

（1）汉

① 楚汉之争

从公元前206年到公元前202年，刘邦、项羽进行了为期四年的楚汉战争，最终以项羽至乌江（今安徽和县东北）自刎而死、刘邦胜利而结束。

② 文景之治

文帝、景帝统治时期，宽刑减政，轻徭薄赋，提倡节俭。社会经济发展，农民安定生活、生产，国库财政充裕，国家由弱变强，史称“文景之治”。

③ 罢黜百家、独尊儒术

汉武帝时期，接受董仲舒“罢黜百家，独尊儒术”主张，只提倡儒家学说，禁止其他各家的思想传播，实现了思想的统一；宣扬天子代表天统治人民，神化了皇帝；在长安兴办太学，用儒学培养贵族子弟，使儒家思想成为封建社会的统治思想。

④ 张骞通西域

为了加强同西域各国的往来，汉武帝于公元前 138 年和公元前 119 年派张骞两次出使西域，开辟了通往西域的“丝绸之路”。

⑤ 汉匈和亲

汉匈和亲是西汉政府对少数民族势力匈奴的最主要策略。

⑥ 王莽改制

新朝皇帝王莽为缓和西汉末年日益加剧的社会矛盾而采取了一系列新的措施，包括土地改革、币制改革、商业改革和官名、县名改革。

⑦ 官渡之战

“官渡之战”为曹操统一北方奠定了基础。

⑧ 赤壁之战

赤壁之战为三国鼎立局面的形成奠定了基础。

（2）三国

220 年，曹操的儿子曹丕自立为帝，定都洛阳，建立魏国。221 年，刘备在成都称帝，史称蜀国。222 年，孙权建吴国，定都建业，三国鼎立局面形成。

（3）西晋

西晋年间司马氏同姓王之间为争夺中央政权而爆发混战，前后历时 16 年。其最终结局是东海王司马越夺取大权。这场动乱成为西晋迅速灭亡的重要因素。

（4）东晋

淝水之战发生于公元 383 年，是东晋时期北方的统一政权前秦向南方东晋发起的侵略、吞并的一系列战役中的决定性战役，前秦败给了东晋，国家也因此衰败灭亡，北方各民族纷纷脱离了前秦的统治先后建立了十余个小国。

（5）南北朝

北魏孝文帝为了加强统治，吸取汉族地主阶级的统治经验，决心开始进行改革。这些改革加速了北方各少数民族封建化的进程，促进了北方民族的大融合。

（6）隋

① 科举制

隋文帝和隋炀帝统治时期，改革官制，在中央设三省六部，创立科举制。

② 开凿大运河

605 年，隋炀帝命人开凿了大运河。大运河全长两千多公里，沟通了海河、黄河、淮河、长江、钱塘江五大水系，是当时世界上的巨大工程之一。

（7）唐

① 贞观之治

从627年至649年，是李世民统治的贞观年代。在此期间，君臣励精图治，政治清明，社会安定，开创了唐代繁荣昌盛的局面，因而被誉为“贞观之治”。

② 玄奘西行

玄奘是唐朝高僧，贞观初年从长安出发，西行前往佛教圣地求取佛经精义。玄奘从天竺带回大量佛经，并把天竺佛教、历史、地理、风土人情等完整记录下来写成《大唐西域记》，该书也成为研究中亚、印度半岛及我国新疆地区历史和佛学的重要典籍。

③ 武则天改唐为周

690年，武则天废掉唐睿宗，自立为帝，改国号为周。武则天是我国历史上第一位女皇帝。

④ 文成公主入藏

唐朝文成公主嫁给藏王松赞干布，汉藏联姻促进了民族团结。

⑤ 鉴真东渡

唐朝时，高僧鉴真不畏艰险，东渡日本，讲授佛学理论，传播博大精深的中国文化，促进了日本佛学、医学、建筑和雕塑水平的提高。

⑥ 开元盛世

唐玄宗统治前朝，平息了统治集团内部动乱，稳定了政局；任用姚崇、宋璟为相；重视地方官员人选。在唐玄宗的治理下。社会政治比较安定，生产继续发展，唐朝进入全盛期，史称“开元盛世”。

⑦ 安史之乱

这场持续八年的“安史之乱”使唐朝由强盛转向衰落。

⑧ 黄巢起义

公元875年，王仙芝、黄巢先后在河南、山东起义。881年，起义军攻占长安，建立“大齐”农民政权。黄巢农民起义沉重打击了唐朝统治，唐朝统治名存实亡。

（8）五代十国

960年，后周大将赵匡胤在东京（河南开封）东北的陈桥驿发动兵变，黄袍加身，取代后周，建立宋朝，定都东京，史称北宋。

（9）宋

① 杯酒释兵权

宋朝初期，宋太祖赵匡胤为了加强中央集权，同时避免别的将领也“黄袍加身”，篡夺自己的政权，所以赵匡胤通过一次酒宴，在酒宴中发表意见，以威胁利诱的方式，要求高阶军官们交出兵权。此次事件史称“杯酒释兵权”。

② 澶渊之盟

1004年，辽发动了对北宋的大规模进攻，宋真宗御驾亲征，在澶州重挫辽军。双方开始了议和活动，经过反复磋商，于当年12月订立和议，历史上称这次和议为“澶渊之盟”。

③ 王安石变法

宋神宗即位后，锐意改革，任用王安石主持变法。王安石变法，在发展生产、富国强兵方面收到了显著成效。

④ 靖康之变

1126 年，金军攻破北宋都城开封，于第二年俘虏宋徽宗和宋钦宗北去，掠走了大批的文献典籍和珍宝器物，北宋灭亡，历史上称这次事件为“靖康之变”。

（10）元

① 元统一中国

1276 年，元军攻占南宋都城临安，南宋亡，后元统一全国，结束了中国历史上自五代以来分裂割据和南北长期对峙的局面，促进了全国统一的多民族国家的发展。

② 马可・波罗游历中国

马可・波罗是 13 世纪来自意大利的世界著名的旅行家和商人，著有《马可・波罗游记》。

③ 红巾军起义

红巾军起义是韩山童、刘福通、徐寿辉等领导的元末农民大起义，因起义军头裹红巾，故称“红巾军”，又因其烧香聚众，也称“香军”。原属红巾军的朱元璋独树旗帜，1368 年正月，在南京称帝，建元洪武，国号大明。

（11）明

① 明成祖迁都

1421 年，明成祖朱棣将都城正式迁至北京，改北京为京师，改应天府为南京，成为留城。

② 郑和下西洋

从 1405 年到 1433 年，郑和先后七次航海，到过亚非 30 多个国家和地区，最远到达非洲东海岸和红海沿岸地区。

③ 戚继光抗倭

明中期海防松弛，中国沿海地区经常遭受倭寇的袭击和骚扰。为保护沿海地区人民的生命财产安全，戚继光受命抗倭。至 1566 年，东南沿海的倭寇基本肃清，保证了边疆的稳定。

④ 郑成功收复台湾

1661 年，在东南沿海坚持抗清斗争的郑成功击败荷兰殖民者。1662 年，荷兰投降，郑成功及其后代收复台湾。康熙年间施琅攻克台湾，清政府设立台湾府。

⑤ 李自成起义

提出“均田免粮”的口号，标志着中国封建社会农民战争已经发展到触及封建土地所有制的新水平。

随着农民起义的不断发展以及东北满族的兴起与壮大，1644 年 3 月，明崇祯帝吊死在紫禁城后的煤山（今景山）。明朝灭亡。

（12）清

① 康乾盛世

“康乾盛世”，又称“康雍乾盛世”，是我国清王朝前期统治下的盛世，起于康熙二十年（1681 年）平三藩之乱，止于嘉庆元年（1796 年）川陕楚白莲教起义爆发，持续时间长达 115 年。

② 文字狱

文字狱是指封建社会统治者迫害知识分子的一种冤狱。皇帝和他周围的人故意从作者的诗文中摘取字句，罗织成罪，严重者会因此引来杀身之祸，甚至所有家人和亲戚都受到牵连，遭满门抄斩乃至株连九族的重罪。文字狱历朝皆有，但以清朝最多。

③ 册封达赖喇嘛

为了加强对西藏的管辖，顺治帝接见了西藏喇嘛教首领五世达赖，并赐予“达赖喇嘛”封号。康熙皇帝赐予五世班禅“班禅额尔德尼”封号。此后，历代达赖和班禅都经过中央政府的册封。1727 年，清朝开始设立驻藏大臣，同达赖和班禅共同管理西藏。乾隆皇帝制定了“金瓶掣签”制度，规定喇嘛教活佛转世人选。

④ 林则徐虎门销烟

1838 年 12 月，道光帝任命林则徐为钦差大臣，赴广州查禁鸦片。林则徐到达广州后，共收缴英国鸦片 2 万余箱、美国烟贩鸦片 1500 余箱。1839 年 6 月 3 日至 25 日，林则徐主持在虎门海滩销毁收缴的鸦片，使禁烟运动达到最高潮。

⑤ 第一次鸦片战争和丧权辱国的《南京条约》

1840 年 6 月，第一次鸦片战争爆发。1842 年 8 月，英军到达南京江面，清政府被迫签订了《南京条约》。鸦片战争和《南京条约》等一系列不平等条约的签订，是中国遭受西方资本主义奴役的开始，也是中国逐渐沦为半殖民地半封建社会的开始。

⑥ 太平天国运动

1851 年 1 月 11 日，洪秀全率众约两万人在广西桂平金田村起义，建号太平天国。1864 年 6 月，洪秀全病逝，7 月天京陷落，太平天国运动失败。太平天国运动是一次反帝反封建的农民运动，它沉重地打击了中外反动势力。其颁布的《天朝田亩制度》表达了几千年来农民的理想追求，《资政新篇》是近代中国第一部资产阶级性质的社会改革方案。

⑦ 英法火烧圆明园

第二次鸦片战争期间，英、法组成联军发动侵华战争。咸丰十年（1860 年）8 月，英法联军攻入北京。10 月 6 日，占领圆明园。英法侵略军到达圆明园后把圆明园抢劫一空。之后，为了销赃灭迹，掩盖罪行，烧毁了圆明园。

⑧ 洋务运动

19 世纪 60 年代，清朝统治阶级内部一部分人士，认识到先进的西方武器和科学技术对维护清朝统治的作用，掀起以“自强”“求富”为口号，以巩固清朝统治为目的的洋务运动。曾国藩、左宗棠、李鸿章、张之洞等是参与和提倡洋务运动的代表人物。

⑨ 戊戌变法

1898 年光绪皇帝接受维新派的变法主张，于 6 月 11 日颁布《定国是诏》，宣布变法维新，推行包括政治、经济、军事、文教各个方面的新政。以慈禧太后为首操纵着清廷军政实权的满清守旧派，坚决反对变法维新，于 9 月 21 日发动宫廷政变，幽禁光绪帝，杀害谭嗣同等变法六君子，废除大部分新政。变法新政只实行了 103 天就宣告结束，史称“百日维新”。

⑩ 八国联军侵略中国

1900 年 6 月，英、俄、日、法、德、美、意、奥匈帝国八国联军 30000 多人，从大沽经天津向北京进犯。1901 年 9 月，清政府被迫同英、俄、德、日、法、美、意、奥、荷、比、西 11 个国家签订丧权辱国的《辛丑条约》。

（三）工业文明

1. 辛亥革命

1911 年，辛亥革命爆发，次年 2 月 12 日清帝退位，宣告清王朝专制统治结束。辛亥革命推翻了中国延续两千多年的封建君主专制制度，建立了资产阶级民主共和国。

2．新文化运动

1915 年 9 月，陈独秀在上海创办《青年杂志》（后易名《新青年》），揭开新文化运动序幕。新文化运动猛烈地冲击了千百年来束缚中国人心智的道德，对于民国政治、思想和文化的发展，产生了巨大的影响。

3．“五四”运动

1919 年 1 月，第一次世界大战的战胜国中国在巴黎和会中提出收回山东主权、废除“二十一条”不平等条约等正当要求。但会议置之不理，还作出将德国在山东的特权转让给日本的决定。消息传来，举国愤怒。5 月 4 日，北京 3000 多学生汇集天安门前，高呼“外争国权，内惩国贼”“誓死力争，还我青岛”等口号，并且要求惩办曹汝霖、陆宗舆、章宗祥三个卖国贼，学生游行队伍行至曹宅，痛打章宗祥，并火烧曹宅，引发“火烧赵家楼”事件。随后，军警给予镇压，并逮捕了学生代表 32 人。学生的游行活动受到广泛关注，各界人士给予支持，通过上海的罢工、罢市、罢课运动，全国 22 个省 150 多个城市都有不同程度的响应，将五四运动推向高潮。6 月 28 日，中国代表没有在和约上签字。

五四运动是一次伟大的反帝爱国运动，是中国从旧民主主义革命到新民主主义革命的转折点。

4．中国共产党成立

中国共产党第一次全国代表大会于 1921 年 7 月 23 日在上海法租界召开。党的第一次全国代表大会正式宣告了中国共产党的诞生，从此，在中国出现了一个完全崭新的、以马克思列宁主义为其行动指南的、统一的无产阶级政党。中国的革命面貌从此焕然一新。

5．中国国民党第一次全国代表大会

1924 年 1 月在广州召开了中国国民党第一次全国代表大会。大会正式决定国共合作，而国共合作所采取的方式就是党内合作。国民党一大的召开，标志着国民党改组完成和国共合作的正式形成。

6．南昌起义、秋收起义

1927 年 8 月 1 日，周恩来、贺龙、叶挺、朱德、刘伯承等领导了南昌起义，打响了武装反抗国民党统治的第一枪，开始了中国共产党独立领导武装革命斗争的新阶段。

秋收起义是 1927 年 9 月 9 日，由毛泽东在湖南东部和江西西部领导的工农革命军（即红军）举行的一次武装起义，是继南昌起义之后，中国共产党领导的又一次著名的武装起义。

7．红军长征

由于王明“左倾”教条主义的领导，红军第五次反“围剿”失败，于 1934 年 10 月开始长征。1936 年 10 月，红一、二、四方面军三大主力会师，标志着历时两年的红军长征胜利结束。

8．“九一八”事变

1931 年 9 月 18 日晚，盘踞在中国东北的日本关东军突然向驻守在沈阳北大营的中国军队发动进攻，之后中国东北全部沦陷。这就是震惊中外的“九一八”事变。

9．“七七”事变

1937 年 7 月 7 日夜，日军称丢失一名士兵，要求进入北平西南的宛平县城搜查，遭到中国守军严词拒绝。日军向城内的中国守军进攻，史称“七七”事变。

（四）现代文明

1. 从新民主主义到社会主义（1949—1956 年）

（1）开国大典

1949 年 10 月 1 日下午，举行开国大典，宣告中华人民共和国正式成立。

（2）抗美援朝

1950 年 10 月到 1953 年夏，美国干涉朝鲜内政，并把战火燃烧到中朝边境。为了保家卫国，中国志愿军开赴朝鲜，抗美援朝。1953 年 7 月，美国在《朝鲜停战协定》上签字。

（3）新民主主义向社会主义过渡时期总路线

1953 年 12 月，中共中央批准并转发了《为动员一切力量把中国建设成为一个伟大的社会主义国家而斗争——关于党在过渡时期总路线的学习和宣传提纲》，标志着总路线的最终形成。

（4）新中国第一部宪法——《中华人民共和国宪法》

1954 年 9 月 15 日至 28 日，第一届人民代表大会第一次会议在北京举行，制定了《中华人民共和国宪法》。宪法规定了国家的性质和根本政治制度，还规定了公民的权利和义务。这部宪法是新中国第一部宪法。

（5）对农业、手工业和资本主义工商业的社会主义改造

从 1953 年起，我国全面展开了对农业、手工业、资本主义工商业的社会主义改造。1956 年，社会主义三大改造取得决定性的胜利，社会主义公有制成为我国主要的所有制形式。这标志着社会主义制度在我国基本上建立起来了，我国进入了社会主义初级阶段。

（6）中共十一届三中全会

中共十一届三中全会于 1978 年 12 月 18 日至 22 日在北京举行，党的十一届三中全会从根本上冲破了长期“左”倾错误的严重束缚，端正了党的指导思想，重新确立了马克思主义的思想路线、政治路线和组织路线，把党和国家工作重点转移到现代化建设上来，实行改革开放的政策，实现国家发展战略的根本转变，因而成为开辟有中国特色社会主义道路，开创中国社会主义事业发展新时期的伟大起点。

（7）家庭联产承包责任制

1978 年安徽凤阳小岗村农民首先实行分田包产到户，自负盈亏。农民有了生产自主权，生产积极性大大提高了。这种建立生产责任制的做法得到中央的肯定。随后，农村逐步实行以家庭联产承包为主的责任制。

（8）《关于建国以来党的若干历史问题的决议》

《关于建国以来党的若干历史问题的决议》肯定了党的十一届三中全会以来逐步确立的适合中国国情的建设社会主义现代化强国的正确道路，进一步指明中国社会主义事业和党的工作继续前进的方向。

（9）香港、澳门回归

1984 年 12 月，中英两国政府在北京正式签署了关于香港问题的联合声明。联合声明宣布，中华人民共和国政府决定于 1997 年 7 月 1 日对香港恢复行使主权。

1987 年 4 月，中葡双方在北京签署了关于澳门问题的联合声明。联合声明宣布，中华人民共和国政府于 1999 年 12 月 20 日对澳门恢复主权。

（10）党的会议

① 中共十二大与党在新的历史时期的总任务

1982 年 9 月十二大：提出党在新时期的总任务，要团结全国各族人民，自力更生、艰苦奋斗，逐步实现工业、农业、国防和科学技术现代化，把我国建设成为高度文明、高度民主的社会主义国家。

② 中共十三大与社会主义初级阶段理论及党的基本路线

1987 年 10 月十三大：第一次系统地展开论述了社会主义初级阶段的问题，指出这是建设有中国特色的社会主义的首要问题，并以此为理论论基础，论述了中国共产党在现阶段的基本路线和改革、建设的基本纲领，初步形成了中国社会主义初级阶段的理论。

③ 中共十四大与社会主义市场经济体制

1992 年 10 月十四大：党的十四大报告中正式提出，“我国经济体制改革的目标是建立社会主义市场经济体制”。

④ 中共十五大与邓小平理论

1997 年十五大：明确跨世纪发展的奋斗目标和任务，即第一个 10 年实现国民生产总值比 2000 年翻一番，使人民的小康生活更加宽裕，形成比较完善的社会主义市场经济体制；再经过 10 年的努力，到建党 100 周年时，使国民经济更加发展，各项制度更加完善；到 21 世纪中叶新中国成立一百年时，基本实现现代化，建成富强民主文明的社会主义国家。

⑤ 中共十六大与“三个代表”理论

2002 年 11 月十六大提出三大任务：推进现代化建设、完成祖国统一、维护世界和平与促进共同发展。十六大的主题：高举邓小平理论伟大旗帜，全面贯彻“三个代表”重要思想，继往开来，与时俱进，全面建设小康社会，加快推进社会主义现代化，为开创中国特色社会主义事业新局面而奋斗。

⑥ 中共十六届三中全会与科学发展观

2003 年 10 月十六届三中全会：通过《中共中央关于完善社会主义市场经济体制若干问题的决定》。构建社会主义和谐社会，是我们党从全面建设小康社会，开创中国特色社会主义事业新局面的全局出发提出的一项重大任务，民主法治、公平正义、诚信友爱、充满活力、安定有序、人与自然和谐相处的深刻内涵，体现了广大人民群众的根本利益和共同愿望，反映了我们党对中国特色社会主义事业发展规律的新认识。首次提出“科学发展观”的要求。

⑦ 中共十八大，三中、四中、五中、六中全会

十八大报告的主题是：高举中国特色社会主义伟大旗帜，以邓小平理论、“三个代表”重要思想、科学发展观为指导，解放思想，改革开放，凝聚力量，攻坚克难，坚定不移沿着中国特色社会主义道路前进，为全面建成小康社会而奋斗。

a. 十八届三中全会精神

十八届三中全会确定的主题是“全面深化改革”，这与十一届三中全会以来的前 6 次三中全会有所不同。尽管前 6 次会议也都与改革有关，但主题仅是某一方面改革。这次则包括了经济、政治、文化、社会、生态文明以及国防和军队改革、党的建设制度改革等等。之所以确定这样的主题，一方面是为了与“五位一体”总体布局相适应，另一方面也是实践需要，当前改革进入攻坚

期、深水区，只有坚持全面改革，才能继续深化改革。

b. 十八届四中全会精神

十八届四中全会审议通过了《中共中央关于全面推进依法治国若干重大问题的决定》，为法治中国的建设绘就了新的蓝图。十八届四中全会对推进依法治国的战略部署和全面安排，至少体现出了四个方面的新意。

- 阐明了全面推进依法治国的必要性和根本意义；
- 提出了总目标是建设中国特色社会主义法治体系，建设社会主义法治国家；
- 强调指出了坚持党的领导与社会主义法治的一致性；
- 明确了全面推进依法治国的重大任务

c. 十八届五中全会精神

十八届五中全会提出了“十三五”时期我国发展的指导思想：高举中国特色社会主义伟大旗帜，全面贯彻党的十八大和十八届三中、四中全会精神，以马克思列宁主义、毛泽东思想、邓小平理论、“三个代表”重要思想、科学发展观为指导，深入贯彻习近平总书记系列重要讲话精神，坚持全面建成小康社会、全面深化改革、全面依法治国、全面从严治党的战略布局，坚持发展是第一要务，以提高发展质量和效益为中心，加快形成引领经济发展新常态的体制机制和发展方式，保持战略定力，坚持稳中求进，统筹推进经济建设、政治建设、文化建设、社会建设、生态文明建设和党的建设，确保如期全面建成小康社会，为实现第二个百年奋斗目标、实现中华民族伟大复兴的中国梦奠定更加坚实的基础。

d. 十八届六中会精神

党的十八届六中全会是在我国进入全面建成小康社会决胜阶段召开的一次十分重要的会议。习近平总书记在全会上发表的重要讲话，深入回答了管党治党的一系列重大理论和现实问题，创造性地提出了一系列新思想新观点新要求，进一步深化了对党的建设规律的认识，是马克思主义中国化的最新成果，是推进全面从严治党、开创党的建设新局面的行动纲领。

二、世界历史重要事件

（一）人类的起源

从已发现的人类化石来看，人类的演化大致可以分为以下四个阶段。（1）南方古猿阶段。（2）能人阶段。（3）直立人阶段。（4）智人阶段。根据目前已发现的人类化石证据，南方古猿是已知最早的人类。

（二）古代史

1. 尼罗河流域的埃及文明

埃及位于非洲东部尼罗河下游，是世界上最早的奴隶制国家。约公元前 7500 年，埃及进入新石器时代，农业开始出现。公元前 4500 年前后，埃及进入了铜石并用时代，公元前 4000 年左右，埃及完成了从母系社会向父系社会的转变，私有制开始产生。公元前 3100 年左右，美尼斯初步统一埃及，逐步建立起奴隶主阶级专政的国家。

2. 两河流域的苏美尔文明

美索不达米亚文明，也叫两河文明或两河流域文明，指在两河流域间的新月沃土——底格里斯河和幼发拉底河之间的美索不达米亚平原发展起来的文明，是西亚最早的文明，而苏美尔人则是这一文明的伟大创建者。

3．印度河流域的哈拉巴文明

雅利安人从中亚高原南下侵入印度，逐渐征服了印度河、恒河流域。古印度逐渐从原始社会过渡到奴隶社会。阿育王在位时，征服了除半岛南端以外的整个印度，在印度形成了历史上第一个统一的奴隶制国家。在雅利安人从原始社会向奴隶制国家过渡的过程中，逐渐形成了严格的等级制度，史称“种姓”制度。公元前 6 世纪，释迦部落的王子乔达摩·悉达多（即释迦牟尼）创立了佛教，宣扬“众生平等”。公元前 3 世纪佛教被国王定为国教，阿育王在位时，佛教开始广为传播。

4．《汉谟拉比法典》

《汉谟拉比法典》是最具代表性的楔形文字法典，也是迄今世界上最早的一部完整保存下来的成文法典。

《汉谟拉比法典》竭力维护不平等的社会等级制度和奴隶主贵族的利益，比较全面地反映了古巴比伦社会的情况。

5．特洛伊战争

特洛伊战争是希腊为争夺特洛伊的重要地理位置和贸易权益联合赫梯发动的一场侵略战争。

6．梭伦改革

“梭伦改革”是奴隶主阶级为巩固统治而进行的改革。梭伦改革为雅典城邦的振兴与富强开辟了道路，对雅典民主政治具有重要的意义，奠定了雅典民主政治的基础。

7．大流士改革

大流士改革是公元前 522—前 485 年波斯帝国国王大流士为巩固波斯人统治和自己的专制政权而采取的一系列改革措施。

8．马拉松之战

马拉松战役是公元前 490 年强大的波斯帝国对雅典发动的战争。雅典利用地形靠智谋获得了胜利。

9．古希腊哲学的诞生

西方哲学的历史从古希腊开始，苏格拉底、柏拉图、亚里士多德对西方哲学的发展曾经产生过重要影响。

10．伯罗奔尼撒战争

伯罗奔尼撒战争是以雅典为首的提洛同盟与以斯巴达为首的伯罗奔尼撒联盟之间的战争，以斯巴达胜利而结束。这场战争结束了雅典的经典时代，结束了希腊的民主时代，强烈地改变了希腊的国家。

11．奥林匹亚赛会

到公元前 766 年时，希腊规定每隔 4 年在奥林匹亚举行一次竞技大会，也就是运动会。这就是最初的奥林匹克运动会。最早的竞赛项目只是 200 码（大约 182 米）短跑，最受观众欢迎的是驾着马车赛跑的项目。

12. 罗马帝国的兴起与崩溃

罗马帝国建立于公元前27年。5世纪初，日耳曼人部落纷纷进入罗马帝国境内定居，西罗马帝国四分五裂。476年，西罗马帝国的最后一个皇帝被日耳曼雇佣军首领废黜，西罗马帝国灭亡。西罗马帝国的灭亡，标志着奴隶制度在西欧的崩溃。

13. 基督教的创立与传播

耶稣创立的基督教是人类历史上最具影响力的三大宗教之一，在西方精神世界里一直占据统治地位，而且在两千年的历史中，对西方政治、文化、建筑以及艺术产生巨大影响，自耶稣创立基督教以来，人类历史和思想尤其是西方人的思想和观念发生巨大变化。

14. 日耳曼民族大迁徙

日耳曼民族大迁徙是指376—568年，散居罗马帝国境外的以日耳曼人为主的诸“蛮族”部落大举强行移居帝国境内，并各自建立国家的历史过程。民族大迁徙的原因是日耳曼人的原始公社制解体，部落显贵、军事首领及亲兵渴望向外掠夺新的土地和财富；人口自然增长对生产力形成压力。

15. 玛雅文明

玛雅文明是拉丁美洲古代印第安人文明，美洲古代印第安文明的杰出代表，以印第安玛雅人而得名。

16. 拜占庭帝国的崩溃

拜占庭帝国（395—1453年），又称东罗马帝国。位于欧洲东部，领土曾包括亚洲西部和非洲北部，极盛时领土还包括意大利、叙利亚、巴勒斯坦、埃及和北非地中海沿岸，是古代和中世纪欧洲最悠久的君主制国家。拜占庭帝国被奥斯曼土耳其攻入君士坦丁堡而灭亡。

（三）近现代史

1. 新航路的开辟和早期殖民活动

在葡萄牙王室的支持下，1488年，迪亚士抵达非洲最南端的好望角。葡萄牙航海家达·伽马沿着迪亚士开辟的航路，继续前行，终于到达了印度。

1492年，哥伦布率领三艘帆船抵达美洲。麦哲伦率领的船队沿着哥伦布开辟的航路，绕过了美洲南端的海峡，横渡太平洋，完成了环球航行。

2. 文艺复兴和宗教改革

文艺复兴首先表现在文学艺术领域。但丁、彼特拉克、薄伽丘被誉为“文学三杰”，拉斐尔、米开朗基罗和达·芬奇被誉为“美术三杰”。

1517年，罗马教皇以修建教堂为名，印制大量赎罪券向教民兜售。这种搜刮民财的无耻行径激怒了德意志维登堡大学神学教授马丁·路德，他在当地教堂门口贴出了著名的“九十五条论纲”，列举兜售赎罪券的种种荒谬，从此拉开了宗教改革的序幕。

3. 圈地运动

14世纪、15世纪，在农奴制解体过程中，英国新兴的资产阶级和新贵族通过暴力把农民从土地上赶走，强占农民份地及公有地，剥夺农民的土地使用权和所有权，限制或取消原有的共同耕地权和畜牧权，把强占的土地圈占起来，变成私有的大牧场、大农场。这就是英国历史上的“圈地运动”。

4．启蒙运动

启蒙运动是一场发生在 17 世纪、18 世纪欧洲的反封建、反教会的资产阶级思想文化解放运动，它为资产阶级革命作了思想准备和舆论宣传，是继文艺复兴运动之后欧洲近代第二次思想解放运动。18 世纪中叶，涌现出了伏尔泰、孟德斯鸠、卢梭等一大批启蒙思想家，启蒙运动进入高潮。

5．彼得一世改革

18 世纪初期的彼得一世改革是当时俄国社会提出的要求，也是俄国历史本身发展的必然产物。

6．第一次工业革命

工业革命也称产业革命，是指从以手工业劳动为基础的资本主义手工业过渡到采用机器生产的资本主义工厂的过程。

1733 年，凯伊发明了飞梭，引起了纺织业的连锁反应；1785 年，卡特莱特发明了水力织布机，提高织布效率 40 倍；经过长期研究，詹姆士·瓦特制成改良蒸汽机，用来发动纺织机，人类自此进入“蒸汽时代”。1807 年，美国人富尔敦制造出了第一艘汽船；1814 年，英国工程师史蒂芬孙发明了火车机车。工业革命是世界近代历史上的一件大事，是人类发展史上生产力的第一次飞跃，使社会日益分裂为两大对立阶级——工业资产阶级和无产阶级。

7．美国独立战争与建国

1776 年 7 月 4 日，由资产阶级民主派杰斐逊起草的《独立宣言》正式发布，正式宣告了北美 13 个殖民地脱离英国，成为独立的美利坚合众国。1789 年 1 月，华盛顿当选美国第一任总统。同年 4 月，华盛顿在纽约宣誓就职，组成联邦政府。

8．纽约股票交易所

纽约股票交易所是目前世界上规模最大的有价证券交易市场。在美国证券发行之初，尚无集中交易的证券交易所，证券交易大都在咖啡馆和拍卖行里进行。1792 年 5 月 17 日，24 名经纪人在纽约华尔街和威廉街的西北角一咖啡馆门前的梧桐树下签订了“梧桐树协定”，这是纽约交易所的前身。

9．法国资产阶级革命

1789 年 7 月 14 日，巴黎人民举行起义，起义者冲向巴士底狱——专制统治的象征，揭开了法国资产阶级革命的序幕。

1789 年 8 月 26 日，法国制宪会议通过了《人权宣言》。它规定了资产阶级社会的自由、平等、天赋人权等基本原则；提出法律面前，人人平等；国家的主权属于人民；公民有言论、出版自由；还宣布私有财产是神圣不可侵犯的。法国资产阶级革命是资产阶级革命时代最伟大的、最彻底的一次革命。法国资产阶级革命不仅结束了法国 1000 多年的封建统治，而且动摇了欧洲大陆许多国家的封建制度基础，加速了资本主义的发展，具有世界意义。

10．拿破仑帝国的兴亡

1799 年 11 月，拿破仑发动“雾月政变”，在法国建立执政府，自任第一执政。拿破仑上台后，同俄国人讲和，与奥地利人缔结《吕内维尔条约》，与英国也达成了和平协议。1813 年 10 月，法军在“莱比锡会战”中被击溃。第二年 4 月，拿破仑宣布退位，被流放到意大利海岸附近的厄尔巴岛上。

11．滑铁卢之战

拿破仑一世的最后一战。1815年6月18日，法军和英普联军在比利时小镇滑铁卢进行决战。由于种种原因，英普联军获得了决定性胜利。拿破仑帝国覆灭。

12．拉丁美洲各国独立战争

拉丁美洲独立运动，彻底推翻了西班牙和葡萄牙长达三个世纪的封建殖民统治，建立了一系列新兴国家。独立以后，拉丁美洲大多数国家建立了共和国，拉丁美洲进入了新的历史发展时期。

13．1848年欧洲革命

1848年欧洲革命是指1848—1849年主要发生在法国、德意志、奥地利、意大利、匈牙利等欧洲国家的资产阶级民主民族革命。

14．欧洲神圣同盟的瓦解

神圣同盟是1815年9月，在沙皇亚历山大一世的倡议下，奥地利、俄罗斯和普鲁士三国君主打败拿破仑后缔结的同盟，目的是维护君主政体，反对法国大革命在欧洲所传播的革命理想。在1830年法国七月革命和欧洲1848年革命的冲击下，同盟瓦解。神圣同盟实际上是维护维也纳体系、维护君主专制政治秩序的君主互助同盟。

15．《共产党宣言》的发表

《共产党宣言》的发表标志着马克思主义的诞生。

16．沙俄争夺世界霸权

俄罗斯帝国（1546—1917年），通常简称为俄国或沙俄。1546年，莫斯科公国大公伊凡四世加冕称沙皇，沙皇俄国诞生。后领土不断扩张成为全球帝国，长期充当“欧洲宪兵”的角色，共计304年，1917年因二月革命灭亡。

17．日本“明治维新”

明治维新使日本改变了封建落后状况，走上了发展资本主义的道路。

18．第一国际

第一国际即国际工人协会，1864年建立的国际工人联合组织，马克思是创始人之一和实际上的领袖。它的任务是在国际范围内组织各国工人阶级的力量，在工人运动的各种不同表现形式之间建立联系并把它们联合起来，保卫工人阶级的利益，为工人阶级的解放而斗争。

19．巴黎公社

巴黎公社成立，是第一个无产阶级政权的雏形，施行了许多重大措施，宣布公社委员会是取代旧政府的唯一政权，实行民主选举与群众监督相结合的民主制度；公社颁布了一系列保护劳工的法令。这些措施为无产阶级政权建设提供了宝贵经验，丰富和发展了科学社会主义理论。

20．美西战争

美西战争是1898年，美国为夺取西班牙属地古巴、波多黎各和菲律宾而发动的战争，是列强重新瓜分殖民地的第一次帝国主义战争。古巴和菲律宾群岛既有重要的经济价值，又是美国分别向南美洲和亚洲扩张的战略基地。

21．苏伊士运河

苏伊士运河建成后，大大缩短了从亚洲各港口到欧洲的航程，大致可缩短8000—10000千米以上。它沟通了红海与地中海，使大西洋经地中海和苏伊士运河与印度洋和太平洋连接起来，是一条具有重要经济意义和战略意义的国际航运水道。

22．第一次世界大战

第一次世界大战（1914 年 8 月—1918 年 11 月）是同盟国集团和协约国集团之间为重新瓜分殖民地和势力范围、争夺世界霸权而进行的世界规模的战争。

1914 年 6 月 28 日，奥匈帝国皇储弗兰茨·斐迪南在波斯尼亚首府萨拉热窝被塞尔维亚爱国青年普林西波刺死，这一事件成了第一次世界大战的导火线。第一次世界大战以同盟国集团彻底战败而宣告结束。

大战期间，俄国发生十月革命，世界上出现了第一个社会主义国家。这场大战削弱了英、法、意，美国成为世界头号经济强国；日本也由债务国变成债权国，并侵占了原属德国势力范围的中国胶州湾及山东半岛。

23．俄国十月革命

俄国十月社会主义革命的伟大胜利开创了人类历史的新纪元，为世界其他国家的无产阶级革命、殖民地和半殖民地人民的民族解放运动胜利开辟了前进的道路。

24．巴黎和会

第一次世界大战后，诸国与德国签订议和条约——《凡尔赛和约》，向德国强加了巨大的割地赔款及限制军备条款。和约的主要目的是惩罚和削弱德国。

25．国际联盟

国际联盟是《凡尔赛条约》签订后组成的国际组织，曾拥有 58 个会员国。宗旨是减少武器数量、平息国际纠纷及维持民众的生活水平。

26．非暴力不合作运动

非暴力不合作运动，是由圣雄甘地领导的，印度人民反抗英国殖民统治的一场影响深远的运动。

27．罗斯福新政

1933 年，富兰克林·罗斯福就任美国总统后，立即以“新政”救治经济危机，罗斯福总统的“新政”先从整顿金融入手。“新政”是资本主义生产关系的一次局部调整和改良，它开创了资产阶级政府大规模干预经济的先河，进一步提高了美国国家资本主义的垄断程度，是资本主义发展史上的一个里程碑。

28．第二次世界大战

第二次世界大战的交战双方是以美国、苏联、中国、英国、法国等国组成的反法西斯同盟与以德国、日本、意大利等国组成的法西斯国家轴心国集团。

1939 年 9 月 1 日，德国闪击波兰，1939 年 9 月 3 日，英法对德宣战，第二次世界大战全面爆发。

1941 年 12 月 7 日，日军偷袭美国太平洋海军基地珍珠港，英美对日宣战，第二次世界大战达到最大规模。

1943 年 11 月，中、美、英三国政府首脑在埃及开罗会晤，签署了《开罗宣言》。声明盟国将坚持对日作战，直至日本法西斯无条件投降。

1945 年，苏军攻占柏林，德国投降。日本政府在 8 月 15 日投降，1945 年 9 月 2 日在美国海军战列舰“密苏里号”上签署降伏文书，象征第二次世界大战正式结束。

29．联合国

1945 年 10 月 24 日，《联合国宪章》生效，联合国正式成立，这一天被定为联合国日。1946 年 1 月，联合国正式开始工作，总部设在纽约。

30．纽伦堡审判和东京审判

纽伦堡审判是 1945 年 11 月 20 日到 1946 年 10 月 1 日第二次世界大战结束之后在德国纽伦堡举行的国际战争犯罪审判。23 名被同盟国认定为“主要战争犯”中的 21 人被推上了历史的审判台。东京审判由 11 国检察官组成的委员会于 1946 年 4 月 29 日向法庭提出起诉书。起诉书控告被告自 1928 年 1 月 1 日至 1945 年 9 月 2 日期间犯有破坏和平罪、战争罪和违反人道罪。确认侵略战争为国际法上的犯罪，策划、准备、发动或进行侵略战争者列为甲级战犯，是对国际法战犯概念的重大发展。

31．北约

北大西洋公约组织，简称北约组织或北约，是美国与西欧、北美主要发达国家为实现防卫协作而建立的一个国际军事集团组织，这是资本主义阵营在军事上实现战略同盟的标志，是马歇尔计划的发展，使美国得以控制欧洲的防务体系，标志着美国称霸世界计划的初步形成。

32．朝鲜战争

朝鲜战争（1950 年 6 月 25 日—1953 年 7 月 27 日），是朝鲜与韩国之间的战争，同时美国、中国、苏联等 18 个国家也不同程度地卷入这场战争。中国人民志愿军于 1950 年 10 月 25 日赴朝，与朝鲜人民军并肩作战，1953 年 7 月 27 日美国在《朝鲜停战协定》上签字。

33．欧盟

欧盟，总部设在比利时首都布鲁塞尔，是由欧洲共同体（又称欧洲共同市场）发展而来的，1991 年 12 月，欧洲共同体马斯特里赫特首脑会议通过《欧洲联盟条约》，通称《马斯特里赫特条约》（简称《马约》）。1993 年 11 月 1 日，《马约》正式生效，欧盟正式诞生。2012 年，欧盟获得诺贝尔和平奖。

第二节 | 中外科技发展史与学科常识

一、中国科技发展成就

（一）古代科技成就

1．古代四大发明

造纸术。发明于西汉前期。公元 105 年，蔡伦造蔡侯纸。

印刷术。雕版印刷术发明于隋唐。868 年印刷的《金刚经》是世界上现存最早的雕版印刷品。北宋时期，平民毕昇发明了活字印刷术。

指南针。指南针前身是“司南”，发明于战国时期。北宋时指南针用于航海事业。

火药。发明于唐朝中期，唐末开始用于军事，南宋时制造出世界上最早的管形火器“突火枪"。

2．古代天文历法

《尚书》记载了公元前 2137 年的一次日食，为人类最早的日食记录。商代甲骨文已经记载了日食、月食，并且出现了原始历法——阴阳历。春秋战国之际，二十八宿体系已经建立。

春秋战国时采用的是古四分历，采取周年长度为 365 又 1/4 天，采用十九年七闰的方法。

《春秋·文公十四年》中记载公元前 613 年世界上首次关于哈雷彗星的记录，比欧洲早 600 多年。

战国《甘石星经》是世界上最早的天文学著作。石生绘制了人类历史上第一张星象表。

在我国历法中占有重要地位的二十四节气经过逐步发展，到战国时已完备。汉武帝时编制第一部完整历书——《太初历》。

《汉书·五行志》中有世界最早的太阳黑子记录。

东汉张衡对月食作了最早的科学解释，发明地动仪，比欧洲早 1700 多年。

南北朝时期的祖冲之编制的大明历取一周年长度为 365.24231481 天，和近代科学测定的数值相差仅 50 余秒。

隋唐时期著名学者僧一行进行了人类历史上第一次对子午线长度的测定，创制了用于天体测量的仪器——黄道游仪。他还发现了恒星位置移动现象，比英国人哈雷提出恒星自行早了一千多年。

元朝科学家郭守敬编制的恒星多达 2500 颗。1280 年他完成《授时历》，以 365.2425 日为一年，比公历早 300 年。

3．古代医学卫生成就

战国时期的名医扁鹊，采用"望闻问切"四诊法诊断疾病，后世尊为"脉学之宗"。

东汉末年张仲景，后人尊为"医圣"，著有《伤寒杂病论》，其确立的辨证论治原则，是中医临床的基本原则，是中医的灵魂所在。

东汉末年，华佗发明的麻醉药剂"麻沸散"，比西方早 1600 多年，被人誉为"神医"。

唐代孙思邈著有《千金方》。

唐高宗时编《唐本草》，是世界上最早由国家编定和颁布的药典。

明代李时珍编著了中医学巨著《本草纲目》。

中国传统医学四大经典著作：《黄帝内经》《难经》《伤寒杂病论》《神农本草经》。

4．古代数学成就

中国古代数学成就非常突出，有很多项世界之最。

中国是世界上最早采用了十进位制的国家，距今 4000 年左右的陕西、山东、上海的出土文物中除表示个位的数字外，已经有 10、20、30 这样的记号，比古埃及早 1000 多年。

殷商时已经有了四则运算，春秋战国时正整数乘法口诀"九九歌"已形成，从此"九九歌"成为普及数学知识的基础之一，一直延续至今。

在计算工具方面，殷商时就发明了"算筹"，算筹是圆形小竹棍，以后有了骨制、铁制的。以算筹表示数目，有纵、横两种形式，如"2"可表示为"="或"Ⅱ"。

勾股定理相传是在商代由商高发现，比毕达哥拉斯早 500 多年。

公元前 1 世纪的《周髀算经》和东汉时期的《九章算术》是最著名的中国古代数学著作。

算盘的最早记载是公元 190 年。明清两代，算盘成为当时工商业贸易中不可缺少的工具。算盘携带方便，运算准确迅速，即便是现在，仍发挥着巨大作用。

三国时期，刘徽运用割圆术求圆周率 π=3.1416。

南北朝时期的数学家祖冲之又将圆周率进一步精确到 3.1415926～3.1415927。

唐代僧一行创立了不等间距二次内插法，王孝通过求解三次方程的方法；宋元时期得到关于高次方程组的求解法一次同余式解法。这些成果都处于当时的领先地位。

（二）新中国科技成就

1．核技术的发展

1960 年，中国第一枚近程地对地导弹研制成功。

1964 年 10 月 16 日，我国第一颗原子弹爆炸成功，全世界为之震惊。

1966 年 10 月，中国首次发射导弹核武器试验成功。

1967 年，我国第一颗氢弹爆炸成功。

2．航天技术的发展

1970 年 4 月 24 日，我国第一颗人造卫星唱着《东方红》飞出地球，进入太空。

1972 年 3 月 3 日，我国又发射了第二颗科学技术试验卫星。

1975 年 11 月 16 日，中国第一颗返回式遥感卫星发射成功。

1981 年 9 月 20 日，我国首次使用一枚大型火箭将 3 颗不同用途的卫星送入地球轨道，成功地实现了一箭多星的壮举。

1999 年 11 月 20 日 6 时 30 分，在酒泉卫星发展中心由新型长征运载火箭发射“神州一号”飞船，次日 15 时 41 分在内蒙古自治区中部地区成功着陆。

2003 年，中国第一艘载人飞船——“神舟”五号发射成功。

2007 年，“嫦娥一号“探测器由长征三号甲运载火箭成功发射。

2008 年 9 月 25 日，“神舟七号”飞船从中国酒泉卫星发射中心载人航天发射场用长征二号 F 火箭发射升空。

2010 年 10 月 1 日，“嫦娥二号”卫星成功发射升空，揭开了中国探月工程二期的序幕。通过轨道修正、月球面前空中“刹车”等，“嫦娥二号”一步步靠近月球，从距月面 100 千米的轨道突然探身至近月面 15 千米，给月面虹湾拍下了特写靓照。

2011 年 1 月 11 日中午，在成都中航工业公司的飞机场，歼 20 成功完成首飞落地。歼 20 是世界上第四款进入试飞阶段的第四代隐形战斗机。

2011 年 11 月 1 日 5 时 58 分 10 秒，“神舟八号”飞船在酒泉卫星发射中心发射，与我国首个空间站雏形“天宫一号”携手，共同执行我国首次空间交会对接任务。在顺利完成两次对接任务后，于 2011 年 11 月 17 日 19 时 36 分在内蒙古四子王旗着陆，我国首次空间交会对接任务完成。

2012 年 6 月 16 日 18 时 56 分，执行我国首次载人交会对接任务的“神舟九号”载人飞船，在酒泉卫星发射中心发射升空后准确进入预定轨道，顺利将 3 名航天员送上太空。

2013 年 6 月 11 日 17 时 38 分，神舟十号搭载三位航天员飞向太空，在轨飞行 15 天，并首次开展我国航天员太空授课活动。飞行乘组由男航天员聂海胜、张晓光和女航天员王亚平组成，聂海胜担任指令长。

2013 年 12 月 15 日，“嫦娥三号”携带的“玉兔”月球开始工作，标志着中国首次地外天体软着陆成功。这也是人类时隔 37 年再次在月球表面展开探测工作。

3．其他方面的科技成就

1956 年 7 月，沈阳飞机厂试制成功我国第一架喷气式飞机。

1958 年 6 月，在前苏联的帮助下，我国建成第一座实验性原子反应堆。

1958 年 6 月，长春第一汽车制造厂试制成功中国第一辆国产高级轿车——红旗轿车。

1959 年 9 月 26 日，黑龙江一座名为“松基三井”的油井里喷射出的黑色油流改写了中国石油工业的历史，松辽盆地发现了世界级的特大砂岩油田——大庆油田。

1965 年，中国科学家人工合成胰岛素，这是世界上第一次人工合成的具有生物活力的结晶蛋白质。

1966 年，陈景润证明哥德巴赫猜想中的“1+2”。

1973 年，被世界称为“杂交水稻之父”的袁隆平在世界上首次培育成功籼型杂交水稻。

1983 年，中国第一台亿次电子计算机系统银河计算机研制成功。

1983 年 10 月，王永民发明了五笔字型汉字输入法，计算机汉字输入问题得到根本性解决。

1984 年 12 月 30 日，中国第一支南极考察队登上乔治岛，建立中国南极长城站，1985 年 2 月 20 日落成。

1989 年 2 月 26 日，中国南极中山站在南极大陆落成。

1984 年，大亚湾核电站开始动工兴建。1994 年 2 月 1 日和 5 月 1 日两台机组分别投入商业运行。这是我国引进技术、设备和资金建设的第一座大型商业用核电站。

1988 年 10 月 16 日上午 5 时 56 分，中国第一座高能加速器——北京正负电子对撞机（BEPC），首次对撞成功。10 月 22 日，大型探测器首次得到了宇宙线径迹。至此，北京正负电子对撞机宣告建成。80 年代，我国陆续建设了三大高能物理研究装置——北京正负电子对撞机、兰州重离子加速器和合肥同步辐射装置。

1989 年，中科院化学所研制丙丙纶级聚丙烯树脂。在化学纤维 5 个品种涤纶、锦纶、丙纶、腈纶和维纶中，丙纶是中国自行研究开发成功的。

1993 年 10 月，“曙光一号”大型并行计算机研制成功，达到当时世界先进水平。

1994 年，长江三峡实现大江截流，三峡工程开工建设。

1998 年，在我国发现世界上迄今为止最早的被子植物化石——辽宁古果。

1999 年 6 月，我国首次赴北极考察。

2001 年，人类基因组“中国卷”绘制完成。

2002 年，三峡工程导流明渠截流成功。

2004 年，我国首座国产化大型商用核电站——秦山二期核电站建成投产。

2005 年，青藏铁路全线通车。

2006 年，世界首个全超导托卡马克核聚变实验装置建成。

2009 年，中国第一个南极内陆科学考察站昆仑站在南极大陆内陆正式建成。

2010 年 11 月 14 日，中国“天河一号”，超级计算机以每秒 2570 万亿次的实测运算速度，成为世界上运算最快的超级计算机，这也是中国第一台千万亿超级计算机。

2012年10月11日，北京时间19点，2012年诺贝尔文学奖揭晓，中国作家莫言获奖。

二、世界科技史

（一）文艺复兴时期

1. 天文

1543年，波兰哥白尼发表《天体运行论》，确立日心说，成为近代天文学的起点。

1609—1610年，意大利伽利略首次用望远镜观测天象，发现了木星的四颗卫星，为哥白尼学说找到了确凿的证据。

1609—1619年，德国开普勒发现行星运动三定律。

1705年，英国哈雷发表《彗星天文学论说》，其首先测定彗星轨道，并预言周期为76年，1759年得到证实，称为哈雷彗星。

2. 物理

1590年，意大利伽利略做自由落体定律实验。

1653年，法国帕斯卡发现帕斯卡定律。

1654年，德国格里克在德国马德堡作了著名的马德堡半球实验，以此证明大气压的存在。

1666年，英国牛顿发现万有引力定律。

1687年，牛顿建立经典力学体系。

3. 生物

1543年，比利时维萨里著《人体结构》，确立近代解剖学。

1628年，英国哈维发现血液循环。

1665年，英国胡克首次用显微镜观察植物细胞，提出了细胞概念。

1675—1683年，荷兰列文虎克用显微镜首次发现动物细胞、精子和细菌。

4. 数学

1614年，英国纳皮尔发明对数，制定对数表。

1637年，法国笛卡尔创立解析几何。

1654年，法国帕斯卡和费尔马创立概率论。

1665—1676年，牛顿和莱布尼茨分别创立微积分。

（二）第一次科技革命

1. 天文

1781年，英国赫歇尔发现天王星。

1796年，法国拉普拉斯提出太阳系起源的星云说。

1846年，德国加勒发现海王星。

2. 物理、化学

1705年，英国纽科门制成第一架能实用的蒸汽机。

1746年，英国罗巴克建立世界第一座铅室法制硫酸的工厂。

1752年，美国富兰克林发明避雷针，揭示雷电本质。

1756年，俄国罗蒙诺索夫发现质量守恒定律。

1765 年，英国哈格里沃斯发明珍妮纺织机。

1765—1787 年，英国瓦特改良蒸汽机，并用作纺纱机的动力。

1777 年，法国拉瓦锡提出燃烧的氧化学说，并正式确立质量守恒定律。

1800 年，意大利伏特发明伏特电堆。英国赫歇尔发现红外线。

1802 年，法国费歇尔列出第一个酸碱当量表。

1820 年，丹麦奥斯特发现电流的磁效应。

1822 年，法国安培发现安培定律。

1826 年，德国欧姆发现欧姆定律。

1827 年，英国布朗观察到分子的布朗运动。

1831 年，英国法拉第、美国亨利各自发现电磁感应现象。

1832 年，法国皮克西兄弟发明世界第一台磁电式发电机。

1834 年，英国法拉第提出电解定律。

1840 年，英国焦耳发现电热定律，开始精确测定热功当量，实验确立能量守恒定律。德国迈尔第一个发表能量守恒定律。

1841 年，德国本生发明锌碳电池。

1842 年，奥地利多普勒发现多普勒效应。

1848 年，英国开尔文建立绝对温标。

1865 年，英国麦克斯韦推断电磁波的存在，断定光是一种电磁波。

3．生物

1759 年，德国沃尔弗创立胚胎发育的后成说。

1828 年，德国维勒最早用无机物合成有机物尿素。

1829 年，法国盖・吕萨克首次将淀粉转化为葡萄糖。

1835—1839 年，德国摩尔记载了细胞的有丝分裂过程。

1838—1839 年，德国施旺、施莱登提出细胞学说。

1859 年，英国达尔文发表《物种起源》，奠定了达尔文进化论的基础。

1864 年，德国萨克斯发现叶绿体在光合作用中产生淀粉。

1863 年，俄国谢切诺夫列提出一切意识活动都是神经的反射活动。

1865 年，奥地利孟德尔提出遗传学两大基本定律。

（三）第二次科技革命

1．航空

1903 年，美国莱特兄弟驾驶着自己设计制造的飞机冲向天空，这是人类航空史上首次自主操纵飞行。

1924 年 4 月—9 月，美国 DWC 飞机编队完成人类首次环球飞行。

2．物理、化学、信息技术

1866 年，德国西门子发明自激发电机，标志着电力时代的到来。

1869 年，俄国门捷列夫提出化学元素周期律。

1876 年，美国贝尔发明有线电话。

1877 年，爱迪生发明留声机。

1880 年，美国爱迪生发明白炽灯泡。

1900 年，德国物理学家普朗克提出量子论，导致了 20 世纪物理学的一场革命。

1901 年，发现了 X 射线的德国物理学家伦琴成为首届诺贝尔物理学奖得主。

1904 年，世界上第一只电子管在英国物理学家弗莱明的手下诞生，标志着人类从此进入电子时代。

1905 年 6 月，年仅 26 岁的爱因斯坦发表了一篇论文，阐述了狭义相对论，带来了物理学的巨大变革。

1925 年，德国科学家海森堡和其他科学家一起创立了著名的矩阵力学理论，即量子力学第一定律。

1931 年，世界上第一条微波通信线路在英国多佛和法国加莱之间建起。

1932 年，德国科学家诺尔和鲁斯卡制成世界上第一台电子显微镜。

1935 年，第一个实用雷达装置发明成功。

1936 年，年仅 24 岁的图灵发表了奠定计算机和人工智能基础的论文。图灵被称为计算机科学之父、人工智能之父。

3．生物

1868 年，瑞士米歇尔发现核酸。

1879—1910 年，法国法布尔出版《昆虫记》。

1881 年，法国巴斯德开创免疫学。

1882 年，德国科赫发现结核杆菌。

1887 年，德国费歇尔研制出人工合成葡萄糖。

1928 年，青霉素问世，开创医学新纪元。

4．其他

1900 年，弗洛伊德《梦的解析》出版，掀起心理学的革命。

1915 年，魏格纳写成《海陆的起源》一书，提出了大陆漂移说。

1932 年，世界上第一条高速公路在德国出现。

（四）第三次科技革命

1．天文

1957 年 10 月 4 日，苏联发射了世界上第一颗人造地球卫星，人类进入太空时代。

1960 年 4 月 1 日，美国发射世界上第一颗试验性气象卫星。

2005 年 1 月 15 日，欧洲航天局“惠更斯”号成功登陆土卫六——被认为具备生命条件的泰坦星，创造了人类探测器登陆其他天体最远距离的新纪录。

2005 年 7 月 29 日，美国天文学家宣布发现了太阳系内第十大行星（2003UB313）。这颗行星位于阿拉伯带，体积比冥王星大 27%，与太阳的平均距离是冥王星的 3 倍。在 2006 年 8 月第 26 届国际天文学大会上，它同冥王星一样被划入矮行星的行列。2007 年这颗星的中文名称被命名为霓神星。

2．物理、化学、信息技术

1942 年，在意大利科学家费米领导下设计和建造的第一座核反应堆在美国成功运行，这标志着原子能时代的开始。

1945 年，世界上第一颗原子弹在美国新墨西哥爆炸。

1946 年 2 月 15 日，美国宾夕法尼亚大学的科学家建造了世界上第一台电子计算机，标志着电脑时代的开始。

1947 年，第一个半导体电子增幅器——晶体管问世，成为人类微电子革命的先声。

1947 年，美国芝加哥大学化学家弗兰克，利比首次用反射性同位素碳 14 准确测定了曾经有过生命的有机体的年代，碳 14 测年法广泛应用于考古学、古生物学、海洋学和地球科学。

1952 年，美国在太平洋上的马绍尔群岛成功试爆了世界上第一颗氢弹。

1954 年，美国设计制造的世界上第一艘核动力潜艇“鹦鹉螺”号进行处女航，宣告了核潜艇时代的到来。

1954 年，苏联建成并正式启用世界上第一座核电站，这是人类和平利用核能的开始。

1964 年，美国物理学家首次提出夸克模型，并预言这种非凡的粒子不仅存在，而且正是这种粒子构成了其他一切粒子。

1964 年，美国 IBM 公司研制成功世界上第一个采用集成电路的第三代计算机。美国贝尔公司推出电视电话。

1969 年，美国五角大楼首创因特网。

1971 年，世界上第一个通用微处理器问世，被称为第一代微处理器，第一台微型电子计算机诞生。

1972 年，CT 扫描仪在英国问世，这是继伦琴发现 X 射线以来，在医学诊断领域的又一次重大突破。

1973 年，世界上第一个光纤通信实验系统在美国贝尔实验室建成，为信息高速公路奠定了基石。

1984 年，美国苹果公司推出世界上第一台多媒体电脑。

1991 年，建立在因特网基础上的环球网（万维网）正式露面，从此以后，互联网以惊人的速度在全球范围内发展，人类进入信息时代。

3．生物

1943 年，荷兰医生科尔夫制成了第一个人工肾脏，首次以机器代替人体的重要器官。

1953 年，生物学家沃森和克里克发现了生命遗传的基因物质——DNA 双螺旋结构模型。

1967 年，南非开普敦成功进行了第一例心脏移植手术。

1978 年 7 月 25 日，一位名叫路易斯·布朗的婴儿在英国呱呱坠地，成为第一个试管婴儿。

1990 年，人类基因组计划开始实施，标志着人体“生命之书”掀开第一页。

1993 年，在与世隔绝的“生物圈 2 号”中生活了两年之久的 8 位科学家，平安地走出这一人造小世界，标志着美国“生物圈 2 号”计划首次试验结束。

1997 年 2 月 24 日，克隆羊多利问世。

2003 年 4 月 15 日，中、美、日、英、法、德六国科学家联合宣布：人类基因组序列图完成。

三、生活中的科学常识

（一）物理学常识

1．牛顿运动定律

牛顿运动定律是牛顿提出的物理学的三个运动定律的总称，被誉为是经典物理学的基础。

牛顿第一定律，又称惯性定律，指的是一切物体在不受任何外力的作用下，总保持匀速直线运动状态或静止状态，直到有外力迫使它改变这种状态为止。这个定律明确了力和运动的关系并提出了惯性的概念。

牛顿第二定律，指的是物体的加速度跟物体所受的合外力 F 成正比，跟物体的质量成反比，加速度的方向跟合外力的方向相同。公式：$F=ma$。

牛顿第三定律，指的是两个物体之间的作用力和反作用力，在同一条直线上，大小相等，方向相反。

2．麦克斯韦方程组

麦克斯韦方程组是麦克斯韦建立的描述电场与磁场的四个方程。在麦克斯韦方程组中，电场和磁场已经成为一个不可分割的整体。该方程组系统而完整地概括了电磁场的基本规律，并预言了电磁波的存在。以麦克斯韦方程组为核心的电磁理论，是经典物理学最引以为自豪的成就之一。

3．相对论

相对论是关于时空和引力的基本理论，主要由爱因斯坦创立，分为狭义相对论（特殊相对论）和广义相对论（一般相对论）。相对论的基本假设是相对性原理，即物理定律与参照系的选择无关。狭义相对论和相对义相对论的区别是，前者讨论的是匀速直线运动的参照系（惯性参照系）之间的物理定律，后者则推广到具有加速度的参照系中（非惯性系），并在等效原理的假设下，广泛应用于引力场中。

狭义相对论最着名的推论是质能公式 $E=mc^2$，它可以用来计算核反应过程中所释放的能量，并导致了原子弹的诞生。而广义相对论所预言的引力透镜和黑洞，也相继被天文观测所证实。

4．分子运动论

分子运动论是从物质的微观结构出发来阐述热现象规律的理论。它的基本内容如下。

（1）物体是由大量分子组成的，分子永不停息地做无规则运动，分子之间存在着相互作用力。大量分子无规则的运动叫做分子的热运动。

（2）实际上，构成物质的单元是多种的，或是原子（金属），或是离子（盐类），或是分子（有机物）。在热力学中，由于这些微粒做热运动时遵从相同的规律，所以统称分子。

5．热力学三定律

热力学第一定律即能量守衡与转化定律。其内容为：在任何孤立的系统中，不论发生何种变化，无论能量从一种形式转化为另一种形式，或从一部分物质传递给另一部分物质，系统的总能量守恒。

热力学第二定律的内容：热能的传递具有不可逆性，即在没有外界作用的情况下，热能只会从热体传向冷体，而不可能从冷体传向热体。

热力学第三定律：系统的熵在绝对零度时为零，即不存在任何的无序。

（二）化学常识

1. 原子

原子是化学变化中的最小微粒，由原子核和围绕原子核运动的电子组成。它是化学反应的基本微粒，在化学反应中不可分割。

在公元前 450 年，希腊哲学家德谟克利特创造了原子这个词语。

2. 元素

具有相同核电荷数（即质子数）的同一类原子总称为元素。到 2007 年为止，总共有 118 种元素被发现，其中 94 种存在于地球上。原子序数大于 82 的元素（即铋 Bi 及之后的元素）都是不稳定的，会进行放射衰变。原子序数在 83 以下的某些元素，如原子序数为 43 和 61 的元素（即锝 Tc 和钷 Pm）没有稳定的同位素，会进行衰变。

3. 分子

分子是构成物质的微小单元,它是能够独立存在并保持物质原有的一切化学性质的较小微粒。分子一般由更小的微粒——原子构成。按照组成分子的原子个数可分为单原子分子、双原子分子及多原子分子；按照电性结构可分为有极分子和无极分子。

4. 离子

离子是指带电荷（正、负电荷）的原子或原子团。与分子、原子一样，离子也是构成物质的基本粒子之一。带正电荷的离子称阳离子，带负电荷的离子称阴离子。

5. 化合物

由两种或两种以上元素组成的纯净物叫做化合物。根据不同的分类方法，化合物可分为有机化合物和无机化合物，或者高分子化合物和低分子化合物，或者离子化合物和共价化合物等。

6. 化学品

各种元素组成的纯净物和混合物，无论是天然的还是人造的，都属于化学品。

7. 化学键

化学键是分子内或晶体内相邻两个或多个原子（或离子）间强烈的相互作用力的统称。

8. 分子间力

分子间力是不同分子之间的作用力，主要有氢键、范德华力、亲水作用 / 疏水作用等，这种作用力比化学键弱，容易打开或重新组合，但是是形成分子空间排列和架构的重要作用力，是现代化学的重要研究方向之一。

9. 化学反应

化学反应是一种物质转变为另一种物质的过程，涉及分子中元素的交换和化学键的转移、形成或消失。化学反应形成的改变既可令很多独立的分子结合，也可将一个较大型的分子拆开成为很多独立的小分子，甚至是同一分子内有原子移动，即使原子的数量没有改变，但仍会构成化学反应。

10. 质量守恒定律

在任何与周围隔绝的体系中，不论发生何种变化或过程，其总质量始终保持不变。或者说，化学变化只能改变物质的组成，但不能创造物质，也不能消灭物质，所以该定律又称物质不灭定律。

11．能量守恒定律

能量既不会凭空产生，也不会凭空消失，它只能从一种形式转化为别的形式，或者从一个物体转移到别的物体，在转化或转移的过程中其总量不变。

12．电荷守恒定律

电荷是物质的属性，它不是凭空产生或消失的，它只能从一个物体转移到另一个物体上．这就是电荷守恒定律。也可以表述为，在一个没有净电荷出入其边界的系统，其中正负电荷电量的代数和保持不变。

（三）生物学常识

1．细胞

细胞是由膜包围着的含有细胞核（或拟核）的原生质所组成，是生物体的结构和功能的基本单位，也是生命活动的基本单位。细胞能够通过分裂而增殖，是生物体个体发育和系统发育的基础。细胞是遗传的基本单位，并具有遗传的全能性。有成形细胞核的是真核细胞，反之，无成形细胞核的是原核细胞。

2．DNA

DNA，又称脱氧核糖核酸，是染色体的主要化学成分，同时也是组成基因的材料，有时被称为“遗传微粒”。

在繁殖过程中，父代将自己 DNA 进行半保留复制传递到子代中，从而完成性状的传播。因此，DNA 被称为“遗传微粒”。

3．基因

基因是指携带有遗传信息的 DNA 或 RNA 序列，也称为遗传因子，是控制性状的基本遗传单位。基因通过指导蛋白质的合成来表达自己所携带的遗传信息，从而控制生物个体的性状表现。

4．人类基因组

人类基因组共有 22 对常染色体和 1 对性染色体，性染色体又分为 X 染色体与 Y 染色体。含有约 30 亿个 DNA 碱基对。碱基对是以氢键相结合的两个含氮碱基，组成碱基对的碱基包括 A、T、C、G。

5．新陈代谢

新陈代谢是生物体内全部有序化学变化的总称。它包括物质代谢和能量代谢两个方面。物质代谢是生物体与外界环境之间物质的交换和生物体内物质的转变过程；能量代谢是生物体与外界环境之间能量的交换和生物体内能量的转变过程。

生物在新陈代谢过程中，既有同化作用，又有异化作用。同化作用，又叫做合成代谢，是指生物体把从外界环境中获取的营养物质转变成自身的组成物质，并且储存能量的变化过程；异化作用，又叫做分解代谢，是指生物体能够把自身的一部分组成物质加以分解，释放出其中的能量，并且把分解的终产物排出体外的变化过程。

6．克隆技术

“克隆”本意是无性繁殖，它不靠性细胞而是生物的体细胞进行繁殖。它是利用生物技术由无性生殖产生与原个体有完全相同基因组的后代的过程。克隆羊“多莉”的诞生便是应用了克隆技术。

（四）地理学常识

1．太阳系

由太阳、行星及其卫星、小行星、彗星、流星体和行星际物质构成的天体系统叫太阳系。

在太阳系中，太阳是中心天体，其他天体都在太阳的引力作用下，绕太阳公转。太阳系有八大行星，分别是水星、金星、地球、火星、木星、土星、天王星和海王星。

2．银河系

银河系是一个由群星和弥漫物质集成的庞大天体系统。银河系是我们地球和太阳所在的恒星系统，是一个拥有一两千亿颗恒星，除仙女星系外最大的巨星系。

3．光年

光年是天文学中常用的距离单位，光在真空中一年所走的距离叫光年。一光年等于94650亿公里，或63240天文单位，或0.307秒差距。

4．厄尔尼诺现象

厄尔尼诺现象又称厄尔尼诺海流，是太平洋赤道带大范围内海洋和大气相互作用后失去平衡而产生的一种气候现象，就是沃克环流圈东移造成的。正常情况下，热带太平洋区域的季风洋流是从美洲走向亚洲，使太平洋表面保持温暖，给印尼周围带来热带降雨。但这种模式每2～7年被打乱一次，使风向和洋流发生逆转，太平洋表层的热流就转而向东走向美洲，随之便带走了热带降雨，出现所谓的“厄尔尼诺现象”。

（五）现代新技术

1．生物工程产业

生物工程产业是以现代生命技术的四大组成部分（微生物、酶、细胞、基因）为基础，逐步形成以动植物工程、药物及疫苗、蛋白质工程、细胞融合、基因重组、生物芯片及生物计算机等为基本内涵的工程产业。这个产业将改造和创建若干高效益的生物物质，使人类的生产和生活发生巨大变化。

2．生物医学产业

在疾病诊断、医疗手术、人工合成材料新成就的基础上，在21世纪人类能安全地掌握生物的或人工的脏器（心、肺、肾、脾等）、骨骼、血管、知觉（视、听、嗅、味、触）的移植和再造技术，从而使新的医疗技术达到能对人体各单位进行有效替换和重建的高水平。生物医学产业必将成为令人瞩目的高技术产业之一。

3．海洋生物技术

海洋生物技术兴起于20世纪80年代，是传统海洋生物学发展的一门新兴研究领域。目前，世界各国正在进行的海洋生物技术研究的内容，主要是以海洋生物为对象，综合应用基因工程、细胞操作技术和细胞培养等技术手段，进行海洋生物遗传性改造，或生产对人们有用的海洋生物产品。随着神经生物学、海洋生态学、海洋工程学、电子学，以及遥感技术和深海探测技术不断向海洋生物技术领域渗透，并与之相结合，海洋生物技术的研究范围将逐步拓宽。现在，人们正在研究的内容大体有三个方面：一是开发、生产和改造天然海洋产物，以便用作药物、食品、新材料；二是定向改良海洋动物、植物遗传特性，为海水养殖业提供具有生长快、品质高和抗病害的优良品种；三是培养具有特殊用途的“超级细菌”，用来清除海洋环境的污染，或者生产具有特定生物功能的物质。

4．纳米技术

就像毫米、微米一样，纳米是一个尺度概念，是一米的十亿分之一，并没有物理内涵。当物质到纳米尺度以后，是在1～100纳米这个范围空间，物质的性能就会发生突变，出现特殊性能。这种既不同于原来组成的原子、分子，也不同于宏观的物质的具有特殊性能的材料，即为纳米材料。如果仅仅是尺度达到纳米，而没有特殊性能的材料，也不能叫纳米材料。

5．软件产业

在21世纪，世界范围内的信息处理和知识处理业务空前活跃，软科学技术的发展和知识产业的成长将加快步伐。大量遍及各个领域的数据库、信息库、知识库将普遍建成并广泛应用。基本软件、应用软件、智能软件、专家系统等软件产业，在经济发展和国家安全中将占有越来越突出的地位。

6．智能机械产业

21世纪，传统的各种机械工具将广泛地与微电子、光电子和人工智能机械产业结合。这个产业提供的智能机器人、智能计算机、智能工具（智能汽车、船舶、火车、飞机、航天器等）、智能生产线、智能化工厂等，不仅在体力上，同时也在脑力上部分替代人类的各种劳动，使人类的智能获得新的解放，从而人类可以开展更富创造性的工作。

7．太阳能产业

21世纪，人类将面临能源紧缺的困境。除寄希望于核能源之外，现实的选择是发展太阳能技术，研制和生产各种太阳能跟踪、捕获、转换和存储装置，在地面和太空中更多地搜集和利用无污染的太阳能，建立起高技术的太阳能产业。

8．空间技术

空间技术是探索、开发和利用宇宙空间的技术，又称为太空技术和航天技术。目的是利用空间飞行器作为手段来研究发生在空间的物理、化学和生物等自然现象。空间技术自20世纪50年代崛起以来，以其辉煌的成就对国际政治、军事产生了深远影响，对人类经济、文明作出的贡献举世瞩目。几十年来，空间技术取得了重大的成就，其中各类卫星大显神通。我国也成功地研制出了神五、神六、神七载人飞船，并成功地实现了太空漫步。

第三节　中外文学常识

一、中国文学常识

（一）上古神话

（1）所谓神话，是上古时代的人们，对其所接触的自然现象、社会现象所幻想出来的具有艺术意味的解释和描述的集体口头创作。

（2）上古神话的主要内容如下。

① 解释自然现象的：女娲补天、女娲造人、盘古开天辟地。

② 反映人类同自然斗争的：大禹治水（鲧禹治水）、后羿射日、精卫填海。

③ 反映社会斗争的：黄帝战蚩尤。

（3）记载上古神话的主要作品：《淮南子》《山海经》《庄子》等。

（二）两汉文学

代表人物及其著作如下。

（1）**贾谊**，又称贾生、贾长沙、贾太傅。其主要作品为《新书》。另有《吊屈原赋》等赋，开“史论”之先河，其赋上承楚辞下启汉赋，影响很大。

（2）**刘安**，封淮南王。其主要作品为《淮南子》，又名《淮南鸿烈》。“女娲补天”“后羿射日”“嫦娥奔月”等故事均出于此。

（3）**司马迁**，字子长，别称太史公，简称史迁。其主要作品为《史记》，又名《太史公书》，全书130篇，包括12本纪、30世家、70列传、10表、8书。

（4）**乐府民歌和赋乐**。乐府原为汉代音乐机关，后指所搜集的诗。《孔雀东南飞》是汉乐府叙事发展的高峰。

（三）魏晋南北朝文学

代表人物及其著作如下。

（1）**三曹**，即曹氏父子曹操、曹丕、曹植。曹操著有《观沧海》《蒿里行》，曹丕著有《典论》及诗歌《燕歌行》等，曹植有《名都篇》《白马篇》《洛神赋》等传世。

（2）**“建安七子”**：孔融、陈琳、王粲、徐干、阮瑀、应玚、刘桢。**“竹林七贤”**：阮籍、嵇康、山涛、刘伶、王戎、向秀、阮咸。

（3）**诸葛亮**，字孔明，号卧龙，封武乡侯。其著有《诸葛亮集》，《出师表》即出于此。

（4）**干宝**，字令升。其主要作品为《搜神记》，《干将莫邪》《东海孝妇》都出于此。《搜神记》是我国最早的短篇小说集之一，多为志怪故事。

（5）**陶渊明**，名潜，字元亮，号五柳先生，谥号靖节先生，我国古代杰出的田园诗人，有《陶渊明集》传世，代表作有《桃花源记》《归去来兮辞》《归园田居》《饮酒》等。

（四）唐代文学

代表人物及其著作如下。

（1）**王勃**，字子安，“初唐四杰”之一（另三位是杨炯、卢照邻、骆宾王）。其主要作品为《王子安集》，其中《送杜少府之任蜀州》《滕王阁序》最有名。他在“四杰”中成就最高。

（2）**贺知章**，字季真，自号四明狂客。其主要作品为《咏柳》《回乡偶书》。

（3）**孟浩然**，字浩然，唐代第一个大量写山水诗的人，与王维齐名，世称“王孟”。其主要作品为《过故人庄》《春晓》等，集为《孟襄阳集》。

（4）**王维**，字摩诘，诗人兼画家。与孟浩然同为盛唐田园山水派代表。其主要作品为《送元二使安西》，又名《阳关曲门飞鸟鸣涧》。苏轼赞其作品为“诗中有画”“画中有诗”。

（5）**李白**，字太白，人称“诗仙”。唐代三大诗人之一。其主要作品为《梦游天姥吟留别》《蜀道难》《子夜吴歌》《望天门山》《将进酒》《望庐山瀑布》等。

（6）**杜甫**，字子美，与李白齐名，人称“诗圣”。唐代三大诗人之一。其主要作品为《兵车行》《春望》《茅屋为秋风所破歌》《闻官军收河南河北》、“三吏”（《石壕吏》《新安吏》《潼关吏》）、

“三别”（《新婚别》《垂老别》《无家别》），结为《杜工部集》。

（五）宋代文学

代表人物及其著作如下。

（1）**范仲淹**，字希文，谥号文正。其主要作品为《岳阳楼记》《渔家傲》等，结为《范文正公集》，属豪放派。

（2）**欧阳修**，字永叔，号醉翁、六一居士，谥号文忠。北宋文坛领袖，“唐宋八大家”之一。其主要作品为与宋祁合修《新唐书》，独撰《新五代史》，还有《醉翁亭记》《秋声赋》《六一词》等，结为《欧阳文忠公集》。他的《六一诗话》是我国第一部诗话。

（3）**苏轼**，字子瞻，号东坡居士，“唐宋八大家”之一，其主要作品为《赤壁赋》《石钟山记》《题西林壁》《水调歌头》《念奴娇》等，诗文结为《东坡七集》，词则有《东坡乐府》。

（4）**王安石**，字介甫，号半山，封荆国公，世称王荆公、王文公，“唐宋八大家”之一，中国 11 世纪的改革家。其主要作品为《游褒禅山记》《伤仲永》《元日》《泊船瓜州》等，集为《王临川集》。

（5）**陆游**，字务观，号放翁，人称“小李白”。其主要作品为《书愤》《示儿》《钗头凤》等。中国古代最高产的诗人，有诗 9000 多首传世。

（6）**李清照**，号易安居士。其主要作品有《武陵春》《如梦令》《声声慢》等，结为《漱玉词》。她是古代最重要的女词人，宋代婉约词派中成就最高者。

（7）**辛弃疾**，字幼安，号稼轩，与苏轼并称“苏辛”，人称“词中之龙”。其主要作品为《稼轩长短句》，名篇有《摸鱼儿》《永遇乐》《清平乐》等。宋词中成就卓越者，继承并发展了苏轼的豪放词风，开拓了词的表现范围。

（六）元代文学

代表人物及其著作如下。

（1）**关汉卿**，号已斋叟。与郑光祖、白朴、马致远并称“元曲四大家”。我国古代第一位伟大的戏剧家。其主要作品为《窦娥冤》《救风尘》《望江亭》《单刀会》等。

（2）**马致远**，字千里，号东篱，“元曲四大家”之一。其主要作品为杂剧《汉宫秋》、散曲《天净沙·秋思》等，结为《东篱乐府》，其为元散曲作者中成就最高者之一。

（3）**王实甫**，主要作品为《西厢记》，这是元代剧本中最长的一部（21 折），也是元剧中最成功的作品之一。

（七）明代文学

代表人物及其著作如下。

（1）**施耐庵**，主要作品为《忠义水浒传》，简称《水浒》，是我国第一部反映农民起义的长篇章回体小说，对后世农民起义产生了巨大影响。

（2）**罗贯中**，名本，号湖海散人，中国第一位全力创作通俗小说的作家。其主要作品有《三国志通俗演义》。

（3）**吴承恩**，字汝忠，号射阳山人。其主要作品《西游记》是著名长篇章回神魔小说，是古典文学中最辉煌的神话作品，标志着浪漫主义文学的新高峰。

（4）**兰陵笑笑生**，主要作品为《金瓶梅》，抨击当时统治阶级腐朽的生活，暴露了封建社会晚期的黑暗。

（八）清代文学

代表人物及其著作如下。

（1）**洪昇**，字昉思，号稗畦。其主要作品为《长生殿》，描写唐明皇与杨贵妃的爱情故事。

（2）**孔尚任**，字聘之，号东塘，又号云亭山人。其主要作品为《桃花扇》。

（3）**蒲松龄**，字留仙，号柳泉居士，世称聊斋先生。其主要作品为《聊斋志异》。

（4）**吴敬梓**，字敏轩，晚年号文木老人。其主要作品为《儒林外史》。

（5）**曹雪芹**，名霑，字梦阮，号雪芹。其主要作品《红楼梦》（高鹗续后40回）为最伟大的现实主义长篇古典小说，是中国古典小说发展的高峰。

二、外国文学史

（一）古希腊

1．荷马

作品／论著：荷马史诗（伊利昂纪、奥德修纪）。

体裁：史诗。

备注（地位／意义）：欧洲叙事诗的典范，后世作家探索素材、借鉴艺术技巧的源泉。

2．赫西奥德

作品／论著：《工作与时日》。

体裁：叙事诗。

备注（地位／意义）：流传下来的最早一首以现实生活为主要内容的长诗。

3．伊索

作品／论著：《伊索寓言》。

体裁：寓言。

备注（地位／意义）：对法国拉封丹、德国莱辛、俄国克雷洛夫等寓言作家产生了巨大的影响。

4．柏拉图

作品／论著：《文艺对话集》。

体裁：对话体。

备注（地位／意义）：希腊文学作品中出色的散文作品，对欧美一些重要的文艺创作者、理论家产生影响。

5．亚里士多德

作品／论著：《诗学》。

体裁：美学论著。

备注（地位／意义）：西方第一部系统的文艺理论著作，为西方文艺理论中现实主义的发展奠基。

6．埃斯库罗斯

作品／论著：《俄瑞斯忒斯》三部曲（阿伽门农、奠酒人、复仇）、《普罗米修斯》三部曲。

体裁：戏剧。

备注（地位／意义）：在内容和形式上对仍处于早期发展阶段的希腊悲剧作出创造性贡献，因而埃斯库罗斯被称为“悲剧之父”。

7．索福克勒斯

作品／论著：《俄狄浦斯王》。

体裁：戏剧。

备注（地位／意义）：索福克勒斯被誉为“戏剧艺术的荷马”，其创作标志着希腊悲剧进入成熟阶段，《俄狄浦斯王》被亚里士多德称为“十全十美的悲剧”。

8．欧里庇得斯

作品／论著：《美狄亚》。

体裁：戏剧。

备注（地位／意义）：欧里庇得斯被称为“舞台上的哲学家”。

9．阿里斯托芬

作品／论著：《阿卡奈人》《鸟》。

体裁：喜剧。

备注（地位／意义）：“喜剧之父”。

（二）古罗马

1．普劳图斯

作品／论著：《孪生兄弟》《一罐金子》。

体裁：喜剧。

备注（地位／意义）：《孪生兄弟》是莎士比亚《错误的喜剧》的题材来源，《一罐金子》是莫里哀《悭吝人》的创作来源。

2．泰伦斯

作品／论著：《婆母》。

体裁：喜剧。

备注（地位／意义）：严肃文雅的风格受到贵族文人的赞赏。

3．维吉尔

作品／论著：《埃涅阿斯纪》。

体裁：史诗。

备注（地位／意义）：《埃涅阿斯纪》是世界上第一部“文人史诗”。维吉尔更被称为“继往开来的诗人，自觉的艺术家”。

4．贺拉斯

作品／论著：《诗艺》。

体裁：诗简。

备注（地位／意义）：对后来古典主义文艺理论产生很大影响，为欧洲古典主义作家继承。

5．奥维德

作品／论著：《变形记》。

体裁：神话。

备注（地位／意义）："神话词典"，古希腊、罗马神话总集。

6．塞内加

作品／论著：《特洛伊妇女》《美狄亚》。

体裁：悲剧。

备注（地位／意义）：古罗马最重要的悲剧作家。

（三）中世纪意大利

但丁

作品／论著：《神曲》。

体裁：长诗。

备注（地位/意义）：《神曲》称为"神圣的喜剧"，它的出现使得意大利文学跃居当时欧洲文学的前列。但丁被称为"中世纪的最后一位诗人，同时又是新时代的最初一位诗人"。

（四）文艺复兴时期

1．彼特拉克

作品／论著：《歌集》。

体裁：抒情诗。

备注（地位／意义）：十四行诗为欧洲抒情诗开辟道路。彼特拉克被称为"文艺复兴之父"。

2．薄伽丘

作品／论著：《十日谈》。

体裁：短篇小说集。

备注（地位／意义）：欧洲文学史上第一部现实主义巨著，开欧洲近代短篇小说先河。

3．马丁·路

作品／论著：翻译《圣经》。

体裁：译作。

备注（地位／意义）："不但清扫了教会这个奥吉亚斯的牛圈，而且也清扫了德国语言这个奥吉亚斯的牛圈"。

4．蒙田

作品／论著：《随笔集》。

体裁：散文。

备注（地位／意义）：对同时代莎士比亚、培根及 17 世纪、18 世纪法国文学产生深远影响。

5．拉伯雷

作品／论著：《巨人传》。

体裁：长篇小说。

备注（地位／意义）：标志法国长篇小说的发端。拉伯雷更是通晓多种文字的人文主义"巨人"。

6．塞万提斯

作品／论著：《堂吉诃德》。

体裁：长篇小说。

备注（地位／意义）：《堂吉诃德》是西班牙文学“黄金时期”的艺术高峰，欧洲近代长篇小说的奠基作，宣告了骑士小说的终结，开创反映现实生活的长篇叙事性文学作品。塞万提斯更被誉为“现代小说之父”。

7．洛佩·德·维加

作品／论著：《羊泉村》。

体裁：戏剧。

备注（地位／意义）：西班牙民族戏剧的奠基人。

8．托马斯·莫尔

作品／论著：《乌托邦》。

体裁：对话体幻想小说。

备注（地位／意义）：世界上第一部空想社会主义小说。

9．莎士比亚

作品／论著：《亨利四世》《威尼斯商人》《罗密欧与朱丽叶》《哈姆雷特》《奥赛罗》《李尔王》《麦克白》《雅典的泰门》《暴风雨》。

体裁：戏剧。

备注（地位／意义）：文艺复兴时期欧洲文学最杰出的代表。

（五）17 世纪

1．本·琼生

作品／论著：《炼金术士》《人人高兴》《狐狸》。

体裁：喜剧。

备注（地位／意义）：从自己时代的社会生活中寻找创作素材，戏剧的主题和背景总是紧扣时代的脉搏。

2．弥尔顿

作品／论著：《失乐园》。

体裁：诗歌。

备注（地位／意义）：文艺复兴运动与启蒙运动之间的桥梁。

3．拉辛

作品／论著：《安德洛玛刻》。

体裁：戏剧。

备注（地位／意义）：17 世纪法国古典主义悲剧发展的巅峰。

4．莫里哀

作品／论著：《太太学堂》《伪君子》《唐璜》《恨世者》《悭吝人》《乔治·唐丹》《无病呻吟》。

体裁：喜剧。

备注（地位／意义）：古典主义喜剧代表作家。他的《太太学堂》标志着古典主义喜剧的诞生。

（六）18世纪

1．丹尼尔·笛福

作品／论著：《鲁宾逊漂流记》。

体裁：写实小说。

备注（地位／意义）：英国现实主义小说奠基人。

2．乔纳森·斯威夫特

作品／论著：《格列佛游记》。

体裁：讽刺小说。

备注（地位／意义）：讽刺小说代表作家。

3．亨利·菲尔丁

作品／论著：《汤姆·琼斯》。

体裁：小说。

备注（地位／意义）："散文滑稽史诗"，《汤姆·琼斯》代表了18世纪英国现实主义小说的最高成就，是英国小说史上划时代的杰作。

4．孟德斯鸠

作品／论著：《波斯人信札》。

体裁：小说。

备注（地位／意义）：法国第一个启蒙作家。《波斯人信札》是法国启蒙文学的第一部重要文学作品和最早的一部哲理小说，并为这类新型文体开辟了道路。

5．伏尔泰

作品／论著：《凯撒之死》《查伊尔》。

体裁：戏剧。

备注（地位／意义）：法兰西思想之父。

6．卢梭

作品／论著：《爱弥儿》。

体裁：哲理小说。

备注（地位／意义）：19世纪法国浪漫主义文学的先驱。

7．歌德

作品／论著：《少年维特之烦恼》《浮士德》。

体裁：书信体、诗剧。

备注（地位／意义）：《少年维特之烦恼》是德国第一部在国际上引起轰动的文学作品，《浮士德》被认为是与《神曲》齐名的史诗性巨著。因此，歌德将德国文学推向前所未有的高峰，对欧洲文学发展作出巨大贡献。

（七）19世纪

1．拜伦

作品／论著：《恰尔德·哈罗尔德游记》和《唐璜》。

体裁：诗剧。

备注（地位 / 意义）：抨击封建专制与资本主义社会的丑恶现象，塑造追求个人幸福、爱情、自由的人物。人称“拜伦式英雄”。其书被誉为“讽刺现代社会积弊”的百科全书。

2. 雪莱

作品 / 论著：《西风颂》。

体裁：诗剧。

备注（地位 / 意义）：体现了一种真正的乐观主义浪漫精神。

3. 巴尔扎克

作品 / 论著：《人间喜剧》。

体裁：小说。

备注（地位 / 意义）：展示了 19 世纪前期整个法国的社会生活，被誉为“资本主义社会的百科全书”。

4. 列夫 · 托尔斯泰

作品 / 论著：《战争与和平》《安娜 · 卡列尼娜》《复活》。

体裁：小说。

备注（地位 / 意义）：将现实主义文学推向高峰，对世界文学的发展也产生了巨大影响。

（八）现代

贝克特

作品 / 论著：《等待戈多》。

体裁：戏剧。

备注（地位 / 意义）：世界戏剧史上的一座里程碑。

第四节 中国传统文化知识

（一）天文历法

1. 四象

古人把东、北、西、南四方每一方的七宿想象为四种动物形象，叫作四象。后人也通俗地称四象为左青龙、右白虎、南朱雀、北玄武。

2. 五更

我国古代把夜晚分成五个时段，用鼓打更报时，所以叫作五更、五鼓，或称五夜。

一更——黄昏、一鼓、甲夜——19～21 点

二更——人定、二鼓、乙夜——21～23 点

三更——夜半、三鼓、丙夜——23～1 点

四更——鸡鸣、四鼓、丁夜——1～3 点

五更——平旦、五鼓、戊夜——3～5 点

3. 二十四节气

二十四节气是我国古代历法的重要组成部分。为了便于记忆，人们编出了歌谣：“春雨惊春清谷天，夏满芒夏暑相连，秋处露秋寒霜降，冬雪雪冬小大寒。”

4．四时

四时指春夏秋冬四季。

5．干支

天干地支的合称。天干：甲、乙、丙、丁、戊、己、庚、辛、壬、癸；地支：子、丑、寅、卯、辰、巳、午、未、申、酉、戌、亥。十干和十二支依次相配，组成六十个基本单位，古人以此作为年、月、日、时的序号，叫“干支纪法”。

6．纪年法

我国古代纪年法主要有以下四种。

（1）王公即位年次纪年法。

（2）年号纪年法。

（3）干支纪年法。

（4）年号干支兼用法。纪年时皇帝年号置前，干支列后。

（二）古代称谓

1．年龄称谓

女子 12 岁——金钗之年

女子 13 岁——豆蔻年华

女子 15 岁——及笄之年

女子 16 岁——碧玉年华

女子 20 岁——桃李年华

女子 24 岁——花信年华

男子 8 岁——始龀、龆年

男子 15 岁——束发

男子 20 岁——弱冠

男子 30 岁——而立

男子 40 岁——不惑

男子 50 岁——知命

男子 60 岁——花甲

男子 70 岁——古稀

2．别称

父母称高堂、椿萱、双亲。

妻父俗称丈人，雅称岳父、泰山。

兄弟称昆仲、棠棣、手足。

老师称先生、夫子、恩师。

学生称门生、受业。

学堂称寒窗、鸡窗，同学为同窗。

女婿称东床、东坦、娇客。

3．讳称

天子、太后、公卿王侯之死称：薨、崩、百岁、千秋、晏驾、山陵崩等。

父母之死称：见背、孤露、弃养等。

佛道徒之死称：涅槃、圆寂、坐化、羽化、仙游、仙逝等。“仙逝”现也用于称被人尊敬的人物的死。一般人的死称：亡故、长眠、长逝、过世、谢世、寿终、殒命、捐生、就木、溘逝、老、故、逝、终等。

（三）传统思想文化

1．秦

（1）百家争鸣

春秋战国，思想家辈出，学派纷起林立，形成“百家争鸣”，为中国思想文化之源。《汉书·艺文志》列出学派十家：儒家、道家、阴阳家、法家、名家、墨家、纵横家、杂家、农家和小说家。

（2）先秦代表思想流派

先秦代表思想流派并对后世影响较大的有：孔子、孟子为代表的儒家，老子、庄子为代表的道家，韩非子为代表的法家。墨子为代表的墨家，在当时影响也很大，与儒家并称为“显学”。儒家说“爱人”，墨家说“兼爱”。思想看似相近，但有差别。儒家“爱人”是“有差等”的，墨家“兼爱”是“无差等”的。

（3）“天人合一”与“天人相分”

天人关系是中国先秦哲学争论的重要问题。天人关系的核心是人作为主体同他的周围世界客体的关系，也是思维同存在的关系。中国思想家很早就对哲学的基本问题进行了思考。

（4）先秦重要著述

① 六经

六经指儒家奉为经典的六部先秦著述，即《诗经》《尚书》《仪礼》《乐经》《周易》《春秋》。六经亦称六艺。不过“六艺”另外一种含义是指六种基本能力，即礼、乐、射、御、书、数。

②《论语》

孔子弟子编纂，主要记述孔子言行。

③《孟子》

记录孟子言行的书。

④《道德经》

老子著，也有人说此书为后人编纂。

2．秦汉魏晋

（1）“罢黜百家，独尊儒术”

汉武帝时董仲舒提出“罢黜百家，独尊儒术”，借以统一思想，巩固中央集权制度。

（2）东汉道教产生

道教产生于东汉，但是与神仙方术及各种先秦思想有关，特别是奉老子为教主。

（3）东汉佛教传入

佛教从印度传入。一般认为是东汉明帝派人访求佛教经卷，以白马驮至洛阳，建白马寺。

3．宋明

（1）宋明理学

宋明理学（亦称道学），起于宋，是宋以后影响中国社会数百年的儒家学术思想。宋明理学的核心概念是“理”。“理”是一种理论抽象，其概念内涵复杂。

（2）宋明理学代表人物

程朱学派指以北宋程颐、程颢和南宋朱熹为代表的理学学派。朱熹继承二程思想，并成为集理学大成者，建立了一个庞大的理论体系。

4. 清

（1）顾炎武

明末清初思想家，与黄宗羲、王夫之并称明末清初三大儒。其代表作为《日知录》，反映了他的“经世致用”思想。其名言“天下兴亡，匹夫有责”，成为民族精神的象征。

（2）戴震

清代思想家，对程朱理学持批判态度，其代表作为《原善》，梁启超、胡适称之为“中国近代科学界的先驱者”。

（3）严复

清末启蒙思想家，积极介绍西方思想，其翻译的《天演论》，将进化论思想引进中国。

（4）康有为

近代中国推进思想变革的最重要的思想家之一，先后写了《新学伪经考》和《孔子改制考》，为戊戌变法奠定理论基础。

（5）梁启超

近代中国启蒙思想家，戊戌变法时期重要的社会活动家，代表作有《饮冰室合集》。

（四）古代地理

1. 中国

现为中华人民共和国简称。但在古代文献中它是一个多义性的词组。从春秋战国至宋元明清，多用来泛指中原地区。如孟子《齐桓晋文之事》：“莅中国而抚四夷也。”司马光《赤壁之战》：“若能以吴、越之众与中国抗衡，不如早与之绝”“驱中国士众远涉江湖之间”。

2. 中华

上古时期华夏族居四方之中的黄河流域一带。故称“中华”，后常用来泛指中原地区。如《三国志》：“其地东接中华，西通西域。”今已成为中国的别称。

3. 九州

传说中的我国上古时期划分的九个行政区域，州名分别为：冀、兖、青、徐、扬、荆、豫、梁、雍。

4. 海内

古代传说我国疆土四面环海，故称国境之内为海内。王勃《杜少府之任蜀州》：“海内存知己，天涯若比邻。”司马光《赤壁之战》：“海内大乱，将军起兵江东。”

5. 五岳

五大名山的总称，即东岳泰山、西岳华山、中岳嵩山、北岳恒山、南岳衡山。

6. 佛教四大名山

山西五台山、浙江普陀山、安徽九华山、四川峨眉山。

7．山水阴阳

古代以山南、水北为阳，以山北、水南为阴。

（五）传统科技文化

1．四大发明

造纸术、指南针、火药、印刷术。

2．《九章算术》

中国古代最早的数学专著，成书于东汉初年。

3．《黄帝内经》

春秋战国时即成书，是我国第一部医学著作。

（六）传统艺术

1．书法

书法讲究线条、对称、变化、章法、风格美等。

2．“书圣”

王羲之，东晋书法家，兼善隶、草、楷、行各体。

3．“楷书四大家”

欧阳询、严真卿、柳公权和赵孟頫。

4．“岁寒三友”

中国绘画中常以“松、竹、梅”为题材。

5．“四君子”

中国绘画中常以梅、兰、竹、菊为题材，寓意“高洁”等。

6．文房四宝

笔、墨、纸、砚。

7．昆曲

发源于江苏昆山，有六百多年历史，被联合国教科文组织列入“人类口头和非物质遗产代表作”名单。

8．京剧

清代道光年间，在各种戏曲声腔影响下形成的新剧种，近代以来发展很快，成为中国传统代表剧种。

9．武术

《辞海》的解释为“我国民族体育的主要内容之一，是几千年来我国人民用以锻炼身体和自卫的一种方法。”武术是我国特有的重要的文化遗产之一。

10．少数民族传统艺术

我国各少数民族留存下来的宝贵的传统艺术作品，包括少数民族的音乐、舞蹈、戏剧、绘画和民间工艺，比如蒙古族民间乐器、维吾尔族歌舞、藏戏和唐卡等。

（七）科举制度

1．孝廉

汉代察举制的科目之一。孝廉是孝顺父母、办事廉正的意思。

2．科举

科举指历代封建王朝通过考试选拔官吏的一种制度。由于采用分科取士的办法，所以叫科举。从隋代至明清，科举制实行了1300多年。到明朝，科举考试形成了完备的制度，共分四级：院试（即童生试）、乡试（第一名叫解元）、会试（第一名叫会元）和殿试（第一名叫状元，第二名叫榜眼，第三名叫探花），考试内容基本是儒家经义，以“四书”文句为题，规定文章格式为八股文，解释必须以朱熹《四书集注》为准。

3．及第

及第指科举考试应试中选，应试未中的叫落第、下第。“登科”是及第的别称，也就是考中进士。

4．进士

进士是科举考试的最高功名。

5．状元

科举制度殿试第一名，又称殿元、鼎元，为科名中最高荣誉。历史上获状元称号的有一千多人，但真正参加殿试被录取的大约七百五十名左右。唐代著名诗人贺知章、王维，宋代文天祥都是经殿试而被赐状元称号的。

6．八股文

明清科举考试制度所规定的一种文体，也叫时文、制义、制艺、时艺、四书文、八比文。这种文体有一套固定的格式，规定由破题、承题、起讲、入题、起股、中股、后股、束股八个部分组成，每一部分的句数、句型也都有严格的限定。无论是内容还是形式，八股文都起到了束缚思想、摧残人才的作用。

7．金榜

古代科举制度殿试后录取进士，揭晓名次的布告，因用黄纸书写，故而称黄甲、金榜。多由皇帝点定，俗称皇榜。考中进士就称金榜题名。

8．书院

唐宋至明清出现的一种独立的教育机构，是私人或官府所设的聚徒讲授、研究学问的场所，宋代著名的四大书院是：江西庐山的白鹿洞书院、湖南善化的岳麓书院、湖南衡阳的石鼓书院和河南商丘的应天府书院。

9．乡试

明清两代每三年在各省省城（包括京城）举行的一次考试，因在秋八月举行，故又称秋闱（闱，考场）。主考官由皇帝委派。考后发布正、副榜，正榜所取的叫举人，第一名叫解元。

10．连中三元

科举考试以名列第一者为元，凡在乡、会、殿三试中连续获得第一名，被称为“连中三元”。

（八）传统习俗

1．春节

我国传统习俗中最隆重的节日。此节乃一岁之首。古人又称元日、元旦、元正、新春、新正等，而今人称春节，是在采用公历纪元后。古代“春节”与“春季”为同义词。春节习俗一方面是庆贺过去的一年，一方面又祈祝新年快乐、五谷丰登、人畜兴旺，多与农事有关。迎龙舞龙为取悦龙神保佑，风调雨顺；舞狮源于震慑糟蹋庄稼、残害人畜之怪兽的传说。随着社会的发展，接神、敬天等活动已逐渐淘汰，燃鞭炮、贴春联、挂年画、耍龙灯、舞狮子、拜年贺喜等习俗至今仍广为流行。

2．元宵

我国民间传统节日，又称正月半、上元节、灯节。元宵习俗有赏花灯、包饺子、闹年鼓、迎厕神、猜灯谜等。宋代始有吃元宵的习俗。元宵即圆子，用糯米粉做成实心的或带馅的圆子，可带汤吃，也可炒吃、蒸吃。

3．清明

我国民间传统节日。按农历算在三月上半月，按阳历算则在每年四月五日或六日。此时天气转暖，风和日丽，“万物至此皆洁齐而清明”，清明节由此得名。其习俗有扫墓、踏青、荡秋千、放风筝、插柳戴花等。历代文人都有以清明为题材入诗的。

4．端午

我国民间传统节日，又称端阳、重午、重五。端午原是月初午日的仪式，因“五”与“午”同音，农历五月初五遂成端午节。一般认为，该节与纪念屈原有关。屈原忠而被黜，投水自尽，于是人们以吃粽子、赛龙舟等来悼念他。端午习俗有喝雄黄酒、挂香袋、吃粽子、插花和菖蒲、斗百草、驱“五毒”等。

5．中秋

我国民间传统节日，又称团圆节。农历八月在秋季之中，八月十五又在八月之中，故称中秋。秋高气爽，明月当空，故有赏月与祭月之俗。圆月带来的团圆的联想，使中秋节更加深入人心。唐代将嫦娥奔月与中秋赏月联系起来后，更富浪漫色彩。历代诗人以中秋为题材作诗的很多。中秋节的主要习俗有赏月、祭月、观潮、吃月饼等。

6．重阳

我国民间传统节日。《易经》将“九”定为阳数，两九相重，故农历九月初九为“重阳”。重阳时节，秋高气爽，风清月洁，故有登高望远、赏菊赋诗、喝菊花酒、插茱萸等习俗。唐人有“遍插茱萸少一人”的诗句。

7．十二生肖

十二生肖又称属相。古代术数家拿十二种动物来配十二地支，子为鼠．丑为牛，寅为虎，卯为兔，辰为龙，巳为蛇，午为马，未为羊，申为猴，酉为鸡，戌为狗，亥为猪。后以为某人生在某年就肖某物，如子年生的肖鼠，亥年生的肖猪，称为十二生肖。在古代，十二生肖常被涂上迷信色彩，一遇休戚祸福，往往牵扯起来，特别是在婚配中男女属相很有讲究，有所谓“鸡狗断头婚”“龙虎不相容”等说法。

8．少数民族节日

中华民族是一个大家庭，各民族有自己的不同节日，譬如，维吾尔族的肉孜节、古尔邦节，藏族的藏历新年，傣族的泼水节等。少数民族的节日，也是中华民族传统习俗中的一部分。

（九）物质文化遗产

1．十朝古都

西安，自周朝开始至唐，有十个王朝在此建都，故称十朝古都。

2．九朝古都

洛阳，自东周开始至五代后唐，有九个王朝在此建都，故称九朝古都。

3．六朝古都

南京，自三国东吴开始至南朝宋、齐、梁、陈，有六个王朝在此建都，故称六朝古都。

4．五岳

北岳恒山、西岳华山、东岳泰山、中岳嵩山、南岳衡山。

5．宋五大名窑

宋代瓷器生产，以汝窑、官窑、哥窑、钧窑、定窑产品最为有名，后人统称为“宋代五大名窑”。

第五节 艺术鉴赏知识

一、艺术鉴赏概述

艺术鉴赏定义：读者、观众、听众凭借艺术作品而展开的一种积极的、主动的审美再创造活动。鉴赏的本身便是一种审美的再创造。

艺术鉴赏性质：艺术鉴赏是人们对艺术作品进行的非反思性的审美接受活动；是人们在接受艺术作品的过程中，通过感知、情感、想象和理解等各种心理因素的复杂作用进行艺术再创造，并获得审美享受的精神活动。

艺术鉴赏的特征如下。

（1）充满着感性与理性的统一。

（2）充满着情感与想象。

（3）充满着积极主动的审美再创造。

（4）充满着审美通感与个人审美的偏爱与差异。

二、艺术鉴赏活动展开的基本条件

（1）艺术品必须是具有审美魅力、审美内涵、审美价值的审美对象。

（2）鉴赏者必须是具有一定艺术素养、文化知识、生活阅历、审美能力的审美主体。

（3）鉴赏者必须和审美鉴赏对象之间建构起相应的审美关系。

三、艺术鉴赏的意义

概括起来讲，艺术鉴赏作为一种审美再创造活动，其意义主要体现在以下几个方面。

（1）艺术家创作出来的艺术品，必须通过鉴赏主体的审美再创造活动，才能真正发挥它的社会意义和美学价值。

（2）鉴赏主体在艺术欣赏活动中，并不是被动、消极地接受，而是积极主动地进行着审美再创造。

（3）从最根本的意义上讲，艺术鉴赏同艺术创作一样，也是人类自身主体力量在审美活动中的自我肯定与自我实现。

四、艺术鉴赏力的培养与提高

（1）艺术鉴赏力的培养与提高，离不开大量鉴赏优秀作品的实践。大量地、经常地鉴赏优秀的艺术作品，更是直接有助于人们艺术修养与鉴赏力的培养与提高。

（2）艺术鉴赏力的培养与提高，离不开熟悉和掌握艺术的基本知识和规律。

（3）艺术鉴赏力的培养与提高，离不开一定的历史、文化知识。

（4）艺术鉴赏力的培养与提高，离不开相应的生活经验与生活阅历。

（5）美育与艺术教育在培养和提高艺术鉴赏力方面，具有特别重要的地位与作用。

五、艺术鉴赏中的心理现象

（1）艺术鉴赏中的多样性与一致性。

（2）艺术鉴赏中的保守性与变异性。

六、艺术鉴赏的审美心理

（一）注意

鉴赏艺术作品，显然离不开“注意”的心理功能。艺术鉴赏的最初阶段，就需要鉴赏主体的整个心理机制进入一种特殊的审美注意或审美期待状态，从日常生活的意识状态进入到艺术鉴赏的审美心理状态之中，使主体从实用功利态度转变为审美态度。

（二）感知

艺术鉴赏心理是以感知为基础的，它包含感觉和较复杂的知觉。

（三）联想

联想可以分为接近联想、相似联想、对比联想、因果联想、自由联想和控制联想等。

（四）想象

艺术创作不能离开想象，艺术鉴赏离开了想象也同样无法进行。想象可以分为创造想象和再造想象两种类型。艺术鉴赏活动以再造想象为主，同时也包含有一定的创造想象。

（五）情感

艺术鉴赏中，情感作为一种审美心理因素也有着非常重要的地位与作用。强烈的情感体验，正是审美活动区别于科学活动与道德意识活动的最为显著的特点。

（六）理解

艺术鉴赏心理中的理解因素，并不是单独存在的，而是广泛渗透在感知、情感、想象等心理活动中，构成完整的审美心理过程。因此，审美心理中的理解因素，不同于通常的逻辑思维，而是往往表现为一种似乎是不经思索直接达到对于艺术作品的理解。艺术审美心理中的理解因素至少有以下三层含义：

首先，对于艺术作品内容的鉴赏离不开理解因素；

其次，对于艺术作品形式的鉴赏离不开理解因素；

最后，对于每一部艺术作品内在意蕴和深刻哲理的认识，更不能脱离理解因素。

七、艺术鉴赏的审美过程

（一）艺术鉴赏中的审美直觉

所谓审美直觉，是指人们在审美活动或艺术鉴赏活动中，对审美对象或艺术形象具有一种不假思索而即刻把握与领悟的能力，使人刹那间暂时忘却一切，聚精会神地观赏它，全部身心沉浸在审美愉悦之中。许多西方美学家都提到过审美与艺术活动中的直觉性。

审美直觉的重要特点是直观性和直接性。

（二）艺术鉴赏中的审美体验

艺术鉴赏中的审美体验，作为整个审美过程的中心环节，是指鉴赏主体在审美直觉的基础上，达到艺术审美活动的高潮阶段，调动再创造的想象力和联想力，激起丰富的情感，设身处地地生活到艺术作品之中，获得心灵的审美愉悦，把外在作品中的艺术形象转化为鉴赏者自身的生命活动。

（三）艺术鉴赏中的审美升华

作为艺术鉴赏活动的最高境界，审美升华是指鉴赏主体在审美直觉和审美体验的基础上达到一种精神的自由境界，通过艺术鉴赏的审美再创造活动，在艺术作品和艺术形象中直观自身，实现本质力量的对象化。

教育者要想将艺术鉴赏的这种规律有效地运用于教育教学活动，需注意以下几个要点：

（1）充分揣摩作品内涵。

（2）引导受教育者主动参与。

（3）为受教育者提供理性指导。

（4）自主探究，实现教育功能。

八、中外古代艺术成就

（一）绘画

1．中国

（1）**顾恺之**，字长康，小字虎头，晋陵无锡（今江苏）人，擅画人像、佛像、禽兽、山水等，有“才绝、画绝、痴绝”之称，与陆探微、张僧繇并称“画界三杰”。其绘画的传世摹本有《女史箴图》卷、《洛神赋图》卷、《列女仁智图》卷等几种，以《洛神赋图》数量最多。此外，他所提出的“迁想妙得”“以形写神”等艺术观点对后世影响极大。

（2）**阎立本**《步辇图》《历代帝王图》；**吴道子**《八十七神仙卷》《天王送子图》；**周昉**《簪花仕女图》。

（3）**张择端**，字正道，东武（今属山东）人。故宫博物院所藏《清明上河图》是其传世名作。另外，天津博物馆藏有署名“张择端”的小幅《西湖争标图》，系委托之作。

（4）**元四家**（黄公望、王蒙、倪瓒、吴镇）；赵孟頫代表作《秋郊饮马图》。元代画家黄公望的《富春山居图》是中国十大传世名画之一。这幅画于清代顺治年间曾遭火焚，断为两段，前半段重新定名为《剩山图》，现藏于浙江省博物馆；后半卷《富春山居图》世称《无用师卷》，现藏台北“故宫博物院”。

（5）**王渊**，字若水，号澹轩，钱塘（今杭州）人，善画山水、人物，尤精花鸟竹石。其传世作品主要有：故宫博物院藏《山桃锦鸡图》《墨牡丹图》，山西省博物馆藏《花鸟》轴，上海博物馆藏《花竹禽雀图》轴，台北“故宫博物院”藏《桃竹春禽图》轴等。

（6）**郑燮**，字克柔，号板桥，江苏兴化人。乾隆元年（1736年）进士。为官清正，性格旷达。有“狂”“怪”之誉，为“扬州八怪”（罗聘、李方膺、李鳝、金农、黄慎、郑燮、高翔和汪士慎）之一。书画皆善，画中以兰竹之作最负盛名。其作品有《兰竹荆石图》轴等。

（7）**齐白石**，原名纯芝，后名璜，字渭清，又字兰亭，号濒生，别号白石山人、寄园、寄萍、寄萍堂主人、老萍、萍翁、寄幻仙奴等，湖南湘潭人，擅绘画、篆刻和书法，也攻诗词；绘画以花鸟见长；曾任中央美术学院名誉教授、中国美术家协会主席；是20世纪中国画艺术大师，20世纪十大书法家、画家之一，世界文化名人。其代表作品有《虾》《蟹》《牡丹》《牵牛花》《蛙声十里出山泉》等。

（8）**张大千**，法号大千，四川内江人，从小即在母亲指导下学习花鸟画与书法。在技法上以泼彩、泼墨相结合的手段，为中国画的用色、用墨开辟了新途径。他是20世纪中国画坛最为传奇的国画大师。其代表作有《振衣千仞冈》《来人吴中三隐》《石涛山水》《梅清山水》《巨然茂林叠嶂图》等。

（9）**徐悲鸿**，1895年出生，江苏宜兴屺亭镇人。现代画家、美术教育家。其代表作品有《八骏图》《愚公移山》等。

（10）**傅抱石**，江西新余人，原名傅瑞麟，因喜爱清初石涛的画，自号“抱石斋主人”，后遂改名为傅抱石。后得徐悲鸿赏识，赴日留学。新中国成立后任教于南京师范学院美术系，曾任江苏国画院院长、中国美协副主席等职。其作品有《潇潇暮雨》等。

2．外国

（1）**达·芬奇**，全名列奥纳多·达·芬奇，意大利文艺复兴三杰之一，也是整个欧洲文艺复兴时期最完美的代表。他是一位思想深邃、学识渊博、多才多艺的画家、寓言家、雕塑家、发明家、哲学家、音乐家、医学家、生物学家、地理学家、建筑工程师和军事工程师。他的艺术实践和科学探索精神对后世产生了重大而深远的影响，他是人类智慧的象征。

（2）**米开朗基罗**，意大利文艺复兴三杰之一。意大利文艺复兴时期的画家、雕塑家、建筑师和诗人，是文艺复兴时期雕塑艺术最高峰的代表。

（3）**拉斐尔**，意大利杰出的画家，意大利文艺复兴三杰之一。他的作品博采众家之长，形成了自己独特的风格，代表了当时人们最崇尚的审美趣味，成为后世古典主义者不可企及的典范。其代表作有油画《西斯廷圣母》、壁画《雅典学院》。

（4）**罗丹**，法国雕塑家。1875年游意大利，深受米开朗基罗作品的启发，从而确立了现实主义的创作手法。他善于用丰富多样的绘画性手法塑造神态生动、富有力量的艺术形象。生平作了许多速写，别具风格，并有《艺术论》传世。其代表作主要有：《思想者》《地狱之门》《青铜时代》《创世纪》《巴尔扎克》等。他是欧洲两千多年来传统雕塑艺术的集大成者和

20 世纪新雕塑艺术的创造者。罗丹和他的两个学生马约尔和布德尔，被誉为欧洲雕刻艺术的“三大支柱”。

（5）**毕加索**，西班牙人，自幼有非凡的艺术才能。他的父亲是美术教师，又曾在美术学院接受过比较严格的绘画训练，具有坚实的造型能力。他一生中画法和风格几经变化，分为这样几个时期：“蓝色时期”“玫瑰红时期”“黑人时期”。代表作《亚维农少女》《卡思维勒像》《瓶子、玻璃杯和小提琴》《格尔尼卡》《梦》。

（二）文字和书法

1．商朝

甲骨文已经成为比较成熟的文字，用于王室和贵族的占卜活动。我国已出土甲骨 15 万片，共发现甲骨文 4500 余字，目前仅破译了 1500 多字。

2．西周

金文是铸刻在青铜器上的文字。西周晚期的毛公鼎，腹内铸有铭文 499 字，是目前已发现的铭文最多的青铜器。

3．秦朝

标准字体是小篆，民间流行更简化的隶书。

4．东汉

隶书是汉朝主要字体，东汉末年书法成为一种艺术，张芝是东汉著名的草书大家，被后人称为“草书之祖”。

5．曹魏

钟繇开始把隶书转化为楷书。

6．东晋

“书圣”王羲之，代表作《兰亭序》《黄庭经》。

7．唐代

初唐三大家：欧阳询、虞世南、褚遂良；盛唐：颜真卿，“颜体”，代表作《多宝塔碑》《颜氏家庙碑》《祭侄文稿》；中晚唐：柳公权，“柳体”，代表作《神策军碑》《玄秘塔碑》《冯宿碑》《李晟碑》；张旭和怀素和尚被誉为“草圣”。

8．宋

宋四家（苏轼、黄庭坚、米芾、蔡襄），宋徽宗赵佶也是位杰出的书法家，以“瘦金体”著称。

9．元代

赵孟頫与唐朝欧阳询、颜真卿、柳公权并称为“楷书四大家”。

2009 年，中国书法、篆刻艺术双双被联合国教科文组织列入“人类非物质文化遗产代表作名录”。

（三）雕塑

1．商周

古蜀国的青铜雕塑，包括太阳神树、青铜大立人像、凸目人面像等，体现了古蜀先民高超的创造力和工艺水平。

2．秦朝

秦始皇陵兵马俑，是迄今为止出土的世界上最大的艺术宝库，被誉为世界上“第八大奇迹”。

3．汉

两汉瑰宝：汉阳陵（汉景帝墓）出土上万件举世无双的陶俑，以仕女俑最为著名。甘肃武威出土的东汉铜奔马，又名马踏飞燕，是国之重宝。

4．魏晋南北朝

石窟艺术：山西大同云冈石窟、河南洛阳龙门石窟、甘肃麦积山石窟。龙门石窟在唐代武则天时期十分兴盛（四大石窟：敦煌莫高窟、云冈石窟、龙门石窟、麦积山石窟）。

5．隋唐

甘肃敦煌莫高窟是我国石窟艺术的精华。

6．北宋

重庆大足石刻在佛教造像中加入大量表现民间生活的内容。

（四）手工艺

中国古代手工艺技术的成就主要体现在青铜器、瓷器、玉器、纺织品等方面。

1．青铜器

青铜器在商周时期达到了登峰造极的高度，汉代以后逐渐没落，工艺失传。在河南安阳殷墟、陕西周原、江西、湖南、四川等地出土了大量青铜器国宝。

2．陶瓷器

有旧石器时代晚期距今1万多年的灰陶、有8000多年前的磁山文化的红陶、有7000多年的仰韶文化的彩陶、有6000多年的大汶口的“蛋壳黑陶”、有4000多年的商代白陶、有3000多年的西周硬陶，还有秦代的兵马俑、汉代的釉陶、唐代的唐三彩等。

唐代“南青北白唐三彩”：“南青”指越窑的青瓷，“北白”指邢窑的白瓷，“唐三彩”指洛阳出土的彩陶俑。

宋代“五大名窑”：汝窑、官窑、哥窑、钧窑、定窑。

景德镇瓷器：发达于元代，在明代成为全国制瓷中心。景德镇有四大传统名瓷：青花瓷、粉彩瓷、颜色釉瓷和玲珑瓷。

3．玉器

玉文化是古代中国独特的传统文化。中国人使用玉的历史有上万年之久。距今8000年的红山文化辽宁查海遗址出土大量玉佩、玉饰。内蒙古红山文化遗址出土了大型C形玉龙，被称为“中华第一龙”。距今5500—4300年的浙江良渚遗址发掘出土大量玉器，包括玉琮、玉钺等。经科学家勘别，良渚玉器所用玉为新疆和田玉。而在四川三星堆古蜀国遗址，发掘出土了良渚的玉器，说明在四五千年前中国东西部已经有了经贸交流。河南安阳殷墟商代妇好墓出土大量精美玉器。河北的西汉中山靖王墓出土了两套完整的金缕玉衣。金缕玉衣是将多达两千多玉片用金丝编缀而成。

4．纺织品

现存最早的家蚕丝织品出土于具有5000多年历史的良渚遗址。西汉马王堆汉墓出土仅49克薄如蝉翼的素纱禅衣。中国四大名绣：蜀绣、苏绣、湘绣、粤绣。南京云锦、中国蚕桑丝织技艺于2009年成为联合国教科文组织评选的“人类非物质文化遗产”。

（五）建筑

1. 中国古建筑特点

木结构建筑为主，在造型上，人字屋顶和飞檐斗拱体现了最典型的东方风格。保留至今的杰出古代建筑典范。

（1）皇家建筑：故宫、天坛、颐和园、承德避暑山庄、沈阳故宫。

（2）帝王陵寝：秦始皇陵和兵马俑、乾陵。

（3）明清皇陵：清东陵、清西陵、明十三陵、南京明孝陵。

（4）宗教建筑：嵩山古建筑群、武当山古建筑群、五台山古建筑群、布达拉宫。

（5）防御工事：长城、藏羌碉楼。

（6）最为古老的木建筑：唐朝仅存的木结构建筑——五台山古刹佛光寺和南禅寺；千年木塔——山西应县木塔（辽代）；古老的砖石建筑：河北赵州桥、西安大雁塔、大理崇圣寺三塔、开封铁塔。

2. 西方建筑主要风格

（1）哥特式建筑风格：盛行于12—15世纪，1140年左右产生于法国的欧洲建筑风格以宗教建筑为多。主要特点：高耸的尖塔，超人的尺度和繁缛的装饰，形成统一向上的旋律。整体风格为高耸削瘦，对后世其他艺术均有重大影响。

（2）巴洛克建筑风格：1600—1760年，17世纪起源于意大利的罗马，后传至德、奥、法、英、西、葡，直至拉丁美洲的殖民地。17—18世纪在意大利文艺复兴建筑基础上发展起来的一种建筑和装饰风格。主要特点：外形自由，追求动态，喜好富丽的装饰和雕刻、强烈的色彩，常用穿插的曲面和椭圆形空间。它能用直观的感召力给教堂、府邸的使用者以震撼，而这正是天主教教会的用意（让更多的异教徒皈依）。

（3）洛可可建筑风格：1750—1790年，别称为“路易十五式”。主要起源于法国，代表了巴洛克风格的最后阶段。主要特点：纤弱娇媚、华丽精巧、甜腻温柔、纷繁琐细。

（4）木条式建筑风格：一种纯美洲民居风格。主要特点：水平式、木架骨的结构。

（5）概念式风格：20世纪90年代开始在国际上流行，其实是一种模型建筑，它更多的来自于人的想象，力求摆脱对建筑本身的限制和约束，而创造出一种个性化色彩很强的建筑风格。

（六）园林艺术

（1）法国凡尔赛宫，面积达101公顷，园内小路纵横交错，通往一个个美丽的花坛，安静的角落矗立着古典雕塑并点缀着众多装饰性湖泊，湖面不时泛起涟漪。

（2）新加坡植物园，建于1859年，被誉为世界上最美丽的植物园之一，面积达到52公顷。国家胡姬花公园位于植物园的最中央，在这个园内最高处，6万多株五颜六色的胡姬花争相开放。

（3）美国加州德斯康索花园，园内植物超过10万株，是世界上最大的山茶园之一。德斯康索的花园和树林位于圣拉斐尔山之上，连绵65公顷。

（4）英属哥伦比亚宝翠花园，面积达到22公顷，内有700多种植物，3—10月开花不断。

（5）意大利埃斯特庄园，世界上最迷人的园林之一，其最吸引人的景观莫过于喷泉。园内一条林荫大道两边建有数百个形状各异的喷泉，其中包括兽首、百合花、小船等。

（6）美国华盛顿敦巴顿橡树园，位于乔治敦北端，是华盛顿风景最美丽的地区之一。

（7）法国埃弗鲁斯·德·罗斯查尔德别墅花园，其最大特色就是数量众多的橄榄树，熏衣草以及石雕。

（8）英国斯托海德风景园，上流社会"怀旧"风尚的一个典范。

（9）中国苏州网师园，建于宋朝，是一座居住园林。园内建有大量亭阁、走廊和琴室。网师园内，河畔绿树成荫，竹林曲径通幽。

（10）德国波茨坦无忧宫，普鲁士腓特烈大帝为自己建造的夏宫。无忧宫的代表性景观包括罗马皇帝的半身像、装饰性雕像以及一间中式风格的茶室。

（七）音乐

1．中国音乐

中国的音乐文化底蕴厚重，不同时期代表人物及其代表作品能够体现中国音乐文化发展的历程。中国历代著名音乐家主要有以下几位。

（1）**伯牙**，古代传说人物，生于春秋战国时代，相传琴曲《水仙操》《高山流水》是他的作品。

（2）**师旷**，春秋时代晋国音乐家，相传《阳春》《白雪》《玄默》是他的作品。

（3）**王玉峰**，清末民间盲艺人，创"三弦弹戏"，以能在弦上模仿谭鑫培、龚云甫等京剧名演员唱腔知名。

（4）**华彦钧**，现代民间音乐家，人称"瞎子阿炳"。所作《听松》《二泉映月》《寒春风曲》等二胡曲最为曼妙。

（5）**聂耳**，我国无产阶级革命音乐奠基者，1933年加入中国共产党。作有《义勇军进行曲》《开路先锋》《大路歌》《前进歌》《铁蹄下的歌女》等三十余首歌曲及歌剧《扬子江暴风雨》。

（6）**冼星海**，现代作曲家、人民音乐家。作品有大合唱《黄河》《生产》等，歌曲有《到敌人后方去》《在太行山上》等，交响曲有《民族解放》《神圣之战》，交响组曲有《满江红》等。

（7）**张曙**，现代作曲家，作品有《保卫国土》《洪波曲》等二百余首。

（8）**麦新**，现代作曲家，其作品《大刀进行曲》《游击队歌》在群众中广泛流传。

2．外国音乐

西方著名作曲家及其代表作品如下。

（1）**约翰·塞巴斯蒂安·巴赫**，德国作曲家，他的音乐作品包罗万象，除歌剧外遍及当时所有的音乐领域，并将复调音乐推上了空前的高度，尽管作品中的大部分早已失传，但仍有500多部保留下来。代表作有《b小调弥撒曲》《马太受难曲》和管弦乐《序曲》等。

（2）**弗朗兹·约瑟夫·海顿**，著名的奥地利作曲家，维也纳古典乐派的最早期代表，现德国国歌的作者。曾两次去伦敦旅行，写了12部《伦敦交响乐》，这是他一生中最优秀的作品，令他从此名震欧洲。他的创作涉及面很广，其中以交响乐和弦乐四重奏最为杰出。他在乐曲的发展中常用"主题活用的原则"，这直接启示着贝多芬"动机发展"的灵感。代表作还有清唱剧《创世纪》和《四季》，交响曲《告别》《惊愕》《时钟》等。

（3）**沃尔夫冈·阿玛迪乌斯·莫扎特**，奥地利作曲家，不仅是古典主义音乐的杰出大师，更是人类历史上极为罕见的音乐天才，有“音乐神童”的美誉。他短暂的一生为世人留下了极其宝贵和丰富的音乐遗产。代表作有歌剧《费加罗的婚礼》《魔笛》《唐璜》等，并首创独奏协奏曲形式。

（4）**路德维希·凡·贝多芬**，德国最伟大的作曲家。维也纳古典乐派代表人物之一。代表作有九大交响曲中的第三《英雄》、第五《命运》、第六《田园》、第九《合唱》等交响曲，和《热情》《悲怆》《暴风雨》等钢琴奏鸣曲，以及舞剧《普罗米修斯》等。

（5）**弗朗茨·泽拉菲库斯·彼得·舒伯特**，奥地利作曲家，早期浪漫主义音乐的代表人物，也被认为是古典主义音乐的最后一位巨匠。舒伯特在短短 31 年的生命中，创作了 600 多首歌曲，18 部歌剧、歌唱剧和配剧音乐，10 部交响曲，19 首弦乐四重奏，22 首钢琴奏鸣曲，4 首小提琴奏鸣曲以及许多其他作品，被称为“歌曲之王”。代表作有《魔王》《野玫瑰》等。

（6）**约翰·巴普蒂斯特·施特劳斯**，奥地利作曲家，一生创作了 150 多首圆舞曲，几十首波尔卡和进行曲。他的最大成就是他和作曲家约瑟夫·兰纳一起，共同奠定了维也纳圆舞曲的基础。他享有“圆舞曲之王”的美称，名作有《蓝色多瑙河》和《维也纳森林的故事》。

（7）**米哈依尔·伊万诺维奇·格林卡**，俄国伟大作曲家，俄罗斯古典音乐奠基者，所作歌剧《伊凡·苏萨宁》、管弦乐曲《卡玛林斯卡雅》等，奠定了俄罗斯交响音乐的基础。

（8）**彼得·伊里奇·柴可夫斯基**，俄国最伟大的作曲家，所作有交响曲《悲怆》、幻想序曲《罗密欧与朱丽叶》、歌剧《叶甫盖尼·奥涅金》、舞剧《天鹅湖》《睡美人》《胡桃夹子》等。

（9）**弗朗兹·李斯特**，匈牙利作曲家、钢琴家、指挥家和音乐活动家，浪漫主义音乐的主要代表人物之一，被人们誉为“钢琴之王”。李斯特的作品充分挖掘了钢琴的音响功能，对键盘音乐的发展作出了重大贡献，并且创造了交响诗这一音乐形式，在他的后期作品中最早使用了 20 世纪才普遍采用的和声语言。主要作品有《但丁神曲》《浮士德》《匈牙利狂想曲》等。

（10）**弗雷得利克·肖邦**，波兰作曲家、钢琴家。年少成名，后半生正值波兰亡国，在国外度过，创作了很多具有爱国主义思想的钢琴作品，主要作品有《革命练习曲》等。

（11）**皮埃尔·狄盖特**，国际无产阶级革命歌曲《国际歌》的作者。此外代表作还包括《前进！工人阶级》《巴黎公社》《起义者》，以及自己作词的《共产党之歌》《儿童支部》《红色圣女》等歌曲。

（八）中国戏曲

1. 京剧

京剧是在北京形成的戏曲剧种之一，至今已有 200 年的历史。它是在徽戏和汉戏的基础上，吸收了昆曲、秦腔等一些戏曲剧的优点和特长逐渐演变而形成的。2010 年 11 月 16 日京剧列入“人类非物质文化遗产代表作名录”。

2. 昆曲

发源于 14 世纪、15 世纪苏州昆山的曲唱艺术体系，糅合了唱念做表、舞蹈及武术的表演艺术。现在一般也指代其舞台形式昆剧。昆曲以鼓、板控制演唱节奏，以曲笛、三弦等为主要伴奏乐器，主要以中州官话为唱说语言。昆曲在 2001 年被联合国教科文组织列为“人类口述和非物质遗产代表作”。

3. 越剧

中国五大戏曲剧种之一，中国第二大剧种。越剧长于抒情，以唱为主，声音优美动听，表演真切动人，唯美典雅，极具江南灵秀之气。多以“才子佳人”题材的戏为主，艺术流派纷呈。主要流行于上海、浙江、江苏、福建等广大江南地区，以及一些北方地区。2006 年 5 月 20 日经国务院批准列入第一批国家级非物质文化遗产名录。

4. 豫剧

豫剧，是在河南梆子的基础上，不断进行继承、改革和创新发展起来的。新中国成立后因河南简称“豫”，所以称豫剧。豫剧在安徽北部地区称梆剧，山东、江苏的部分地区仍称河南梆子戏。豫剧的流行区域主要在黄河、淮河流域，是我国最大的地方剧种。

5. 粤剧

粤剧，汉族地方戏曲，原称大戏或者广东大戏，源自南戏，自公元 1522—1566 年开始在广东、广西出现，是揉合唱念做打、乐师配乐、戏台服饰、抽象形体等的表演艺术。粤剧每一个行当都有各自独特的服饰打扮。最初演出的语言是中原音韵，又称为戏棚官话。到了清朝末期，知识分子为了方便宣扬革命而把演唱语言改为粤语广州话，使广东人更容易明白。粤剧名列于 2006 年 5 月 20 日公布的第一批 518 项国家级非物质文化遗产名录之内。2009 年 9 月 30 日，粤剧获联合国教科文组织肯定，列入“人类非物质文化遗产名录”。

6. 黄梅戏

旧称黄梅调或采茶戏，与京剧、越剧、评剧、豫剧并称中国五大剧种。黄梅戏唱腔淳朴流畅，以明快抒情见长，具有丰富的表现力。黄梅戏的表演质朴细致，以真实活泼著称。2006 年 5 月 20 日经国务院批准列入第一批国家级非物质文化遗产名录。

7. 评剧

评剧是流传于我国北方的一个戏曲剧种，全国五大戏曲剧种之一。20 世纪 30 年代以后，评剧在表演上在京剧、河北梆子等剧种影响下日趋成熟，出现了李金顺、刘翠霞、白玉霜、喜彩莲、爱莲君等流派。1950 年以后，以《小女婿》《刘巧儿》《花为媒》《杨三姐告状》《秦香莲》等剧目在全国产生很大影响，出现新凤霞、小白玉霜、魏荣元等著名演员。

（九）中国电影

中国电影诞生于 1905 年，北京丰泰照相馆创办人任景丰拍摄了由谭鑫培主演的《定军山》片断，这是中国人自己摄制的第一部影片。中国第一部电影是戏曲片京剧《定军山》，内有《请缨》《舞刀》等片断，1905 年（清光绪三十一年），由北京丰泰照相馆摄制。无声片，长约半小时。中国第一部故事片是《难夫难妻》，1913 年在上海拍摄，无声片，郑正秋编剧，郑正秋和张石川联合导演。

中国第一部有声电影是《歌女红牡丹》，明星影片公司 1931 年摄制。

中国第一部获得国际大奖的影片是 20 世纪 30 年代由蔡楚生导演的《渔光曲》，它在 1935 年莫斯科国际电影节上获“荣誉奖”。

中国第一部彩色电影是 1948 年拍摄于上海的戏曲片《生死恨》，由华艺影片公司出品。费穆导演，主演梅兰芳，著名摄影师黄绍芬为摄影指导，李生伟任摄影师。

新中国成立后第一部故事片是《桥》，编剧于敏，导演王滨，东北电影制片厂 1949 年摄制。

中国第一部彩色故事片是 1957 年拍的《祝福》(鲁迅著，夏衍改编，桑弧导演)，北京电视制片厂摄制。

中国第一部彩色宽银幕故事片是 1959 年拍的《老兵新传》，编剧李准，导演沈浮，上海海燕电影制片厂摄制。

中国第一部彩色立体宽银幕故事片是 1962 年拍的《魔术师的奇遇》，编剧：王栋、陈恭敏、桑弧，导演桑弧，上海天马电影制片厂摄制。

中国第一部彩色舞台纪录片是 1954 年拍的《梁山伯与祝英台》，编剧：徐进、桑弧，导演桑弧，上海电影制片厂摄制。

中国第一部遮幅式宽银幕故事片是 1977 年拍的《青春》，李云官、王炼编剧，谢晋导演。

新中国成立后的第一部译制片是《团的儿子》，原译名《小英雄》，杨范、陈涓翻译，周彦译制导演，上海电影制片厂 1950 年译制。

中国与外国合拍的第一部彩色故事片是 1958 年由北京电影制片厂与法国加朗斯公司合摄的《风筝》，导演王家乙、罗歇・比果。

本章历年试题分析

1. 1928 年，英国人弗莱明发现，被污染的金黄色葡萄球菌培养基上生长，进而从该霉菌中分离出一种物质，成为人类历史上发现的一种抗生素是（　　）。【2016.3】

A. 链霉素　　B. 青霉素　　C. 多粘霉素　　D. 短杆菌素

2. 印象派绘画代表作之一《日出印象》的作者是（　　）。【2016.3】

A. 雷诺阿　　B. 高更　　C. 毕沙罗　　D. 莫奈

3. 下列不属于发生在法国大革命时期的历史事件是（　　）。【2016.3】

A. 攻占巴士底狱　　B. 热月政变

C. 通过《人权宣言》　　D. 启蒙运动

4. 鲁迅在文学创作、文学批评、文学研究、翻译等多个领域都有贡献，并在相关作品结集流传后世。下列属于其小说集的是（　　）。【2016.3】

A.《准风月谈》　　B.《故事新编》　　C.《朝花夕拾》　　D.《花边文学》

5. 下列选项中，不属于词集的是（　　）。【2016.3】

A. 东坡乐府　　B. 稼轩长短句　　C. 白氏长庆集　　D. 白石道人歌

6. 北京香山饭店是一所融中国古典建筑艺术、园林艺术为一体的酒店。体现民族建筑艺术的精华。该建筑的设计师是（　　）。【2016.3】

A. 刘桢　　B. 贝聿铭　　C. 吕彦直　　D. 梁思成

7. 古诗“去年元夜时，花市灯如昼。月上柳梢头，人约黄昏后”中“元夜时”指的传统节日是（　　）。【2016.3】

A. 元旦　　B. 元宵　　C. 端午　　D. 中秋

8. 图 4-1 所示是 1895 年德国物理学家伦琴拍下的一张图片，与之相关的科技史事件是（　　）。【2015.11】

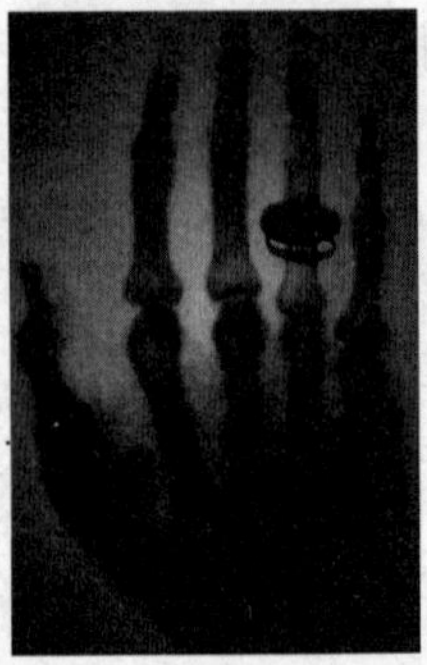

图 4-1

A. 铀的发现　B. 中子的发现　C. X 射线的发现　D. 镭的发现

9. 下列关于消防常识的表述，不正确的是（　　）。【2015.11】

A. 煤气泄漏充满室内时，应首先打开门窗透风

B. 当汽车因燃油泄漏着火时，应立即用水浇灭

C. 电器因短路着火时，可用干粉灭火器扑灭

D. 当森林发生火灾时，可以用覆土方式扑救

10. 文成公主入藏和亲嫁与松赞干布，这一历史事件的朝代是（　　）。【2015.11】

A. 汉朝　B. 晋朝　C. 唐朝　D. 宋朝

11. 下列作品，不属于高尔基“自传体三部曲”的是（　　）。【2015.11】

A.《童年》　B.《在人间》　C.《母亲》　D.《我的大学》

12. 下面这首古诗的作者是（　　）。松下问童子，言师采药去。只在此山中，云深不知处。【2015.11】

A. 白居易　B. 贾岛　C. 欧阳修　D. 袁枚

13. 第一次世界大战的起始时间是（　　）。【2015.3】

A. 1840 年　B. 1914 年　C. 1937 年　D. 1945 年

14. 下列选项中，不属于《水浒传》故事情节的是（　　）。【2015.3】

A. 温酒斩华雄　B. 倒拔垂杨柳　C. 景阳冈打虎　D. 醉打蒋门神

15. 下列关于《离骚》的表述，正确的是（　　）。【2015.3】

A. 战国时诗人屈原的代表作

B. 我国古代最长的爱情诗

C. 运用了“香草美人”的笔形手法

D. 具有积极的浪漫主义精神

16. “鸿雁传书”这一典故源自（　　）。【2015.3】

A. 文姬归汉　B. 霸王别姬　C. 苏武牧羊　D. 楚汉之争

17.《自叙帖》被誉为“天下第一草书”，他的作者是（　　）。【2015.3】

A. 王羲之　B. 欧阳询　C. 苏轼　D. 怀素

18. 如果地面上的物体所受的重力都消失了，不可能出现的现象是（　　）。【2014.11】

A. 江河中的水不再流动　B. 羽毛和石块皆悬浮在空中

C. 成熟的果实不会落地　D. 所有物体的质量都会消失

19. “救人一命胜造七级浮屠”中“浮屠”是指（　　）。【2014.11】

A. 宫殿　　B. 合榭　　C. 佛龛　　D. 佛塔

20. 表达贝多芬“亿万人民团结起来大家相亲相爱”欢乐理想的乐曲（　　）。【2014.11】

A. 第九交响曲　　B. 第六交响曲　　C. 第五交响曲　　D. 第三交响曲

21. 下列各大洲中，污染最少，最适宜进行冰川海洋等科学考察的是（　　）。【2014.3】

A. 欧洲　　B. 非洲　　C. 大洋洲　　D. 南极洲

22. 创作出了名句“路漫漫兮其修远兮，吾将上下而求索”的历史人物是（　　）。【2014.3】

A. 孔子　　B. 屈原　　C. 选项缺失　　D. 曹操

23. 中印等国倡导的“和平共处五项原则”得到了国际社会认可的会议是（　　）。【2014.3】

A. 雅尔塔会议　　B. 开罗会议　　C. 波茨坦会议　　D. 万隆会议

24. 我国传统文化中的“杏林”指的是（　　）。【2014.3】

A. 教育界　　B. 医学界　　C. 文学界　　D. 艺术界

25. 某官员出身寒微通过科举考试走上仕途下列选项中，该官员生活的朝代可能是（　　）。【2016.11】

A. 西汉　　B. 东汉　　C. 东晋　　D. 唐代

26. 因创作了话剧《龙须沟》，作家老舍被北京市人民政府授予荣誉称号是（　　）。【2016.11】

A. 人民艺术家　　B. 语言艺术家　　C. 幽默大师　　D. 戏剧大师

27.《徐霞客游记》是一部以日记体为主的地理著作，记述了明末地理学家徐霞客三十多年的旅行经历。下列表述不正确的是（　　）。【2016.11】

A. 详细考察并科学技术了喀斯特地貌的特征

B. 纠正了文献记载有关水道源流的一些错误

C. 调查了西域地理并重现了汉代丝绸之路

D. 如实的记述了所到之处的人文地理情况

28. 文艺复兴时期的艺术宣扬个性解放、尊重人、爱人等人文主义思想，下列这一时期的艺术家与其作品配伍正确的是（　　）。【2016.11】

A. 达·芬奇—《春》　　B. 米开朗基罗—《大卫》

C. 拉斐尔—《圣母子》　　D. 波提切利—《最后的晚餐》

29. “韦编三绝今知命，黄娟初裁好著书”是一副贺寿对联，所贺寿主的年龄是（　　）。【2016.11】

A. 30　　B. 40　　C. 50　　D. 60

30. 某地发生了大量的古生物化石，则该地的岩石种类有可能是（　　）。【2016.11】

A. 火成岩　　B. 变质岩　　C. 沉积岩　　D. 岩浆岩

参考答案及解析

1.【答案】B

【解析】弗莱明发现了青霉素。

2.【答案】D

【解析】莫奈是《日出印象》的作者。

3.【答案】D

【解析】启蒙运动是发生在17—18世纪的资产阶级的思想解放运动，包含了法国大革命时期，但不能属于法国大革命。

4.【答案】B

【解析】鲁迅的小说集《故事新编》《呐喊》《彷徨》;《淮风月谈》《花边文学》是他的杂文集；《朝花夕拾》是散文集。

5.【答案】C

【解析】《白氏长庆集》，唐代白居易著，记录了他的诗。

6.【答案】B

【解析】北京香山饭店的设计师是贝聿铭。

7.【答案】B

【解析】“去年元夜时，花市灯如昼”是指元宵节。

8.【答案】C

【解析】德国维尔茨堡大学校长兼物理研究所所长伦琴教授（1845—1923年），在他从事阴极射线的研究时，发现了X射线。也叫伦琴射线，故选C。

9.【答案】B

【解析】因为油和水不相溶，而且油比水轻，会浮在水面上。如果用水灭火，油在水上面，水起不到隔绝空气的作用，而且因为有水托着，油的表面积反而会更大，所以接触空气的面积会更大，火也就着的更大了。所以给油灭火不能用水，而是需要取灭火器灭火，故选B。

10.【答案】C

【解析】文成公主本是唐室远支宗室女，唐贞观14年（640年），唐太宗李世民封李氏为文成公主，唐贞观15年（641年）远嫁吐蕃，成为吐蕃赞普松赞干布的王后。故选C。

11.【答案】C

【解析】高尔基自传三部曲《童年》《在人间》《我的大学》。《童年》反映了小主人公阿廖沙在父亲去世后，随母亲寄住在外祖父家中度过的岁月。《在人间》是第二部。阿廖沙11岁时，母亲又不幸去世，外祖父也破了产，他无法继续过寄人篱下的生活，便走上社会，独立谋生。饱尝了人世间的痛苦，在轮船上当洗碗工时，阿廖沙结识了正直的厨师斯穆雷，并在他的帮助下开始读书，激发了对正义和真理追求的决心。五年后，阿廖沙怀着进大学的希望准备到喀山去。《我的大学》是三部曲中的最后一部。作品讲述了阿廖沙在喀山时期的生活。故选C。

12.【答案】B

【解析】此诗作名《寻隐者不遇》，是唐代诗僧贾岛的作品。此诗首句写寻者问童子，后三句都是童子的答话，诗人采用了寓问于答的手法，把寻访不遇的焦急心情，描绘得淋漓尽致。故选B。

13.【答案】B

【解析】1914年6月28日（塞尔维亚国庆），奥匈帝国皇储费迪南大公夫妇（右图）在萨拉热窝视察时，被塞尔维亚青年加夫里若・普林西普枪杀。成为第一世界大战的导火索。

14.【答案】A

【解析】A 是三国演义的故事情节，主角是关羽。B 是鲁智深，C 和 D 是武松。

15.【答案】B

【解析】离骚是我国古代的政治抒情诗，不是爱情诗。

16.【答案】C

【解析】鸿雁是书信的代称，有时亦代称邮递员。为何以“鸿雁”代称书信和邮递员？溯其源，汉朝时，苏武出使匈奴，被单于流放北海去放羊。10 年后，汉朝与匈奴和亲，但单于仍不让苏武回汉。与苏武一起出使匈奴的常惠，把苏武的情况密告汉使，并设计，让汉使对单于讲：汉朝皇帝打猎射得一雁，雁足上绑有书信，叙说苏武在某个沼泽地带牧羊。单于听后，只有让苏武回汉。后来，人们就用鸿雁比喻书信和传递书信的人。

17.【答案】D

【解析】《自叙帖》，纸本墨迹卷，怀素书于公元 777 年（唐大历十二年）。《自叙帖》乃怀素草书的巨制，活泼飞动，笔下生风，“心手相师势转奇，诡形怪状翻合宜”，实在是一篇情愫奔腾激荡，“泼墨大写意”般的抒情之作。

18.【答案】D

【解析】物体的质量是物体所含物质的多少。跟地球的重力没有关系，即使没有重力，物体依然具有质量。所以，本题选 D。

19.【答案】D

【解析】古人称佛教徒为浮屠，佛教为浮屠道。后并称佛塔为浮屠。所以，本题选 D。

20.【答案】A

【解析】贝多芬第九交响曲表达了亿万人民团结起来，相亲又相爱的理想。第六交响曲又名《田园》，此时的贝多芬双耳已经完全失聪，这部作品正表现了他在这种情况下对大自然的依恋之情，是一部体现回忆的作品。第五交响曲又名《命运交响曲》，贝多芬在交响曲第一乐章的开头，写下一句引人深思的警语：“命运在敲门”，从而被引用为本交响曲具有吸引力的标题。作品的这一主题贯穿全曲，使人感受到一种无可言喻的感动与震撼。第三交响曲又名《英雄交响曲》，是贝多芬最著名的代表作之一，是第一部打破维也纳交响乐模式，完全体现英雄性格的作品。作品贯穿着严肃和欢乐的情绪，始终保持着深沉、真挚的感情，呈现出强烈的浪漫主义气氛。所以，本题选 A。

21.【答案】D

【解析】南极洲是世界上唯一没有污染的大陆，南极洲原始的自然环境，为科学家进行气象，冰川、地质、海洋、生物等学科的科学研究提供了最广阔的天然实验室。

22.【答案】B

【解析】“路漫漫其修远兮，吾将上下而求索”这句出自屈原的名作《离骚》。

23.【答案】D

【解析】1955 年，和平共处五项原则成为具有伟大历史意义的万隆会议的重要指导原则，并增加了尊重和联合国宪章等被各方所接受的条款，由此产生了亚非会议十项原则。

24.【答案】B

【解析】据《神仙传》卷十记载：“君异居山为人治病不取钱使人重病愈者，使栽杏五株，轻者一株，如此十年，计得十万余株，郁然成林……”根据董奉的传说，人们用“杏林”称颂医生。医家每每以“杏林中人”自居。

25.【答案】D

【解析】科举制，又称科举、科举制度，是中国古代通过考试选拔官吏的制度。由于采用分科取士的办法，所以叫做科举。科举制度从我国隋唐时开始实行，直至 1905 年废除。题干中某官员出身寒微，是通过科举考试走向仕途，而科举制度最早实行是隋唐时期，废除于清朝，因此，D 项正确。

26.【答案】A

【解析】老舍（1899 年 2 月 3 日—1966 年 8 月 24 日），原名舒庆春，是中国现代小说家、著名作家，杰出的语言大师、人民艺术家，1951 年因创作优秀话剧《龙须沟》而被授予“人民艺术家”称号，代表作有《骆驼祥子》《四世同堂》、剧本《茶馆》。A 项正确。故正确答案为 A。

27.【答案】C

【解析】《徐霞客游记》是以日记体为主的中国地理名著，主要按日记述作者 1613—1639 年间旅行观察所得，对地理、水文、地质、植物等现象，均作详细记录，在地理学和文学上卓有成就。在《徐霞客游记》中未涉及到西域地理和丝绸之路。

28.【答案】B

【解析】《大卫》是文艺复兴雕塑巨匠米开朗基罗的代表作，雕像创作于 16 世纪初，像高 3.96 米，连基座高 5.5 米，用整块大理石雕刻而成，重量高达 5.46 吨，被视为西方美术史上最优秀的男性人体雕像之一。B 项正确。故正确答案为 B。

29.【答案】C

【解析】关于古代年龄的表述方法，在《论语》中有这样的记载：“吾十有五志于学，三十而立，四十而不惑，五十而知天命，六十而耳顺，七十而从心欲，不逾矩。”题干中的贺寿对联中“韦编三绝今知命，黄娟初裁好著书”，其中的“知命”指的是知天命，因此，寿主的年龄为 50，C 项正确。故正确答案为 C。

30.【答案】C

【解析】根据岩石成因的不同，可以把岩石分为：（1）岩浆岩；（2）沉积岩；（3）变质岩。其中，沉积岩是由沉积作用形成的岩石，指暴露在地壳表层的岩石在地球发展过程中遭受各种外力的破坏，破坏产物在原地或者经过搬运沉积下来，再经过复杂的成岩作用而形成的岩石。沉积岩因其具有层理构造，可以寻找到化石、煤炭、石油等，被称为记录地球历史的“书页”和“文字”。因此，C 项正确。故正确答案为 C。

第五章 教师基本能力

考试内容模块与要求

1．阅读理解能力

理解阅读材料中重要概念的含义。

理解阅读材料中重要句子的含义。

筛选并整合图表、文字、视频等阅读材料的主要信息及重要细节。

分析文章结构，把握文章思路。

归纳内容要点，概括中心意思。

分析概括作者在文中的观点态度。

根据上下文合理推断阅读材料中的隐含信息。

2．逻辑思维能力

了解一定的逻辑知识，熟悉分析、综合、概括的一般方法。

掌握比较、演绎、归纳的基本方法，准确判断、分析各种事物之间的关系。

准确而有条理地进行推理、论证。

3．信息处理能力

具有运用工具书检索信息、资料的能力。

具有运用网络检索、交流信息的能力。

具有对信息进行筛选、分类、管理和应用的能力。

具有运用教育测量知识进行数据分析与处理的能力。

具有根据教育教学的需要，设计、制作课件的能力。

4．写作能力

掌握文体知识，能根据需要按照选定的文体写作。

能够根据文章中心组织、剪裁材料。

具有布局谋篇、安排文章结构的能力。

语言表达准确、鲜明、生动，能够运用多种修辞手法增强表达效果。

本章知识框架图

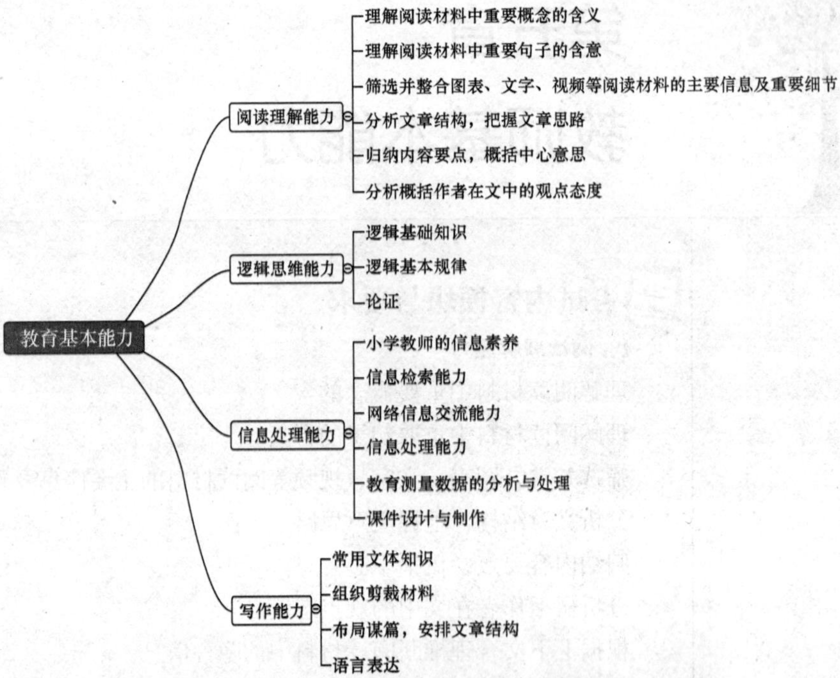

第一节 | 阅读理解能力

一、理解阅读材料中重要概念的含义

词语和句子是构成文章的基本单位，对词句的正确理解与把握是小学教师应该具备的基本能力。它要求考生能够准确理解重要概念的一般意思和特定意思，属于阅读中对“点”的考查。考查在具体的语境中，把握关键词语特定含义的能力，以及对材料细节的捕捉鉴别能力。即使在干扰信息比较多的情况下，也能准确的辨明句义，筛选信息。

（一）重要概念

“重要概念”指的是那些与文段的整体内容或要传达的主要信息密切相关的概念。对于这些重要概念的理解是掌握整个文段内容的基础。文中的重要概念包括以下几方面。

（1）与写作对象或文段主旨密切相关的概念；

（2）在文中被临时赋予特殊含义或深层意义的概念；

（3）反映具体语境的概念。

（二）技巧点拨

在阅读理解题目中，重要概念的考查方式灵活多样，相对应的解题思路也有所区别。具体来讲分为以下几个方面。

1．直接提炼要点

有些题目以解释概念的形式出现，即以诠释的形式出现。在文段中，一般概念的基本含义交代的非常清楚，通过详细阅读材料即可找到答案。因此，需要仔细阅读材料，提炼相关要点。

2．联系文段背景

有些词语或概念的含义在文中非常明显，可以在上下文中找到具体的文字表达；而有的词语或概念则相对隐晦，没有具体的文字与之相对应，需要考生结合文段背景，调动自己的知识经验进行分析归纳，找出概念含义。

3．结合上下文语境

在词句理解型题目中，考查词语的含义常常是对其本身的含义进行引申，或是临时被赋予更为深刻的含义。这时必须将词语放至整个文段中，联系上下文语境，推敲词语的含义或指代内容。

4．分析指代意图

有些词句理解型题目，以解释代词的内容为形式来进行考查。如“这”“它”等代词在具体语境中的意义和作用。我们必须通读材料，分析作者意图，理解代词的所指。

二、理解阅读材料中重要句子的含意

此处的“含意”与前面理解词语的“含义”写法不同，意思也不一样。“含意”是（诗文、词语中）含有的意思，多指隐含的深层意思或言外之意。对“句子含意的理解”考查的是分析能力，是对“面”的考察，如对文章主旨的理解、对文章结构的把握、对文章要点的总结或概括。既要考查从文中直接提取信息的基本功，又要考查结合全文内容挖掘句子的隐含信息，从而经过思考得出自己结论的综合能力。

（一）重要句子

“重要句子”指的是那些对文意表达起重要作用的关键性语句。

文中的重要句子包括以下几方面。

（1）能点明主旨或能显示脉络层次的关键性语句；

（2）在文中起重要作用的中心句、总结句、过渡句或对文脉的推进与转接有关键作用的语句；

（3）内涵较为丰富而且具有提示性或引导性的语句；

（4）比较含蓄的、有深层含义的语句。

理解文中重要句子含意的实质：一是将使用修辞手法形象化了的语句转化为概括性的直白语言；二是将抽象含蓄的句子转化为具体化的阐释。

（二）技巧点拨

理解重要句子的含意主要考查两点：一是把握文中重点语句的含意，既包括字面意思，也包括句子在特定语境中的临时意义以及言外之意；二是理解重要句子在文中的作用。这里的“重要句子”包括很多，可以是揭示文章中心内容的句子，如中心句、高频词句、起始句、结尾句等，可以是表明作者的写作目的、观点态度的句子，还可以是含意深刻、富有哲理、耐人寻味的句子。除了从内容入手外，还可以从结构入手，理解句子的表达作用，分析句子使用的句式和修辞手法。

词句是构成文章的基本单位，正确理解文中词句的含意，尤其是重要词语、句子的含意，是把握文章旨意的前提。

1．作答流程

（1）巧用信息、整体把握

词句理解型题目中，文段提供了很多重要信息，比如文章的作者、写作时间和文后注释等内容。特别是要关注后面的题目，从题目的要求中揣度文章的大概主旨。明确作者的出题意图后，再整体把握材料，就可以形成正确的解题思路。

（2）确定区域、圈点勾画

阅读大段材料，主要用精读的方法，需逐字逐句推敲揣摩。可以先看题目涉及文中哪些段落或区域，确定某一答题区域后，再仔细阅读每一句的意思，进而理清段落之间的关系，了解行文思路。阅读时反复琢磨题干，圈画与之相关的内容。这样，答题时就不需要再从头至尾搜寻，可节省不少宝贵时间。

（3）尊重原文、摘取信息

词句理解型题目的答案通常就在原文中，不需要凭空想象。离开了原材料，会出现答不准、答不全的情况。在原文中找答案是准确解答题目最重要、最有效的方法，大多数题目的答案是可以从文中概括提炼的。同时，找出的语句不一定能够直接使用，必须根据题目要求进行加工。或摘取词语，或压缩主干，或抽取要点，或重新组织。

（4）先拟草稿、再写全写顺

作答词句理解型题目有两个基本要求：一是“踩点”给分，二是文通字顺。根据阅卷规则，多写一般不扣分，在不限定字数的情况下可在答题时尽可能地陈述自己的见解。同时要保证字迹清晰、条理清楚。阅读理解题与作文一样，十分注重语言表达的基本功，为了确保答题质量、提高得分率，作答时应该先拟草稿再反复修改。

2．答题技巧

准确快速作答阅读理解题可以采用语境分析法、修辞提示法、层次划分法。

（1）语境分析法

① 联系上下文

与理解词语一样，理解句子的关键也是联系具体的语境，而非孤立地看某一个句子。在题目中，所考查的句子含意常常是对其本身的含义进行引申，或是临时被赋予更为深刻的含意，这时必须将句子放至整个文段中，联系上下文的内容来进行分析。

② 联想文段背景

每一个文段都有自己的写作背景，因此在解答阅读理解型题目时，可结合相关背景知识来判断句子的含义，也就是所谓的“由事及义”的联想。“事”是与词句理解相关的种种事实，了解这些事实有助于理解重要词句的“义”。

③ 把握标点提示

在题目中，有些标点本身具有一定的提示作用，能够指引我们在文段中找到句子的准确含义。冒号、破折号在句中一般起注释作用，其后的内容则起到解释说明的作用。因此，若在所考查的词句后面出现了冒号、破折号等标点符号，要加以重视。

（2）修辞提示法

在题目中，有些句子会运用修辞手法，这时在理解词句含意时结合修辞手法的特点来分析，对解题助益良多。常用的修辞方法有“喻象反双借与对”，即比喻、象征、反语、双关、借代和对比。为了方便记忆与理解，修辞提示法的使用规则总结如下。

词句理解六辞格，喻象反双借与对。

比喻关键找本体，象征则要看对象。

如果理解反语意，褒贬互换要记牢。

双关你要想一想，到底它双的是啥？

借代种类有很多，抽象意义最常考。

对比要比比变化，还可已知推未知。

对词语、句子比喻义的理解要从分析喻体与本体的相似性入手，寻找比喻的本体是正确解题的关键。理解词句的象征义，就要寻找词句的象征对象。

理解词句的双关义要注意它是谐音双关还是语意双关。借代的种类有很多，包括以部分代整体（如“两岸青山相对出，孤帆一片日边来”中用船的一部分“帆”代船），特征代本体（如“旌旗十万斩阎罗”中借“旌旗”代军队），具体代抽象（如“南国烽烟正十年”，烽烟，原是古代边境用以报警的烟火，这里代指战争，把战争这个抽象的概念具体化、形象化了）等，其中具体代抽象考查得最多。因此在做词句理解型题目时，对可表示抽象意义的概念，可首先从借代义的角度来考虑。运用了对比辞格的，可从两个方面考虑，一是对比结果，看对比双方前后有无发生变化；二是根据一方的特征推断另一方的特征。

（3）层次划分法

层次划分法主要包含两层意思：一是从句子结构入手分析，要抓句子主干，即主谓宾。二是从句子与句子之间逻辑关系入手分析。句子之间的关系一般为并列关系、承接关系、递进关系、转折关系、因果关系。

三、筛选并整合图表、文字、视频等阅读材料的主要信息及重要细节

阅读的主要目的是从书面语中汲取有用的信息。很多时候这些信息并不是集中出现，而是分布在文章的各个部分。所以阅读理解不能仅仅局限于对文字材料的理解，而且要重视对不同性质材料的理解。除了文字信息外，材料也会以图表、视频等形式出现。考生要具备从图表、视频材料中获取准确、有效信息的能力。

图表、文字、视频等都是当今信息时代的表达方式。所谓“筛选信息”，就是说要从图表、文字、视频等多种阅读材料中，找出特定的信息或重要细节。所谓“整合信息”，是指将图表、文字、视频等阅读材料的各种信息整合起来，形成整体的认识，作整体的把握。

（一）图表信息的筛选与整合

所谓图表信息，是指将已知信息用图像或表格形式给出。它要求考生从已知图像或表格中获取信息，回答问题。图是指统计图及绘画等；表是指统计表，是描述数据的一种形式。在文章写作中，图表一般作为论据或说明事理而使用。阅读理解型题目中也会出现图表来配合文字的情况，因此图表阅读是材料阅读的重要部分。

1. 表格数据的信息筛选

（1）表格数据的界定

表格数据，是指将某组数据以表格的形式呈现，根据表格中数据提供的信息对数据进行分

析处理，按其内在联系抽象成知识与规律。作答时要注意对题意、数据和知识点的联系进行综合分析。

（2）数据表格信息筛选

数据表格信息筛选，就是根据题目要求，把统计表格的某个特征的信息，从多个不同特征的信息中抽取出来，再按其内在联系抽象成知识与规律，形成文字，进行题目作答。

2. 统计图的信息筛选

（1）统计图的界定

统计图是根据统计数字，用几何图形、事物形象和地图等绘制的各种图形。它具有直观、形象、生动、具体等特点。统计图可以使复杂的统计数字简单化、通俗化、形象化，使人一目了然，便于理解和比较。因此，统计图在统计资料整理与分析中占有重要地位，并得到广泛应用。

（2）统计图的结构

统计图的构成一般有四个部分。

① 图示线形

图示线形是在概括统计资料的基础上绘成的曲线、条形、平面、立体、回点和象形等。

② 坐标和尺度

坐标和尺度是绘制图式的基本要素。它的设计是否合理，是决定图式能否准确反映图示现象的重要环节。

③ 标题

标题提示统计图反映的内容。标题一般写在图式的上面。

④ 统计图的辅助部分

统计图的辅助部分包括基线、指导线、时间标目、数字说明、图例、象形图案、资料来源以及文字注解等。

（二）视频材料信息的筛选与整合

随着信息时代的发展，由于音频、视频等多媒体技术内容丰富、画面感强、生动有趣且易于接受，越来越多地被应用到教学活动中。教师应重视视频材料在教学活动中的作用，学会对视频材料信息进行正确合理地选择、采集、加工以及整理制作，了解其原理，解决实际问题。视频材料与统计图、表及其他平面静止视觉图像都不同：它是动态的，需要在观看或倾听的过程中把握信息。阅读视频材料的基本思路是：主体、具体措施、主要内容、结果。依据这样的阅读过程收集、整合相关信息，并根据试题要求用文字将相关信息表述出来。

四、分析文章结构，把握文章思路

（一）结构和思路

结构是就文章的表现形式来说的，是思路的归宿，表现为文章的骨架。文章的结构是指作者对语言材料的组织与安排、布局与谋篇以及文章内部段与段、句与句之间的层次关系。我们常说的段落、层次、开头、结尾、统领（总领）、收束（总结）、伏笔（铺垫）、过渡、照应（呼应）等等，都是文章结构的内容。分析文章结构，便于透彻理解文章。

题目的材料是按照一定的思路组织的，思路是在写作过程中按照一定的条理表达思想的路径和脉络，是作者思维活动的轨迹。通常有一个从发散到集合，从模糊到清晰，从杂乱到有序的过程。最后落实到文章里，读者能看到、感受到的，常常体现为线索或写作顺序。把握作者的思路，便于快速把握文章整体。

文章的结构和作者的思路关系密切：结构是外显的思路，思路是内化的结构。思路是谋篇，结构是布局；思路是内隐的，结构是外显的。因此要理清思路脉络，辨明行文结构。一篇结构完整的文章，明确行文的整体思路是很重要的。如果能辨明文章的脉络，就能对文章内容有较深刻的印象。

1．文章结构

文章从结构来看，有如下六种类型：并列关系、承接关系、递进关系、转折关系、因果关系和解证关系。

2．文章思路

思路是以客观事物为基础的，而客观事物之间的关系不外乎以下三种：时间关系、空间关系和逻辑关系。思路又是作者头脑反应的产物。因为客观事物本身总是多侧面的，不同的人往往会有不同的认识结果，因此形成的思路也就不同。文章从思路上看，有如下三种类型：时间型、空间型、逻辑型。时间型主要反映时间顺序，如先后、早晚等；空间型主要反映空间顺序，如上下、内外等；逻辑型主要反映逻辑顺序，如正反、主次、类比、归纳、证明、阐释、叙议等。记叙文一般以时间先后为序，因为事情发生总有先有后；游记常以游踪，即空间方位为线索，因为游览总是从甲地再到乙地。

（二）技巧分析

1．分析文章结构的技巧

（1）看文体特征。不同文体，结构不同，如新闻结构的五要素、记叙文的记叙顺序、说明文的说明顺序、议论文的论证结构、散文的线索、小说以及戏剧的情节结构等，都可以帮助我们从文章的体裁上快速找到分析结构的依据，进而弄清作者的行文思路。

（2）看关键句子。一是中心句。段落的中心句是该段的总纲，文章的中心句直接就是文章的主旨。如果文章或段落有中心句，首先必须抓住、找准中心句。这样就等于抓住了段落或篇章的“纲”。二是体现文章思路或结构的重要语句。分两种：一种是总领或总结性的，分别位于段落或篇章的首尾，或领起下文，或收束上文；另一种是起承接过渡作用的，或紧承上文，开启下文；或与上下文的某一句或某一段遥相呼应。对下文来说是伏笔，是铺垫；对上文来说是照应，是呼应。

（3）看重点词语。一是标志性词语。这些词能表明文章中句与句、层与层之间的基本关系，比如“于是”“从而”表承接关系，“但是”“然而”“不过”“其实”“与此相反”表转折关系，“首先、其次”“一方面……另一方面”“同样”表并列等等。二是解说性词语。科技文中，解说新信息、介绍新情况时，往往采用解说、举例的形式，分析层次时就要注意提示解说内容的词语，如“意思是说”“比如”“例如”“即是”“也就是说”等等。

（4）看构成关系。弄清句与句、段与段、层与层、部分与部分、句与段、段与层、层与部分、点与线、线与面等之间的关系，可以从外部结构标志入手，特别要注意划分准确第一层次，不要搞错“辈分”，将大小层次混淆了。如“在过去的几十年里，艺术创作总是处在一种尴尬的境地：在艺术内涵上，强调浪漫主义；在艺术语言上，强调写实主义。（承接）这样既导致了艺术精神的贫乏，也导致了艺术语言的单调。（承接）西方现代艺术的引进，不仅丰富了我们的艺术语言，也开拓了中国艺术家的思路。但是，（转折）中国人有自己民族的审美习惯，中国人对自己的艺术家及其作品有自己的独特要求，或者说中国的艺术家应该有对于世界美术史的独特贡献。”前部分包含两层承接关系，从艺术创作存在的问题谈到西方现代艺术引进的意义。材料的重点在转折后提出，作者的主要观点是，虽然可以引进艺术，但毕竟中国人有自己的特点，中国的艺术家还是应该作出自己独特的贡献。

2. 把握文章思路的技巧

（1）抓题目。好的题目是文章的“题眼”。题目或是写作对象，或揭示了文章线索，或隐含了写作顺序。通过仔细推敲题目蕴含的信息，可以揣摩出文章的中心。题目揭示写作对象的，看哪些地方是直接写该对象的，哪些地方是从侧面写的，这样能大致理清思路；题目揭示文章线索和写作顺序的，则直接以此探寻文章的思路。如毛泽东写的《纪念白求恩》，题目揭示了写作对象。我们可以从“纪念白求恩”这个题目，联想到为何要纪念，白求恩做了什么样的事情值得大家尊敬和学习等内容。

（2）抓中心句。中心句是表明作者思路与写作目的的关键句，揭示了文章的中心思想，是文章思想感情高度浓缩的结晶，含义丰富深刻。这类句子往往出现在段首、段中或段尾部分，抓住中心句就抓住了段落核心和文章主旨，对理解文章整体思路意义重大。

（3）抓中心话题。如果中心句不明显，则直接去抓中心话题，哪些段落讲述的是同一话题就划分为一个层次，这样也能很快理清思路。有时文章的意思是多层次的，分析完每一个层次之后还要有主次之分，提取主要的省去次要的。如果是递进关系，那就要提取主要强调的意思；如果是并列关系，那就把它们的意思联合起来，进行简要概括。

五、归纳内容要点，概括中心意思

《现代汉语词典》中对“要点”的解释是“话或文章的主要内容”。材料的内容要点，就是指材料的主要内容，或者说是材料内容的精要之处。一般来说，一篇文章的每一个段落都相对集中的表达一个意思，即段落大意，这就是全文的内容要点，多个内容要点的组合就是全文的中心。

（一）归纳内容要点的途径

1. 找出相关的概括性语句

在具体的材料中，概括性的语句与具体的叙述描写是相互依存、相互作用的。因此寻找概括性语句来概括内容要点，是最重要的途径。材料中局部内容要点的归纳，一般也可以运用这一方法。

2. 提取精要，独立归纳

有的文章，虽然有概括力强的语句，但与试题要求归纳的角度并不一致；也有一些文学作品并没有相应的概括语句。遇到这样的情况，我们根据要求，认定范围、提取精要，用自己的语言独立总结。

（二）归纳内容要点应该注意的问题

归纳内容要点的前提是对文章内容有准确的理解，对文章的写作思路有清晰的判断。在此基础上还应注意两点。

1. 尽可能用原文中的词语归纳

尽可能用原文中的重要词语组织答案，避免过度臆断或揣度，这样可以防止归纳的不准确。

2. 防止要点遗漏

防止要点遗漏的方法，就是对相关文字作层次分析。在无字数限定的情况下，尽量多写要点，保证答案完整。

六、分析概括作者在文中的观点态度

“作者在文中的观点态度”是指作者通过一定的材料所表达出来的对客观事物的认识和思想倾向，表现为文章的中心思想或作者的创作意图。作者在文中的观点态度是文章思想内容的核心，也就是文章的意旨。

（一）作者的观点态度

“观点” 就是作者对事物所持的看法；所谓态度，就是指作者在文中所表现的思想倾向和感情倾向，包括肯定与否定、爱与憎、褒与贬，以及某种程度的保留等。

作者的观点态度，在不同类型的文章中有不同的表现形态。一般来说，论说性的文字是明朗的、直抒的，而文学作品则比较含蓄。论说性的文章中，中心论点、分论点以及特定论述，就是作者在文中的主要观点。叙述性的文学作品，一般以写人、叙事、写景见长，观点态度等不直接说出，但是可以通过分析概括性语句、作者评述、引用材料等捕捉到。

（二）分析概括作者观点态度的途径

1. 从概括性强的句子入手

有的文章的观点是直接表述的，抓住了概括性强而又表达某种看法的句子，就抓住了作者的观点态度。

2. 从文中运用的材料入手

文中运用的材料，不论是事实还是文献资料，总是要表达一定的观点的。因此，从分析材料入手，是分析概括作者观点态度的重要途径。

3. 从作者的评述入手

有时候，作者把自己的观点态度隐含在具体的评述之中而不直接说出。这就要求从分析具体的评述入手，提出精要，作出概括。

（三）作品的鉴赏与评价

赏析评价是指对阅读材料的体验与评价，包括对材料的思想内容、表现形式、写作风格等的评价，强调的是通过对作品中形象的分析，或者是对重要语句丰富含义的理解，也可以是对精彩语句表现力的品味。欣赏作品的形象，领略作品的内涵与艺术魅力。

作品的形象是表达文章内容与主旨的载体。形象多种多样，根据作者写作侧重的不同而有所区别。可以是具体的人，也可以是具体的物，可以是一处景致，还可以是一个画面、一个意境等等。人物形象主要通过描写人物的语言、动作、外貌、神情以及心理活动等来刻画人物的性格特征。景物主要是通过时间顺序、空间顺序以及逻辑顺序变换描写角度，运用不同的描写方法描摹景和物的特点，以此来寄托作者的情感。一般形象都有寓意，即作者为什么要刻画这一形象，在文章中有什么作用，通过这一形象寄托了作者怎样的情感。

作品的内涵，通常是作品中表现出来的观点、写作意图或思想感情倾向等，往往借助重要句子来体现文章的主要价值。通过分析人物形象，赏析作品内涵，进而领略作品的艺术魅力。

第二节 逻辑思维能力

一、逻辑基础知识

（一）概念

概念就是反映事物（对象）属性和范围的思维形式，是思维形式最基本的组成单位，也是构成命题、推理的要素。

1. 概念的基本逻辑特征

内涵和外延是概念的两个基本逻辑特征。概念的内涵，是指概念所反映的事物的特性或本质。例如，“商品”这个概念的内涵就是“用于交换的劳动产品”。

概念的外延，就是具有概念所反映的特有属性的事物。例如，“商品”这个概念的外延指具有商品这个概念内涵的，在市场上出售的所有商品。

2. 概念的种类

（1）普遍概念、单独概念和零概念

如果把概念外延中的一个或单个对象称作一个“类分子”的话，那么，普遍概念就是类分子数在两个或两个以上的概念，如“教师”“政府”“原则”等。

单独概念就是类分子数为一个的概念，如“屈原”“云南的省会”“世界最大的湖泊”等。概念外延不包含分子，称为零概念，如“孙悟空”。

（2）具体概念和抽象概念

具体概念指概念反映的对象是实体，如“人”。抽象概念指概念反映的对象是属性。属性概念又分为性质概念和关系概念，如“美丽”是性质概念，“小于”是关系概念。

（3）正概念和负概念

正概念是反映对象具有某属性的概念，如“学科”“生动”等。

负概念是反映对象不具有某属性的概念，如“无情”“不美丽”“非师范院校”“非正义战争”等。

（4）集合概念和非集合概念

根据概念所反映的对象是否为集合体，可将全部概念分为集合概念和非集合概念。反映集合体的概念是集合概念；不反映集合体的概念是非集合概念。

所谓集合体，就是由若干同类的个体对象所组成的统一的整体或群体。例如，由一个个中国女排的队员所组成的中国国家女排就是一个统一的整体，由一只只羊汇聚成的羊群就是群体。中国国家女排、羊群都是集合体。

3. 概念间的关系

（1）概念的相容关系

当一个概念与另一个概念外延之间有重合部分时，二者便具有相容关系。相容关系可以分为以下三种情况。

① 全同关系

全同关系又称同一关系，它是指两个概念外延完全重合的关系。如“等边三角形”与“等角三角形”“《呐喊》的作者”与“鲁迅”等。

② 真包含（于）关系

真包含关系是指两个概念外延部分重合的关系。a、b 两个概念，如果 a 概念的部分外延与 b 概念的全部外延相重合，那么 a、b 两个概念具有真包含关系，也称种属关系，读作 a 真包含 b 或 b 真包含于 a。如“学生”与“小学生”“电影”与“数码电影”等。

③ 交叉关系

交叉关系也是指两个概念的外延部分重合的关系。a、b 两个概念，如果 a 概念只有部分外延与 b 概念的外延相重合，而 b 概念也只有一部分外延与 a 概念的外延相重合，那么 a、b 两个概念间的关系就是交叉关系。如“党员”与“教师”“医生”与“博士”等。

（2）概念的不相容关系

不相容关系也称全异关系。当一个概念与另一个概念外延之间没有任何重合部分时，二者便具有不相容关系，即全异关系。

不相容关系可以分为以下三种情况。

① 矛盾关系

具有全异关系的两个概念 a 和 b，同时包含于它们的属概念 c 当中，如果 a 与 b 的外延之和等于 c 的全部外延，那么 a 与 b 具有矛盾关系，如“男人”与“女人”。

② 对立关系

具有全异关系的两个概念 a 和 b，同时包含于它们的属概念 C 当中，如果 a 与 b 的外延之和小于 c 的全部外延，那么 a 与 b 具有对立关系。如“老人”与“小孩”。

③ 不相容并列关系

具有全异关系的三个或三个以上概念 a、b、c 等，同时包含于它们的属概念 A 当中，如果 a、b、c 等的外延之和小于等于 A 的全部外延，那么 a、b、等具有不相容并列关系。如“水稻“小麦”和“玉米”等都包含在“谷类作物”概念之中，“水稻”“小麦”“玉米”三者之间是不相容并列关系。

4．概括和限制

具有种属关系的概念的内涵与外延之间存在这样的关系：内涵较少的概念外延较大，内涵较多的概念外延较小。如“学生”和“中学生”相比，前者内涵比后者少，其外延比后者大。“学生”和“人”相比，前者内涵比后者多，其外延比后者小。

（1）限制

限制是通过增加内涵，缩小外延，从属概念得到其种概念的逻辑方法，所以必须在有种属关系的概念之间进行。如“亚洲”不能限制为“东南亚”，因为两者不是种属关系。单独概念没有种概念，不能限制。如“螳螂”不能限制为“捕食的螳螂”。

（2）概括

概括是通过减少内涵，扩大外延，从种概念得到其属概念的逻辑方法。概括也必须在具有种属关系的概念间进行。如“草”能概括为“植物”，不能概括为“草原”。因为“草”和“植物”是种属关系，而“草”和“草原”是部分与整体的关系。最大类概念没有属概念，因而不能概括。如“事物”是最大类概念，不能概括。

（二）命题

判断是对思维对象有所断定的思维形式，是通过语句来表达的，表达判断的语句，又称作命题。例如，①宪法是国家的根本大法；②语言不是上层建筑。这两个例子就是两个命题。例①肯定“宪法”具有“国家根本大法”的属性；例②否定“语言”具有“上层建筑”的属性。

在思维活动中，人们所要认识的事物是多种多样的，因而反映事物真假情况的命题也是多种多样的。根据不同的划分标准，可以对命题进行不同的分类。

根据命题中是否包含有“必然”“可能”等模态词，将命题划分为模态命题和非模态命题。

1．模态命题

模态命题是包含有“必然”“可能”等模态词的命题，反映事物情况必然性的命题为必然命题，而反映事物情况可能性的命题为可能命题。如“今天必然要下雪”和“宇宙中可能有外星人”都属于模态命题，分别是必然命题和可能命题。

2．非模态命题

非模态命题是指不含有模态词的命题。根据是否包含有其他命题，将其划分为简单命题和复合命题。

（1）简单命题

简单命题是本身不再包含其他命题的命题。如“小王不懂计算机知识”。

（2）复合命题

复合命题是由两个或两个以上的简单命题通过一定的逻辑联结词结合而成的命题。组成复合命题的简单命题叫做肢命题。复合命题根据其逻辑联结词的不同性质可以分为联言命题、选言命题、假言命题和负命题四种。

① 联言命题

联言命题是对几种事物情况同时加以断定的复合命题。如“前途是光明的，但道路是曲折的。”其一般形式为：“P 且 q”，P 和 q 分别是其两个肢命题。

联言命题的逻辑性质：当一个联言命题的全部肢命题都为真时，这个联言命题为真；当它的肢命题至少有一个为假时，这个联言命题为假。

② 选言命题

选言命题是断定在几种事物情况中至少有一种情况存在的复合命题。如“或者你听错了，或者我说错了。”根据各个肢命题之间能否相容并存，将选言命题分为相容选言命题和不相容选言命题。相容选言命题的一般形式为“P 或 q”；不相容选言命题的一般形式为“要么 P，要么 q”。

相容选言命题的逻辑性质：一个相容选言命题要为真，至少有一肢命题为真；只有在所有的肢命题都为假时，这个相容选言命题才为假。

不相容选言命题的逻辑性质：一个不相容选言命题要为真，有且只能有一个肢命题为真；有几个为真或者全真、全假的情况下，这个不相容选言命题都是假的。

③ 假言命题

假言命题就是断定一事物情况是另一事物情况存在的条件的命题。每个假言命题包括两个肢命题，其中表示条件的肢命题称作前件，表示结果的肢命题称作后件。如“如果银行降低存款利率，那么股票价格就会上升。”其中“银行降低存款利率”是前件，“股票价格会上升”是后件。根据断定事物情况存在条件的不同，将假言命题分为充分条件假言命题和必要条件假言命题。充分条件假言命题的一般形式为“如果 p，那么 q”，必要条件假言命题的一般形式为“只有 p，才 q”。

充分条件假言命题的逻辑性质：只有在“前件真且后件假”的情况下该命题为假，其他情况下都为真。

必要条件假言命题的逻辑性质：只有在“前件假且后件真”的情况下该命题为假，其他情况下都为真。

④ 负命题

负命题是由否定某一个命题而构成的命题。如“并非所有的人都是自私的。”其一般形式为“并非 P”。

负命题的逻辑性质：负命题与其原命题是矛盾关系，即当原命题为真时其负命题为假，当原命题为假时其负命题为真。

以上命题的负命题分别如下：

并非“P 且 q”=非 P 或者非 q

并非“P 或 q”=非 P 并且非 q

并非“要么 p，要么 q”=“非 P 且非 q”或者“P 且 q”

并非“如果 p，那么 q”=p 且非 q

并非“只有 p，才 q”=非 P 且 q

并非“并非 P”=D

（三）推理

人们在思维过程中，总是根据已有的知识，反映更为复杂的事物之间的联系，从而扩大认识领域，获得新的知识。这是一种由已知推断未知的思维活动，而反映这种思维活动的思维形式就是推理。

1．推理的结构

推理是由一个或几个已知命题推出新命题的思维形式。

每个推理都包含着两部分的命题：一部分是已知的命题，它是推理的根据，叫做推理的前提；另一部分是由此而推导出的命题，叫做推理的结论。逻辑学主要研究推理过程中前提和结论之间的关系。

【示例】

只有努力学习，才能考上大学；

小王考上大学；

小王努力学习。

上例就是一个复合推理，其中前两个命题属于推理的前提，后一个命题是推理的结论。

2．推理的分类

（1）演绎推理

① 演绎推理的定义

演绎推理是从一般性原理出发，引申出特殊性结论的推理。这种推理的推导方向，是由一般到个别。

例如，凡生物都有新陈代谢；

藻类是生物；

所以，藻类有新陈代谢。

演绎推理的前提是比结论更一般的判断，因此推出的结论并没有超出前提所判定的范围。换句话说，结论是可以由前提必然地推导出来的，所以它是一种必然性的推理。

② 演绎推理的种类

a. 直接推理

直接推理是以一个已知命题为前提，推出另一个新命题为结论的演绎推理。如：所有的学生都是质朴的。

所以，有些质朴的是学生。

b. 三段论推理

三段论推理就是借助一个共同概念把两个直接推理联结起来，从而得出结论的演绎推理。如：所有优秀的教师都是有爱心的教师。

王老师是一名优秀教师，

所以，王老师是有爱心的教师。

c. 关系推理

关系推理指前提中至少有一个关系命题的推理，它是根据前提中关系命题的逻辑性质进行推演的。例如，

小李比小王年龄大。

小王比小张年龄大。

所以，小李比小张年龄大。

③ 简单命题推理

简单命题推理是指自身不包含其他命题的推理。它包括直接推理、三段论推理和关系推理。

④ 复合命题推理

复合命题推理就是在前提或结论中包含复合命题，并依据复合命题的逻辑性质进行推演的推理。例如，

如果一名教师是没有爱心的，那么他就不能成为一名合格的教师。

张老师没有爱心，

所以，张老师不能成为一名合格的教师。

a. 联言命题推理：是指前提或结论为联言命题，并且根据联言命题联结项的逻辑性质推出结论的演绎推理。

联言命题推理的规则：由一个联言推理为真可以推出每一个肢命题为真；各个肢命题都为真，整个联言命题也就为真。如“数学和语文都是小学阶段的重要学科。”这个联言命题为真，推出“数学是小学阶段的重要学科”和“语文是小学阶段的重要学科”都为真。

b. 选言命题推理：前提中至少有一个是选言命题，并且根据选言命题的逻辑性质推出结论的演绎推理。

选言命题推理的规则：对于相容选言命题推理，肯定一部分选言肢，不能否定或肯定其他选言肢；否定一个选言肢以外的其他选言肢，可以肯定未被否定的那个选言肢。对于不相容选言命题推理，肯定一个选言肢，可以否定其他选言肢；否定一个选言肢以外的选言肢，可以肯定未被否定的这个选言肢。例如，

Ⅰ. 张华考试不合格，或者是因为他平时不努力，或者是因为他考试时发挥失常。现在肯定

张华平时非常努力，可以推出：张华这次考试发挥失常。

Ⅱ. 这次数学竞赛，要么李莉参加，要么冯杰参加。如果李莉没有参加，可以推出：冯杰参加了。

c. 假言命题推理：前提中至少有一个为假言命题，并且根据假言命题的逻辑性质推出结论的演绎推理。例如，

一个人只有多读书，才能明事理。我要明事理。

所以，我要多读书。

假言命题推理的规则：对于充分条件假言命题推理，肯定前件就肯定后件，否定后件就否定前件；对于必要条件假言命题推理，否定前件就否定后件，肯定后件就肯定前件。例如，

Ⅰ. “如果天下雨，那么就地湿。”肯定下雨，则肯定地湿；否定地湿，则否定下雨。

Ⅱ. “只有知己知彼，才能百战不殆。”否定知己知彼，则否定百战不殆；肯定百战不殆，就肯定知已知彼。

d. 综合命题推理：本书所指就是假言选言推理，它是由两个假言命题和一个选言命题作前提，推出结论的演绎推理。例如，如果考试有这样一道题，那么赵鑫肯定得不了满分；

如果考试没有这样一道题，那么赵鑫也得不了满分；

实际上考试或者有这样一道题，或者没有这样一道题，

总之，赵鑫都得不了满分。

（2）归纳推理

① 归纳推理的定义

归纳推理是指从一系列个别性的判断出发，引申出一般性结论的推理。这种推理的推导方向是由个别到一般。

② 归纳推理的分类

归纳推理按照其推理的前提中是否考查了一类事物的全部，可以分为完全归纳推理和不完全归纳推理。不完全归纳推理，又分为简单枚举归纳推理和科学归纳推理。此外，还有概率归纳推理和溯因归纳推理。

需要注意的是，归纳推理中的“完全”和“不完全”是相对的，它是就推理前提的数量方面来说的。所谓“完全”是从整体上来对一类对象的全体加以考查；所谓“不完全”则是从局部（部分）上来对一类对象的全体加以推断。因此，它只具有相对的意义。

a. 完全归纳推理

完全归纳推理，是以某一类对象中的每一个成员都具有（或不具有）某种属性为前提，因而推断出该类对象的全体都具有（或不具有）这种属性的推理。因此，完全归纳推理的前提是个别性的，其结论却是一般性的。完全归纳推理的结构可用以下公式表示，

S_1是（或不是）P，

S_2是（或不是）P，

S_3是（或不是）P，

S_n是（或不是）P。

$S_1 \cdots\cdots S_n$是 S 类的全部对象。

所以，S 是（或不是）P。

b. 不完全归纳推理

不完全归纳推理，是以某一类对象中的部分对象具有或不具有某种性质，因而推出该类对象的全体具有或不具有这种性质的一般性结论的推理。不完全归纳推理根据前提中是否考察了事物对象与其属性间的内在联系，可以分为简单枚举归纳推理和科学归纳推理。

（a）简单枚举归纳推理

简单枚举归纳推理，是根据某种属性在对象中不断重复而没有出现与之相反的情况，因而便推断该类对象的全体也都具有这种属性的一种推理。这种推理形式可用以下公式表示为。

S_1是（或不是）P，

S_2是（或不是）P，

S_3是（或不是）P，

S_n是（或不是）P，

S_1. ……S_n是S类中的部分对象，且在重复中未遇到相反的情况。

所以，所有S是（或不是）P。

由于简单枚举归纳推理结论的得出仅仅是以推理前提的无矛盾性为依据，而推理前提所考察的又仅仅是一类对象中的一部分，因此其结论并不具有必然性而是或然的。为了提高简单枚举归纳推理结论的可靠程度，必须注意以下问题。

第一，枚举考查的对象要尽可能多。前提中枚举的对象越多，涉及的范围越广，结论的可靠程度就越大；反之，其可靠程度就越小。

第二，要尽可能找出被考查对象与其属性之间，或者前提与结论之间所具有的内在联系，从而把对象的本质属性作为考查、归纳的根据，而不是把其非本质属性作为考查、归纳的根据。这样才能把推理的结论建立在可靠的基础上。

第三，注意搜集反面的材料，看其是否会出现矛盾。

简单枚举归纳推理容易出现的逻辑错误主要有以下两点。

第一，以偏概全的逻辑错误。所谓以偏概全，是从被归纳对象的量上来说的。它是仅以少部分对象具有或不具有某种性质，就推断出该类对象的全体都具有或不具有这种性质。这样的归纳，其结论的可靠程度当然不会高。

第二，轻率概括的逻辑错误。所谓轻率概括，即对被考查对象并未作深入细致的考查，便轻率地作出某种结论。这种结论当然容易出现错误。

（b）科学归纳推理

科学归纳推理，亦称科学归纳法。它是根据对某一类对象中的部分对象与其属性之间具有某种必然性、因果性联系的认识，来作出该类对象的全体都与这一属性有着必然性、因果性联系的一般性结论的逻辑推理。这种推理形式可用以下公式表示为。

S_1具有属性P；

S_2具有属性P；

S_3具有属性P；

S_n具有属性P。

S_1…S_n是S类中的部分对象，且对象S与属性P之间具有必然联系。

所以，S必然具有属性P。

科学归纳推理的首要任务，就在于发现对象与其属性之间的必然性、因果性联系，以此作为科学归纳推理的依据。要发现这种必然性、因果性联系，就必须对事物作深入细致的观察、实验，进行科学的分析、解剖，这是科学归纳推理的必要前提和基础。进行科学归纳推理必须遵循以下规则。

第一，推理的前提必须真实。科学是实事求是的学问。科学归纳推理的目的，在于通过推理得出一个具有一般性、必然性的科学结论。要得出这样的结论，其前提首先必须真实可靠。

第二，对象与属性之间，必须具有必然性、因果性联系。这是科学归纳推理区别于其他归纳推理的主要不同之处。只有对象与属性之间具有必然性、因果性联系，才能把科学归纳推理的结论建立在真实可靠的基础之上，因而也才能将其推广到整个类。

第三，推理的结论是一般性、必然性的。由于科学归纳推理，也是由个别、特殊导向一般的推理，因此它的结论是一般性、普遍性的。又由于在前提中对象与其属性之间具有必然联系，所以在结论中，尽管对象的范围（外延）有所扩大，但该类对象与其属性之间的联系，同样也是必然的。

（3）类比推理

① 类比推理的定义

类比推理是从两个或两类对象的某些相同属性出发，从而引申出它们在另一属性上也相同的结论。类比推理从前提到结论的推导方向，是由特殊到特殊。

② 类比推理的特点

逻辑知识研究者归纳出来的类比推理的特点有以下几方面。

第一，类比推理建立在两个或两类对象对比基础上。

第二，类比推理可以拓展认识成果，将对一个对象的认识，拓展到另一个对象。

第三，类比推理是产生灵感的工具。

第四，类比推理也是表达思想、说服教育的工具。

③ 类比推理的种类

类比推理可以从正面进行，也可以从反面进行，还可以从正反两方面进行。从正面进行类比叫做正类比；从反面进行类比叫做反类比；从正反两个方面进行类比叫做合类比。

a. 正类比

从两个或两类对象具有若干相同的属性，又知其中一个或一类对象还有某一属性，从而推出另一个或另一类对象也有这一属性的推理。正类比推理的公式可表述如下：A 对象有 a、b、c、d 属性；B 对象有 a、b、c 属性；所以 B 对象可能有 d 属性。

b. 反类比

从两个或两类对象都不具有某些属性，又知其中某个或某类对象还无某一属性，进而推知另一个或另一类对象也无这一属性的推理。反类比推理的公式可表述如下：A 对象无 a、b、c、d 属性；B 对象无 a、b、c 属性；所以 B 对象可能无 d 属性。

c. 合类比

从两个或两类对象属性的相似性中，推出它们在某一属性上也相似，又从该两个或两类对象所不具有的属性中，推出它们也不具有某一属性的推理。合类比推理公式可表述如下：A 对象有 a、b、c、d 而无 e、f、g、h 属性；B 对象有 a、b、e 而无 e、f、g 属性；所以 B 对象可能有 d 而无 h 属性。

④ 类比推理的应用

类比推理能够使人们举一反三，触类旁通，获得创造性的启发或灵感，从而找到解决难题之道。类比推理的结论是或然的，也就是说可能为假，因为对象之间固然有相似之处，但也有差别所在。于是，从两个或两类对象在某些地方相似，推出它们在另外的地方仍相似的结论就不具有必然性。类比结论的可靠性程度取决于许多因素，要降低或然性程度，就要注意以下问题。

第一，类比对象之间的相同点越多，其结论的可靠性程度也就越大。

第二，已知相同属性与推出属性之间的相关程度越高，类比结论的可靠性越大；相关程度越低可靠性越小。如果我们能证明 A 对象所具有的 a、b、c 属性，与 d 属性之间存在着某种联系，即只要有 a、b、c 存在，便必然有 d 存在，那么由于 B 对象也具有 a、b、c 属性，所以我们推得它也具有 d 属性便是必然的、正确的。反之，如果我们发现在 B 对象的属性中，有某种属性不能与 d 并存，那么我们说 B 对象也可能具有 d 属性的结论便是错误的。

第三，不能将 A 对象所具有的某种偶然性拿来跟 B 对象类比，由此推断 B 对象也具有这种偶然性。

二、逻辑基本规律

要正确地认识教育活动中的问题，教师必须正确地进行逻辑思维。正确思维是小学教师进行教育活动、实施教学活动的基础和前提。这就要求小学教师不仅要正确地运用概念、命题、推理等各种思维形式和逻辑方法，而且还必须遵守逻辑思维的基本规律。

所谓逻辑基本规律就是人们在逻辑思维的过程中，即在形成概念、命题和进行推理与论证的过程中所必须遵守的基本准则。其中，同一律、矛盾律、排中律是小学教师正确进行逻辑思维、正确表达和交流思想应该遵守的三个重要的逻辑规律。

（一）同一律

同一律的基本内容是：在同一思维过程中，每一思想都必须与其自身保持同一。即每一概念、命题和其他思维形式，都必须保持一贯性和确定性。同一律的公式是：A 是 A。其中“A”表示任一概念、命题和其他思维形式。

所谓的“同一思维过程”，是指在同一时间、同一关系下，对同一对象运用词项、命题去进行推理、论证的过程。“每一思想”是指任何一个具体的概念、命题或者其他思维形式。“每一思想都必须与其自身保持同一”，是指在同一思维过程中，一个思想反映同一个确定的对象，无论其先后运用多少次，其内容都是确定的。如果不能保持这种同一性，就犯了混淆概念或偷换概念的逻辑错误，如“北大学生学习很多科目，张三是北大学生，所以，张三学习很多科目”。在这个推理中，两个前提中的同一个词项“北大学生”不是同一概念。第一个“北大学生”是集合概念，第二个“北大学生”是非集合概念，故犯了混淆概念的逻辑错误。

（二）矛盾律

矛盾律的基本内容是：在同一思维过程中，两个互相矛盾或互相对立的命题不能同真，必有一假。矛盾律的公式是：A 不是非 A，或者说，A 不能既是 A 又是非 A。其中“A”表示任一命题，“非 A”表示对“A”的否定。

两个互相矛盾的命题，不能同真，也不能同假；两个互相对立的命题，不能同真，但可以同假。矛盾律是从否定的角度反映了客观事物的确定性，因为任何事物都具有质的规定性，一个事物是 A，就不能同时又是与 A 互相否定的非 A，这种确定性反映到思维中，便是互相否定的思想不能同时为真。

（三）排中律

排中律的基本内容是：在同一思维过程中，两个互相矛盾的命题不能同假，必有一真。排中律的公式是：A 或者非 A。

排中律的“排中”即要排除介于两个矛盾思想之间的中间状态，排中律所说的“互相矛盾的命题”主要是反映逻辑形式上具有矛盾关系的命题（如“我是老师”与“我不是老师”），它们之间不能同时否定，必须肯定其一。

三、论证

（一）概述

在日常生活、工作中，人们常常要表明对各种问题的看法，并力图说明自己的看法正确，从而达到被信任和认同的目的。这个过程需要用一定的事实或科学理论作为依据，通过一定的推理形式加以说明，这个过程就是论证，它是指用某些理由去支持或反驳某个观点的过程或语言形式。

1. 论证的定义

论证的定义，有广义和狭义之分。广义的论证是指引用已知为真的命题来确定另一命题的真实性或虚假性的思维过程，它包括证明和反驳。狭义的论证即证明，它不包括反驳。这里我们是从广义上来使用论证这一概念的。

2. 论证的结构及其鉴别

（1）论证的结构

论证在结构上通常由论点、论据和论证方式构成。

论点即论证者所主张并且要在论证过程中加以证明或反驳的观点，它所回答的是“论证什么”的问题。

论据是论证者用来支持或反驳某个论点的理由，既可以是某种公认的一般性原理，也可以是某个事实性断言，它所回答的是“用什么来论证”的问题。

论证方式是论据和论题的联系方式，即论据和论题的关系，也就是推理形式，它所回答的是“如何用论据来论证论题”的问题。论证要使用推理，甚至可以说就是推理：一个简单的论证就是一个推理，它的论据相当于推理的前提，论点相当于推理的结论，从论据导出论点的过程（即论证方式）相当于推理形式。

（2）论证结构的鉴别

找出一个论证特别是复杂论证中的论点、论据及其论证方式，并不是一件十分容易的事情。鉴别一个论证的结构关键有两个步骤。

第一步，识别论点，要弄清楚论者的意图是什么，他要读者接受什么样的观点。

第二步，识别论据，即找出在论证过程中有哪些理由在支持论者的观点。

（二）论证有效性的分析

论证有效性分析可以是否定性的，也可以是肯定性的，但通常是进行否定性的分析。金无足赤，一个论证总会存在这样或者那样的漏洞，论证有效性分析就是找漏洞。

而一个论证是由论据、结论和论证方式构成的，要判断它是否有效，主要就从这三个方面来看。

首先，要看推理是否有效，即在结构上或形式上是否有效；如果结构上不正确，就会出现形式上"推不出"的错误。其次，一个论证是否有效，还牵涉到所用到的概念是否有效，所用到的论证原则和方法是否有效。最后，一个论证是否有效，还涉及前提是否真实，结论是否正确等；如果前提虚假或者结论不正确，那么它还是无效的。总的说来，推理上无效的论证肯定是无效的，但即使推理上有效的论证也未必有效。

1．概念的有效性

概念可以说是思维的基本细胞，当然也是一个论证中最基本的部分。如果在一个论证中，概念的内涵和外延不明确，出现了混淆概念或者偷换概念的情况，显然这样的论证是缺乏说服力的。所以，对于一个论证来说，在概念特别是核心概念的界定和使用上是否清楚、正确和前后一致显得尤为关键。

2．论据的有效性分析

论据是用来论证论点真实性的命题，它所回答的是"用什么来证明"的问题。论据也称为证据，通常包括事实论据和理论论据。一般来说，事实论据是已经得到确定的客观事实，理论论据是在科学上已经得到证实的命题或科学原理。寻找事实论据也叫摆事实，用理论论据来进行论证也叫讲道理。用论据来论证论题的过程就是摆事实、讲道理的过程。

要判断论据的有效性问题，可以从以下三个方面来考虑。

（1）真实性

真实性是判断论据是否有效时首先要考查的问题，如果论据不真实，就会犯"论据虚假"的逻辑错误。如果论据不真实，又如何来证明呢？有时，虽然难以证明论据的虚假性，但是可以从某种角度、某种程度质疑它的真实性。例如，论据的真实性是否还依赖于其他因素？如果是的话，这些因素是否具有当然的合理性？比如，论据是否已经得到证实或者客观确证？如果论据是尚待证实的命题，就会犯"预期理由"的逻辑错误。

（2）充足性

有时，即使论据是真的，是否就足以支持论点？根据论据是否就能够充分地推出论点？这些都是考查论据有效性的重要方面。

（3）唯一性

如果论证所证明的是事件之间的因果联系，导致结果的是否还有论证没有提及的其他原因；从前提推出结论，除了已经表述的论据以外，是否还需要假设其他条件，这些条件是否成立；是否存在未被提及的更有力的证据，对该论证作何种修改或补充可以进一步增强说服力等，都是进一步考查论据有效性的重要方面。

第三节　信息处理能力

一、小学教师的信息素养

（一）信息素养

我国信息素养研究者对于信息素养概念的理解有三个方面：（1）对信息有效地检索、评价和使用；（2）对信息进行批判性的思考，并将有用信息变成自己思想的一部分；（3）具有对信息进行主动鉴别，有区别地对待信息的能力。这里认为，信息素养的核心是"对信息有效地检索、分析和使用"。

（二）小学教师应具有的信息素养

（1）运用信息检索工具获取信息的能力。

（2）对所获得的信息进行分析处理的能力。

（3）对经过分析处理后的信息加以运用的能力。

二、信息检索能力

（一）信息检索能力是信息素养的基本要求

信息检索是指将信息按一定的方式组织起来，并根据信息用户的需要找出有关的信息的过程和技术。信息检索与文献密切相关，又叫文献检索。

信息检索能力包括：（1）传统信息检索的能力（工具书检索能力）；（2）运用现代信息技术检索的能力（网络检索能力）。

（二）工具书检索信息能力

1. 工具书

专供查找知识信息的文献。它系统汇集某方面的资料，按特定方法加以编排，以供需要时查考的文献。

2. 工具书的种类

（1）百科全书

百科全书是概要记述人类一切知识门类或某一知识门类的知识密集型工具书，它总结和组织了世界上累积的知识，是百科知识的汇总。常用的百科全书有：《中国大百科全书》《科学家传记百科全书》等。

（2）年鉴

年鉴，也被称为"微型百科全书"，是逐年出版，提供相应年份内各行资料的工具书。常用的年鉴有《世界大事年鉴》《中国年鉴》等。

（3）手册

手册是以简明、缩写方式提供专门领域内基本的既定知识和使用资料的工具书。它以叙述、列表或图解方式来表述内容，并针对某一专业学科或专业部门，收集相关的事实、数据、公式、符号、术语以及操作规程等专门化的具体资料。

（4）字典、词典（辞典）

常用字典、词典，如《现代汉语词典》《同义词反义词对照词典》《牛津简明英语词典》等；专科词典，如《中华人民共和国地名大词典》《中华百科词典》等；综合性词典，如《辞海》等。

（5）机构名录

机构名录是一种系统收录政府部门、学术团体或学术机构、工厂企业的名称和地址、概况的工具书。

（6）类书、政书

类书，是辑录古书中的史实典故、名物制度、诗赋文章、自然知识等，分门别类或按韵编排的、具有汇编性质资料性工具书。常用的类书有《永乐大典》《太平广记》等。

政书，是记载历代典章制度的工具书。它主要是收集我国历代或某一朝代的政治、经济、军事、文化等制度方面的史料，分门别类，按时代先后次序汇编成书，叙述历代或某一朝代的典章制度的沿革和发展。常见的政书有《通典》《唐会要》等。

3．工具书的结构

一般工具书有序（前言）、凡例、目录、正文、附录和索引。索引最为重要，是查阅词典的工具。

4．工具书排检方法

（1）中文工具书排检方法

字顺排检，包括部首法、笔画笔形法、音序法、号码法、分类法、主题法、时序法、地序法。

（2）外文工具书的排检方法

西文工具书的排检是使用拉丁字母顺序排列。

其他外国文也根据文字特点有一定的排列方法。

5．工具书检索的一般程序

（1）根据需要确定检索范围。

（2）熟悉和利用现有的对口工具书。

（3）查阅凡例和熟悉排检法，检索出所需资料。

（4）摘录和复制资料。

途径：一是卡片摘录，这是针对所需要的资料很少的时候用的；二是复印，这是针对所需要的资料很多、长篇大论都可以用的时候用的；三是下载打印，这是针对电子数据或资料而用的；四是剪贴，这是针对自己订阅的报刊和书籍而用的，图书馆和其他公共场所的报刊是绝对不能剪贴的；五是电脑保存，这是针对有自用电脑的人而言的，但必须做好多个备份或保存到多个移动硬盘里，以免因计算机中病毒或重新安装系统或不小心格式化硬盘而造成数据或资料丢失。

（5）整理资料。

一般是分类整理：有笔记式、卡片箱式、袋装式等各种形式。

（三）网络检索信息能力

1．网络信息检索

网络信息可以是文本、图像、图形、动画、声音或其他，超越了纸质文本检索的各种限制，运用各种信息的链接方式，可以在短时间内找到自己所需要的信息。

2. 网络检索工具种类

（1）网上搜索引擎

代表性的搜索引擎有“百度”“搜狗”等。

（2）网络百科全书

代表性的有“百度百科”“中文维基百科”“互动百科”等。

（3）网上数据库

① 中国期刊网：收录国内中、英文期刊，涉及理工、农业、医药卫生、经济、政治与法律、文史哲、教育与社科等领域。

② 万方数据资源系统：以科技信息为主，集经济、金融、社会、人文信息为一体的网络化信息服务。

③ 中文社科报刊篇名数据库：收录的报刊基本覆盖了全国哲学和社会科学的期刊和报纸。

④ 复印报刊资料数据库：涉及马列、社科、哲学、政治、法律、经济、教育、语言、文学、艺术、历史、地理等学科，且有文摘和索引。

⑤ 中国科学引文数据库、中文社会科学引文索引数据库：收录了中国出版的数、理、化、天、地、生、农林、医药卫生和工程技术领域的中英文期刊，是一个集多功能为一体的综合性文献数据库。

⑥ 超星图书馆：是文献数量很大的中文在线数字图书馆，提供大量的电子图书阅读资料，其中包括文学、经济、计算机等五十余大类，数十万册电子图书及数百万篇论文。

3. 网络检索信息的方法

（1）搜索引擎的使用有以下三种方法。

① 按专题检索信息：大多搜索引擎在其首页都提供分类范畴表，有的还分好几级类目，这种方式基本上只需要点鼠标操作，只是在最后一级可能需要输入一个关键词来限定一下检索范围，然后逐级浏览，直到找到与自己的需求有关的信息。

② 按关键词检索信息：索引式搜索引擎提供对关键词、主题词或自然语言的查询，检索者只需要输入与查询资料相关的词语，即可链接到自己所需的信息。

③ 按地区检索信息：按 www 服务器的结构和它们位于世界上的物理位置进行按地区的链接和查询，链接的常常是按国家、地区继而按机构排序的超文本。

（2）数据库的检索步骤

① 明确搜索的目的和需求；

② 选择合适的搜索引擎；

③ 明确关键词范围；

④ 构造恰当的检索表达式；

⑤ 检索结果的输出。

三、网络信息交流能力

（一）网络信息交流的特点

网络信息交流与面对面交流有很大区别，主要有以下特点。

（1）正式交流和非正式交流的樊篱被打破。

（2）主动与被动、单向与多向交流的统一。

（3）时空界限不复存在。

（二）网络信息交流方式

（1）电子邮件：和传统邮政和电话通讯方式一样，但是通过网络传递邮件具有即时性，不需要邮递人员传递，不需要漫长的邮递时间。

（2）BBS：电子公告系统，是一种许多人参与的网络论坛系统，在其中可以进行无时间和空间限制的讨论。

（3）腾讯 QQ、MSN、ICQ：即时通讯软件，可以即时发送和接受信息，进行语音视频面对面聊天，打破了人们之间进行即时信息交流的空间限制。

（4）Blog：可以记录下个人的经历、感受、认识等，可以让人们分享相关的信息。

（5）微博：信息分享、传播和获取的平台，它以简短的文字更新信息，实现信息分享，速度更快、更便捷。

（6）微信：微信是一个为智能终端提供即时通讯服务的免费应用程序，微信提供公众平台、朋友圈、消息推送等功能，用户可以通过“摇一摇”“搜索号码”“附近的人”、扫二维码等方式添加好友和关注公众平台，同时微信将内容分享给好友以及将用户看到的精彩内容分享到微信朋友圈。

（三）小学教师在网络信息交流中应注意的问题

1. 确保网络信息交流的真实性

网络是一个虚拟空间，需要交流者加以识别。

2. 确保网络信息交流的规范性

由于虚拟环境减小了规范的压力，所以要注意缺乏道德自律能力者产生违背社会规范的行为。

四、信息处理能力

信息处理能力主要在于信息的筛选、分类、管理和运用。

（一）信息处理的定义

信息处理是对信息检索所获得的信息进行加工、整理，使之能为解决特定的问题服务。在教学中需要根据所要解决的教育教学问题或教育教学研究的问题对信息进行分析处理，获得解决问题的方法。

（二）信息处理的任务

运用科学的理论、方法和手段，在对大量的、凌乱的、无序的信息进行收集、挖掘、加工、整序与价值评价的基础上，透过由各种关系交织而成的错综复杂的表面现象，把握其内容本质，从而获取对客观事物运动的规律的认识。

（三）信息处理的功能

（1）整理功能：无序变有序。

（2）评价功能：去粗取精，去伪存真。

（3）预测功能：通过对信息的分析，预测未知或未来。

（四）信息处理的逻辑方法

（1）运用概念的逻辑方法，理清信息的概念。通过概念的内涵和外延、种类和关系等概念逻辑对信息进行梳理，理清相关概念。

（2）运用判断的逻辑方法，形成基本观点。在信息处理中运用判断的逻辑方法得出一定的结论或相应的观点。

（3）运用推理的逻辑方法，得到合乎逻辑的结论。通过对信息分析得到解决问题的合乎逻辑的回答。

（4）运用比较的逻辑方法，得到对事物的新认识。将不同事物的信息放在一起比较，寻求对事物的新认识。

（5）运用综合的逻辑方法，获得对问题的整体认识运用综合方法把信息检索获得的信息做一个整合，从而完整地认识问题，解决问题。

五、教育测量数据的分析与处理

教育测量所获得的信息是数据，需要采用定量分析方法对这些数据进行分析处理。

（一）数据类型

1. 类别数据

通过称名量表获得的数据，数据只代表“类”，没有大小、多少之别。

这种数据不能直接进行数学运算，需要转化为计数数据方能进行统计处理。

2. 顺序数据

通过顺序量表获得的数据，数据有大小、高低之分，可根据程度做一个顺序的排列。

这种数据就是有顺序的，但数据间没有相等单位，不能直接进行数学四则运算。

3. 等距数据

通过等距量表获得的数据，数据有等距单位，可以进行加减运算，但没有绝对零点，故不能做比率陈述。

4. 比率数据

通过比率量表获得的数据，数据不仅有等距单位，也有绝对零点，可以进行四则运算。例如，学生身高、体重。

（二）数据描述

对测量所获得的数据进行客观的整理，使其条理化，能够清晰地反映出观察对象的特征。描述方法有以下几种。

1. 制作统计表

（1）概念

以表格形式整理测量所获得的数据，用来反映观察对象的性质或特征。

（2）结构四要素

① 标题：统计表内容所描述的对象。

② 标目：数据所要说明的项目，分主语和谓语，主语是统计表反映的对象，谓语是说明主语的统计指标。标目有横标目和纵标目，习惯上把主语放在横标目上，谓语放在纵标目上。

③ 线条：用来分割标目，放入数据。

④ 数据：测量所得的数据。

（3）基本结构格式（见表 5-1）

表 5-1

表号　　标题（包括何时、何事、何地）

总标目	纵标目	纵标目	……	顶线
				标目线
横标目	×××	×××	××××	
	××	××	×××	
	…	…	…	
				合计线
				底线

备注：

（4）类型

① 单向表：数据所反映的对象以一个维度进行分类。

② 双向表：按两个维度对数据反映对象进行分类。

2．制作统计图

（1）概念：以几何图的形式表达统计表中数据的数量关系，优点是更加直观，易于理解。

（2）类型：条形图、饼状图、直方图、枝叶图、线形图、象形图等。

3．计算统计量

统计量就是描述样本特征的数，包括集中量（算术平均值）、差异量（标准差）、相关量（相关系数）等等。

（1）集中量：代表一组数据典型水平或集中趋势的量，反映了观察到的数值向某一点集中，从而反映出观察对象总体的趋向特征。包括算术平均数、中位数、众数、加权算术平均数、几何平均数、调和平均数。其中算术平均数用的比较多。

算术平均数的计算方法：原始数据计算法、频数分布表计算法、简化值计算法。

（2）差异量：表示一组数据变异程度或离散程度的量，反映了观察对象总体内部个体间的差异情况，同时也反映了观察对象总体分化的特征。包括全距、四分位距、百分位距、平均差、方差、标准差。

（三）数据分析

1．统计推断

（1）概念：根据对样本进行观察得到的数据，进行概括性分析、论证，在一定可靠度上推测相应的全体特征。

（2）本质：以统计量来推断总体参数，建立样本数据特征与总体数据特征之间的关系。

样本是从总体中以一定的方法选取出来的、具有代表性的个体。对样本的观察和研究是为了作出对总体的认识，方法就是根据样本的数据特征来推断总体的数据特征。

（3）统计推断的两个方面。

① 参数估计：根据样本统计量的值来推断总体相应参数的值。

包括根据样本平均数推断总体平均数，根据样本的方差推断总体的方差，根据样本的相关系数推断总体的相关系数等。

② 假设检验：由样本统计量的值与总体参数值的关系，对总体参数作出假设，并进行检验。包括参数假设检验和非参数假设检验。

2. 借助 Excel 和 SPSS 进行测量数据的分析和处理

（1）Excel：电子表格处理软件，集处理表格、数据管理和统计图绘制于一体。

（2）SPSS：统计分析软件，基本功能包括数据管理、统计分析、图表分析等。

六、课件设计与制作

（一）课件设计与制作的基本步骤

（1）根据教学课题和教学目标确定课件设计思路。

（2）研究教材内容，撰写课件稿本。

（3）搜集媒体素材，制作合成课件。

（4）试用课件，修改完善。

（二）多媒体课件制作工具

1. Microsoft Office PowerPoint（PPT）

教学活动中最常使用的制作演示文稿和课件的工具。

（1）创建一个新的演示文稿

启动 PowerPoint 后，选择“文件/新建”命令，系统会显示“新建演示文稿”窗格。

① 创建空白演示文稿

在“新建演示文稿”窗格中单击“空演示文稿”，弹出幻灯片版式任务窗格，可根据需要选择合适的版式。

② 使用设计模版创建演示文稿

在“新建演示文稿”窗格中单击“根据设计模板”，在“幻灯片设计”任务窗格中，从“应用设计模板”框中所列出的模板中选择一种模板，即可创建一张具有艺术效果的幻灯片。

③ 根据内容提示向导创建演示文稿

在“新建演示文稿”窗格中单击“根据内容提示向导”，打开“内容提示向导”，选择和输入必要的信息，最后单击“完成”即可。

④ 根据现有的演示文稿创建新的演示文稿

一种方法是备份已有的演示文稿，然后打开备份文件，再将不需要的内容删除掉，并加上新的内容，通过逐步修改来制作出新的演示文稿。

另一种方法是先利用模板或内容提示向导建立一个演示文稿，再将已有演示文稿中的部分内容复制和粘贴到新演示文稿中即可。

（2）演示文稿的编辑

① 输入文本

a. 占位符中输入文本。可直接单击占位符中的示意文字，示意文字消失，再输入所需文字即可，单击占位符外的区域便退出编辑状态。

b. 使用文本框输入文本。选择“插入”菜单中的“文本框”命令，根据文本要求，选择“横排文本框”或“竖排文本框”，然后再输入文字。

② 设置文本格式

选定需要设置的文本，单击“格式”工具栏上的相应按钮，或者选择“格式/字体”命令，打开“字体”对话框，设置字体、字形、字号、效果、颜色等。

③ 设置行距、段前距、段后距

选定需要设置的文本，选择“格式/行距”命令，打开“行距”对话框，设置行距及段前/后间距等。

④ 插入剪贴画或图片

选择“插入/图片/剪贴画”命令，打开“插入剪贴画”对话框，在所需的“文件类型”下选择需要的剪贴画，单击“插入”按钮即可，或者选择“插入/图片/来自文件”命令，找到图片所在的文件夹，选择需要插入的图片，单击“插入”按钮。

⑤ 插入艺术字

选择“插入/图片/艺术字”命令，打开对话框后选择一种艺术字样式，并进行相应的字体格式设置。

⑥ 插入图表

选择“插入/图表”命令，将插入一个图表，并打开一个数据表。在数据表中直接修改图表横轴或纵轴的坐标文字以及相应的数据内容，图表会随着发生变化。还可以从文本文件中导入数据。或插入 Microsoft Excel 工作表或图表。

⑦ 插入媒体文件

a. 插入影片或声音。选择“插入/影片和声音”命令，选择“剪辑管理器中的影片（或剪辑管理器中的声音）”选项，在剪贴画任务栏中选择所需的影片（或声音）的类别，然后单击要插入的影片（或声音），从弹出的菜单中选择插入即可。

b. 播放 CD 乐曲文件。如果希望在播放幻灯片时，能有一些高品质的音源，可以插入 CD 音乐。

具体操作步骤同上，只要选择“插入/影片和声音/播放 CD 乐曲”命令，在对话框中进行相应的设置就可以了。

（3）演示文稿的浏览

① 幻灯片的视图方式

a. 普通视图。普通视图可以用于输入、编辑和排版演示文稿。

b. 大纲视图。大纲视图主要用于输入和修改大纲文字。当课件的文字输入量较大时用这种方法进行编辑较为方便。

c. 幻灯片视图。幻灯片视图可以清晰地显示文稿的效果，可以从细节方面对演示文稿的单个幻灯片进行进一步的设置和修饰。

d. 幻灯片浏览视图。幻灯片浏览视图是以缩略图形式显示幻灯片的所有视图，结束创建或编辑演示文稿后，幻灯片浏览视图将给出演示文稿的所有幻灯片。

e. 放映视图。幻灯片放映视图占据整个显示器屏幕，就像是一个实际的幻灯片放映演示文稿。

在该视图中，用户可以看到图形、影片、动画元素以及将在实际放映中看到的切换效果。

② 编辑幻灯片

编辑幻灯片包括选定、插入、复制、移动和删除等操作。

a. 选定幻灯片

选定单张幻灯片。在普通视图大纲模式下，单击“大纲/幻灯片”窗格中的幻灯片图标；在普通视图幻灯片模式下，单击“大纲/幻灯片”窗格中的幻灯片缩略图；在幻灯片浏览视图下，单击幻灯片的缩略图。

选定多张连续的幻灯片。可先选定第一张幻灯片，然后按住 Shift 键，再单击最后一张幻灯片，则两张幻灯片之间的所有幻灯片将被选中。

选定多张不连续的幻灯片。可按住 Ctrl 键，依次单击所要选择的幻灯片。

b. 插入新幻灯片

选定要插入新幻灯片位置之前的幻灯片。

单击“插入/新幻灯片”命令；或单击格式工具栏中的新幻灯片按钮；或在普通视图的幻灯片模式下，直接按 Enter 键。

在出现的幻灯片版式任务窗格中，选择一种需要的版式，即可向新插入的幻灯片中输入内容。

c. 复制幻灯片

复制一张幻灯片到另一个 PowerPoint 文件里，方法如下。

- 打开幻灯片，在左边【开始】菜单栏下点击【复制】的下拉箭头，选择复制（C）;
- 打开想要复制到的 PowerPoint 文件，在开始菜单栏下选择【粘贴】，保留源格式即可。

另外，在复制里面有两项，点击第二项是直接复制此幻灯片到当前文件，出现在下方。

d. 移动幻灯片

移动幻灯片最简单的方法是先选定欲移动的幻灯片，然后将其拖动到所需位置即可。在拖动过程中，指针会随着鼠标的移动而移动，用以提示移动的位置。

e. 删除或隐藏幻灯片

用鼠标选中要删除的幻灯片再按 Delete 键，或单击快捷菜单中的删除幻灯片命令等。

（4）演示文稿的外观设计

① PowerPoint 母版

a. 幻灯片母版。幻灯片母版中的信息包括字形、占位符的大小和位置、背景设计和配色方案。通过更改这些信息，可以更改整个演示文稿中幻灯片的外观。

b. 讲义母版。讲义母版是为制作讲义而准备的，通常需要打印输出，因此讲义母版的设置大多和打印页面有关。它允许设置一页讲义中包含几张幻灯片，设置页眉、页脚、页码等基本信息。

c. 备注母版。备注母版主要用来设置幻灯片的备注格式，一般也是用来打印输出的，所以备注母版的设置大多也和打印页面有关。切换到“视图”选项卡，在“演示文稿视图”组中单击“备注母版”按钮，即可打开备注母版视图。

② 改变配色方案

配色方案是一组可以用于演示文稿的预设颜色。每个演示文稿都有一个配色方案，它是八种颜色的一个集合，是演示文稿的基本颜色。各种颜色各有其特定的用途，它们的巧妙搭配，让幻灯片的屏幕显示和打印输出的效果更加清新美观。

③ 应用设计模板

选择“格式/幻灯片设计”命令，或者在幻灯片窗格的空白处点击，从打开的快捷菜单中选择“幻灯片设计”命令，打开“幻灯片设计”窗口，从中选择需要的模板即可。

④ 改变幻灯片版式

选择“格式/幻灯片版式”命令，或者在幻灯片窗格的空白处点击，从打开的快捷菜单中选择“幻灯片版式”命令，打开“幻灯片版式”任务窗口，从中选择需要的版式即可。

（5）设置演示文稿的放映效果

① 添加动画效果

打开想要添加动画的幻灯片；执行“幻灯片放映/自定义动画”命令；选中要添加自定义动画的对象；在“自定义动画”任务窗格中单击“添加效果”按钮。

② 设置幻灯片间的切换效果

选择要设置切换效果的连续的或不连续的多张幻灯片（也可以只选一张）；单击“幻灯片放映/幻灯片切换”命令，将弹出幻灯片切换任务窗格；在应用于所选幻灯片列表框中选择一种切换方式，然后在修改切换效果选项区中设置切换的速度和声音；在换片方式选项区中选择换片方式；如果要将切换效果应用到演示文稿中的所有幻灯片，可单击“应用于所有幻灯片”按钮，否则只应用于选中的幻灯片；设置完毕后，单击“播放”或“幻灯片放映”按钮，即可看到已设置好的切换效果。

③ 自定义放映幻灯片

单击“幻灯片放映”菜单下的“自定义放映”命令，弹出自定义放映对话框；在该对话框中单击“新建”按钮，弹出定义自定义放映对话框，在演示文稿中的幻灯片列表框中列出了当前演示文稿中的幻灯片，从中选择要自定义放映的幻灯片；单击“添加”按钮，在自定义放映中的幻灯片列表中会显示被选中的幻灯片，单击“确定”按钮，刚才定义的放映设置就被添加到自定义放映对话框中；单击“放映”按钮即可预览放映的幻灯片。

（6）添加超链接

在 PowerPoint 中可以使用以下三种方法来创建超链接：利用“动作设置”创建超链接；利用超链接按钮创建超链接；利用动作按钮来创建超链接。

2．Flash

Flash 是动画制作软件。

以 Flash 制作课件有两种情况。

（1）在 PPT 课件中插入动画，模拟特定的现象或场景，增强教学效果。

（2）作为独立课件制作工具，充分发挥动画功能，制作课件集成音频、视频及文字、图片等。

3．Word

Word 是微软公司的一个文字处理器应用程序，是目前办公领域最常见、最具优势的文字处理软件，它集文档编辑、文字处理、表格制作、图形制作、文档排版、图文混排以及打印输出于一体，还可以插入其他软件制作的信息、编辑艺术字和数学公式等，基本能够满足教师的各种文档处理要求，使得日常的办公更加简单、便捷、高效。因此，教师在日常教育教学活动中应该掌握必要的 Word 操作技能。

4．Excel

Excel 表处理软件是美国微软公司研制的办公自动化软件 Office 中的重要成员，经过多次改进和升级，目前已经广泛应用于会计、统计、教育、财经、管理等众多领域。

Excel 软件启动后，即可按照要求建立一个空白的工作簿文件，每个工作簿中含有一张或多张空白的表格。这些在屏幕上显示出来的默认由灰色横竖线交叉组成的表格称为工作表，又称“电子表格”。工作簿如同活页夹，工作簿如同其中的一张活页纸，且工作表之间的内容相对独立。

5. Photoshop

Photoshop，简称“PS”，是由 Adobe Systems 开发和发行的图像处理软件。主要处理以像素所构成的数字图像。使用其众多的编修与绘图工具，可以有效地进行图片编辑工作。PS 有很多功能，在图像、图形、文字、视频、出版等各方面都有涉及。

第四节 写作能力

一、常用文体知识

所谓“文体”，是指记叙文、议论文、说明文以及常用应用文等文章体裁。大纲要求“根据需要按照选定的文体写作”有两个方面的含义：一是符合试题规定的文体要求。二是符合考生自己设定的文体要求。近几年考试中作文规定“文体自选”，是为了让每个考生尽可能地发挥自己的写作潜能，以体现考试的公平性。但“文体自选”并不是对文体不做要求，行文要符合所选定的文体特点。选定了写议论文就要写得像议论文，选定了写散文就要写得像散文，不要写成“四不像”。

小学教师在教育教学实践活动中，可能涉及的文体有记叙文、议论文。

（一）记叙文

1. 定义

记叙文是以记叙、描写为主要表达方式，以记人、叙事、写景、状物为主要内容的文章。

2. 记叙文六要素

记叙文六要素包括人物、时间、地点、事件起因、经过、结果。在有些情况下六要素不一定都要出现，某些要素是可以省略的。

3. 写作方法

（1）叙述：对人物的经历、事物的发展过程做介绍、说明、交代。叙述是写作中最基本、最常见的表达方式。

（2）描写：对人、事、物、景做具体、形象的刻画。

（3）抒情：感受和感情的抒发、表达。

（4）夹叙夹议：是作者对某个议论对象发表见解，以表明自己的观点和态度。它的作用在于使文章鲜明、深刻，具有较强的哲理性和理论深度。在议论文中，它是主要表达方式；在一般记叙文、说明文或文学作品中，也常被当作辅助表达手段。

（5）说明：是用简明扼要的文字，把事物的形状、性质、特征、成因、关系、功用等解说清楚的表达方式。这种被解说的对象，有的是实体的事物，如山川、江河、花草、树木、建筑、器物等；有的是抽象的道理，如思想、意识、修养、观点、概念、原理、技术等。

4．记叙文分类

（1）侧重写人的记叙文：以人物的外貌、语言、动作、心理描写为主，如《背影》。

（2）侧重叙事的记叙文：以叙述事情的发生、发展、经过和结果为重点，如《小橘灯》。

（3）侧重绘景的记叙文：以描绘景物、寄托情怀为主，如《荷塘月色》。

（4）侧重状物的记叙文：以状物为主，借象征抒怀，如《白杨礼赞》。

5．记叙文顺序

（1）顺叙

顺叙也称正叙，是叙述的手法之一。顺叙就是按照事件发生、发展的时间先后顺序来进行叙述的方法。用这种方法进行叙述，好处是事件由头到尾，次序井然，文气自然贯通，文章显得条理清楚。

（2）倒叙

倒叙是根据表达的需要把事件的结局，或某个最重要最突出的片段提到文章的前面，然后再从事件的开头，按事情原有的发展顺序进行叙述的方法。倒叙的目的主要有三点：一是为了强化文章的思想内容，而将最能表现中心思想的片段提到最前面加以突出强调；二是为了增强文章的吸引力，而特意将事情最精彩、最动人的“高潮”或“结局”先写出来；三是为了提高表达效果，避免平铺直叙，使文章结构发生变化，起到引人入胜的作用。使用倒叙时应注意：一是倒叙并不是把整个事件都倒过来叙述，而是将事件的某个部分提前，其他内容仍需要进行顺叙；二是文章开头叙写的内容，必须是事情的“高潮”或“结局”，而且这个“高潮”或“结局”应该是整件事情中最能吸引人的地方；三是必须交代清楚起止点，开头部分与正文部分之间要运用恰当的过渡句或过渡段，界限分明且衔接自然，否则会造成读者思维混乱，影响文章思想内容的表达。

（二）议论文

1．定义

议论文是对某个问题或某件事进行分析、评论，表明自己的观点、立场、态度、看法和主张的一种文体。议论文的内容具有理论性，结构具有逻辑性，语言具有概括性。

2．议论文三要素

（1）论点

论点是作者在文章中提出的对某一个问题或某一类事件的看法、观点和主张。它要求正确、鲜明、有针对性，一般表现在文章题目，或第一句话，或结尾。如吴晗《谈骨气》这篇议论文中，论点即开篇第一句话“我们中国人是有骨气的。”

（2）论据

论据是证明论点正确的证据。要想证明论点的正确，首先，论据必须让人觉得真实、可信，能够充分证明论点。其次，论据要具有典型性，能收到“以一当十”的效果。最后，论据要新颖，尽可能寻找一些新鲜的、能给人以新的感受和启示的论据。

（3）论证

论证就是用论据来证明论点的过程，论证的目的在于揭示出论点和论据之间的内在逻辑关系。论证方法有以下方面。

① 举例论证

列举确凿、充分、有代表性的、古今中外的事例证明论点。能够具体有力地论证观点，增强文章的说服力。

② 道理论证

用富有哲理性、内涵深刻的话语以及人们公认的定理公式等来证明论点。

③ 引用论证

引用论证比较复杂，这与具体的引用材料有关，有引用名人名言、格言警句、权威数据、名人轶事、笑话趣闻等多种情况。

④ 比喻论证

用人们熟知的事物作比喻来证明论点。生动形象地论证观点，使文章浅显易懂，易于理解和接受。

3．论证方式

常见的议论文论证方式有立论和驳论两种。

（1）立论

立论，是指作者对客观事物或问题，直接提出自己的见解和主张，阐明其理由，表明自己的态度。换一个角度说，立论就是运用充分有力的证据从正面直接证明自己论点正确性的论证形式。如吴晗《谈骨气》，用举例论证、引用论证等方法论证了“中国人是有骨气的”观点。

（2）驳论

驳论文一般是先指出对方错误的实质，或直接批驳（驳论点），或间接批驳（驳论据、驳论证）；继而，针锋相对地提出自己的观点并加以论证。驳论是跟立论紧密联系着的，因为反驳对方的错误论点，往往要针锋相对地提出自己的正确论点，以便彻底驳倒错误论点。其写作思路为：针对某些不好的现象，分析其危害，挖掘其产生根源，指出解决问题的办法。即“摆现象—析危害—挖根源—指办法”的思路。

二、组织剪裁材料

如果说文章中心主旨好比“骨架”，那么材料则是“血肉”。骨架明晰，血肉丰满，文章才“言之有物、情真意切、生气充盈”。因此，一方面要明确文章中心，提炼文章立意；另一方面还要学会对材料进行剪裁加工。

（一）确立中心、明确立意

立意即中心思想，立意的基本要求有：一是立意要贴切。立意要符合题目要求和命题意图。如标题为“难题”时，写教学工作中遇到的困难最适宜。二是立意要健康。一篇文章赞扬什么（或歌颂什么），批评什么（或揭露什么），或说明一个什么道理，都应该使别人读了以后受到教育或启发。如果能达到这个目的，那么这篇文章就是有积极意义的。三是立意要集中。一篇文章必须围绕一个中心来写，不能分散，不能有两个及两个以上的中心。四是立意要新颖。要善于从多层次、多角度、多方面来考察材料，做到以小见大，由表及里，从中深深地挖掘出他人从未发现的思想内容。

（二）围绕中心组织剪裁材料

丰富储备材料后，还要学会对材料进行剪裁加工。作文材料的剪裁加工，主要包含取舍、详略、组织等基本环节。

取舍，是材料的组合，是指根据文章中心思想表达的具体需要精心选择适合的材料。精心选择，应以求真、求新、求精为准。白居易说："感人心者，莫先乎情。"选材求真，就是要选那些有自己的真实体验、真情感悟的素材。刘禹锡说："请君莫奏前朝曲，听唱新翻杨柳枝。"选材求新，就是要独辟蹊径，彰显自己的个性。或采撷跃动着时代脉搏的材料，或推陈出新，以新的视角对旧材料进行个性化的挖掘，赋予其新内涵。"宁吃鲜桃一口，不吃烂梨一筐"，选材求精，就是根据文章立意，以百里挑一的严格态度遴选材料，使所选材料具有代表性、说服力和表现力，方能获得窥一斑而知全豹，以一目尽传精神的效果。

三、布局谋篇，安排文章结构

文章结构指的是文章中组织材料和编排内容的具体形式。它就好比是一篇文章的骨架，没有了它，各种材料就犹如一团乱麻，不能形成一篇文章，主题也无从揭示。在明确立意、剪裁材料之后，就考虑有效地安排材料，使文章段落清晰、结构完整。文章的结构主要包括标题、开头、主体、结尾等部分。

（一）拟写标题

"题好文一半。"好的标题往往是传达文章主旨、内容和意蕴之神的"眼睛"，它可以为文章画龙点睛，增添色彩，从而诱人阅读。标题的形式要求有：文题相符、简洁醒目、明确具体、新颖别致。拟写标题的基本方法如下。

1．点事实

"事实"指事情的实际情况，实有的事情。点事实，就是把材料中反映的某一事件或问题简单概括出来作为标题，也可以直接引用材料中的原话做标题。需要注意的是，题目中所涉及的事件或问题，一般是材料中的一个点或一个面，这个点或面往往最能反映材料中心，最具有代表性，最能激起作者的强烈感情，如《我最敬爱的蔡老师》《从百草园到三味书屋》。

2．点论题

论题往往是在材料中提炼概括出的材料的共同主题。点论题也就是说标题告诉了读者该文的议论范围。其特点为标题中含有"说""谈""论""讲""议"等词语，如《谈微博时代的网络问政》《谈诚信》。

3．点论点

中心论点，是作者对所论述的问题最基本的看法，是作者在文章中所提出的最主要的思想观点，是全部分论点的高度概括和集中。中心论点是议论文的灵魂。用中心论点做标题，可以鲜明地告诉读者作者的见解和观点，即作者赞成什么，反对什么都可以一目了然。此种标题多用判断句或陈述句形式表达。点论点是写作题目拟定最常用、最推崇的一种拟题方法，如《用宽容之心对待学生》《用发展的眼光看待学生》《保护学生的尊严》《责任是教师的使命》。

在准确拟定题目的基础上，通过引用名言、巧用修辞等方法对题目进行优化，尽量使题目新颖灵活，用个性化特点吸引读者眼球。

（二）记叙文写作规范

1．开头

开头是文章结构的一个重要组成部分，古人把文章开头称为"凤头"，就是说文章的开头要小巧、亮丽、引人注目，给人以先声夺人之感。尤其是考场作文，倘若能别开生面地开头，给阅卷老师耳目一新之感，能很好地调动老师的评阅积极性，往往就能使作文得分上升一个得分档。记叙文开头方法有多种，易于操作及掌握的方法有直入主题式、设置悬念式、描写抒情式等。

（1）直入主题式。即在文中开篇点题，或点明题目，或点及中心，使文章不拖泥带水，不拐弯抹角，单刀直入，是作文开头最常用的一种方法。

（2）设置悬念式。也就是我们通常所说的卖关子。“欲说还休”，巧妙地埋下伏笔，设下悬念，激发人们的兴趣和思考，能吸引读者迫不及待地要揭开谜底，一睹为快，故能引人入胜。

（3）描写抒情式。用几句恰当的议论抒情做文章的开头，或感染读者，或点名主旨，领起下文。这类开头多运用于讴歌、缅怀类主题的文章，好处是因情深意浓、感情真挚，很能使读者在思想感情上产生共鸣。

2．主体部分

记叙文的结构布局可以按照时序顺进式、平列展开式、穿插回放式排列。

（1）时序顺进式

即选取生活流程中的某一片断按时序进程进行描写，其内容层次依次相连，构成一个完整的故事或情节。其模式如下：开头（引出话题）→作文主体（按时间顺序叙述人或事物）→结尾（抒情、议论）。

（2）平列展开式

选取不同主体、不同场景的片断或将同一内容的几个侧面在同一层面上平列展开，构成一个统一的整体。其基本模式是：

材料①

开头（引出话题）→作文主体→结尾（抒情、议论）。

材料②

【示例】

我梦中的小屋（节选）

山上，飘逸的云朵，婆娑的树木，瑰丽的花朵，奇崛的岩石，每一处都是一幅美丽的风景。

屋前，几株梅，几枝兰幽幽地开花；屋后，挺直的松，苍翠的竹在风中摇曳，地上的青苔也仿佛跟着摇曳了起来。

远处，苍翠的青山蒙着一层淡淡的薄纱，极力想掩饰住自己的那份绿，可是怎么遮挡得住呢？连空气中都似乎可以嗅到“绿色”的味道，苍翠欲滴是它最好的写照啊！

【点评】上面三段文字在写“我梦中的小屋”时就采用了“空间转移式”的结构：分别写了“山上”“屋前”及“远处”的优美景色，大大拓展了“我梦中的小屋”的内涵，而观察思路由上（山上）而下（山下）、由近（屋前）而远（远处），又确实使文章脉络异常分明起来。

（3）穿插回放式

即利用思维可以超越时空的特点，以某一物象为线索，将描写的内容通过插入、回忆、倒放等方式串联组合起来，形成一个整体。操作的关键是选好串联的物象，并围绕一个中心截取生活中的材料。

其模式为：

开头（提出话题，引出材料①）→发展（引出材料②）→结尾（抒情、议论）。

3．结尾

李渔曾说："终篇之际，当以媚语摄魂，使之执笔留连，若难遽别。"所谓"媚语"，即富有文采、意蕴深刻的语言。有文采的结尾，耐人寻味，会让评卷老师爱不释手。收尾要做到有利于揭示文章的主题，有利于文章的结构，要做到词虽尽而意无穷，就像欣赏一首绝妙的乐章，一曲终了，余音仍在耳畔回荡、缭绕。记叙文的结尾，应该简洁明了，有感染力，给读者留有回味和思考的余地。可操作性较强的记叙文结尾方法有画龙点睛法、首尾呼应法、抒情议论法等。

（1）画龙点睛法

这种结尾方式就是在文章结束时，以全文的内容为依托，运用简洁的语言，把主题思想明地表达出来，或者在全文即将煞尾时，把写作意旨交代清楚。

（2）首尾呼应法

结尾与开头要相呼应，写出既呼应开头，又不简单重复的语句，这种结尾方式是各类文章极常见的收束方法。这种收束方法能唤起读者心灵上的美感，产生一种首尾呼应，浑然一体的感觉。

（3）抒情议论法

用抒情议论的方式收束文章，能够表达作者心中的情绪，激起读者情感的波澜，引起读者的共鸣，有着强烈的艺术感染力。抒情议论式结尾的形式是多种多样的，所以采取这种方式结尾比较自由，好的"抒情议论"式结尾必然油然而生情，给读者以真实感、充足感。

（三）议论文写作规范

1．开头

议论文的开头应该表达三层含义：表达、说明、阐释中心论点的意义、重要性；阐释、说明中心论点的作用；表明作者的态度。只有在开头表明了中心论点的重要性、论证的必要性、自己对中心论点的态度，才能真正把议论文开头的内容要求把握准确。

根据议论文写作特点，议论文开头可以采用设问式、排比式、引言式等。

（1）设问式

在提出观点之前，先设置一个反面观点，通过对其简要的批驳顺其自然地得出文章中心。或者在文章开头中直接提出疑问，在文章写作中慢慢回答开头的疑问。

（2）排比式

借助一系列与观点一致的语句、事例构成排比，进而水到渠成地开头。如此，开篇即可让读者感到一股迎面而来的不可遏止的气势。

（3）引言式

在阐述观点之前，先采用一句与中心观点一致的哲理警句、名人名言作为引子。如此，文章中心观点的得出就会有理有据、恰到好处。

2．主体部分

议论文的结构以形式分类，一般是"总论—分论—总论"式，先提出论点，而后从几个方面阐述，最后总结归纳。以内容分类：一般是提出问题（引论）—分析问题（本论）—解决问题（结论）三个环节组成。逻辑关系上常用的有：递进式、并列式。

（1）结构布局

① 递进式

将中心论点分解成几个分论点，分论点之间的关系是由浅入深、由简单到复杂，或者是由此及彼、由近及远、由易到难、由特殊到一般（或由一般到特殊）。层间可用诸如“不仅……而且……”“……况且”等关联词语过渡，同时又以此反映层次间递进的关系。

② 并列式

并列结构是从不同的侧面横向展开分解中心论点。分论点之间是并列关系。

（2）论证方法

① 举例论证

举例论证，是指运用典型事例来证明论点的方法，通常是通过列举典型事例，具体有力地证明了中心论点，增强论证的效果。

② 引用论证

引用论证也叫“引证”，即引用名人名言或名人的观点等作为论据，引经据典地分析问题、说明道理，增强说服力。引用论证的方法有两种：一是明引，交代所引的话的出处；一种是暗引，即不交代所引的话是谁说的或出处。引用论证方法多变，比较灵活。

③ 道理论证

道理论证是指在议论文中用自己的语言通过讲道理的方式来解释论点。

④ 对比论证

对比论证是一种常用的、有说服力的论证方法。事物的特征和本质在对比中最容易显露出来，特别是正反相互对立的事物的比较，具有极大的鲜明性，能给人留下深刻的印象，经过对比，正确的论点更加稳固。

3．结尾

议论文的结尾是延伸文意、收束全文的关键，是对论点的充分显示和升华，也是衡量考生写作水平的标尺。好的结尾必然使文章整体结构更加严谨自然、完整统一，使文章的内容和主旨更加深刻、鲜明。可见，精心设计结尾十分重要，切不能掉以轻心。

（1）总结全文

总结全文，再现中心论点。在结尾常见字眼有“总之”“总而言之”“因此”等表示结束性的词语。

（2）展望未来

用形象或哲理性的语言阐述自己的见解，发表评议，警戒世人。这样不仅文采斐然，而且给人以启迪，引人深思。

四、语言表达

（一）准确：即用词恰当，表意明确

准确是对语言运用质量上最基本也是最重要的要求，它要求用词能完全表达概念的内涵，切合语境与对象，涉及运用词语、选择句式、选择语气等方面的要求。

准确用词要注意几个“符合”。

1．符合情境

选择词语要注意情境的制约。写作中使用的词语都处在全篇或上下文的具体语境中，只有根据特定语境选择恰当的词语才能准确地表达意思，同样的词语用于不同的语境效果迥然不同。

2. 造句通顺

造句应依照一定语言的语法、逻辑规则进行，否则会出现语病。应注意以下几点：句子结构要完整，词语搭配要稳妥，正确使用关联词语。

3. 符合对象

仔细辨析同义词的基本意义和附加意义（包括风格、色彩和用法等）的同中之异，这有助于恰如其分地叙事写景、表情达意、释物明理。

（二）鲜明：意图清晰，态度明确

鲜明是语言运用的原则之一。具体指的是遣词造句语意明确，条理清楚，能够把事物的性质、状态以及事物之间的复杂关系清晰告诉读者，给人以清晰的印象。表达的时候要色彩（感情色彩、事物的形象色彩）分明，观点明确。

1. 恰当选用词语

在通常情况下，尽量不要使用表意模糊的词语来表情达意。尽可能少用“可能”“大概”“也许”“左右”等不确定的词来表明态度与观点。多使用“坚决反对”“完全错误”“决不能这样”等词语来表明自己所持的鲜明的态度。选用富有感情色彩的词语时，要关注整个语境，根据在表达时的不同态度和感情，选择词义的褒贬。

2. 恰当选用句式

可用肯定的语气来表明观点，还可以选用双重否定或反问句式来加强语气，使自己观点的表明更加鲜明而强烈。注意整句与散句的使用。整句形式整齐，声音和谐，气势贯通，意义鲜明，适合于表达丰富的感情，能给人以深刻而鲜明的印象。

3. 恰当运用修辞手法

比喻、对偶、对比等修辞能增强语言表达的鲜明性，独具特色，借助修辞格来增强语言表达的鲜明性，是一条切实可行的途径。这一点拟写标题时显得尤为重要。

有的考生把话题直接作为题目。实际上，这种做法很不好。首先，根据话题作文可写的内容太多、太宽泛。因此，话题不宜直接作题目。其次，拿话题作题目，也是不符合“自拟题目”的要求的。下列我们介绍几种创新式拟题方法。

（1）巧用修辞，匠心独运

拟题时可灵活巧妙地运用比喻、拟物、拟人、引用、对偶、对比、反诘、设问、借代、夸张、移就、仿拟、双关等修辞手法，常常能给人以生动形象、含蓄隽永、新颖醒目的感觉，使文章锦上添花。

① 巧用比喻——妙笔生花

以“亲情”为话题自拟题目，有考生拟的标题是《送老人一轮暖阳》，把晚辈对老人的关心、孝顺比做“暖阳”，突出了晚辈对老人的关心、孝顺的重要性。再如以“诚实”为话题，标题《诚实就是财富》，把诚实这种美德比作财富，有力地证明了只有用诚实才能换得友谊，赢得成功，获得知识的主题。又如以“奉献”为话题，标题《最后的烛泪》，含蓄生动，用比喻来象征姥姥无私奉献到了生命的尽头，包含了对姥姥一生奉献的无言又无尽的歌颂，形象贴切，不落窠臼。

② 运用比拟——情感细腻，生动形象

以“环保”为话题的作文，就有考生拟题为《天空的诉说》《地球就诊记》，分别把天空、地球当人来写，赋予人的语言、行为，很新颖，也非常形象生动，能唤起人们的联想。

③ 运用夸张——增加表现美

一个以“爱心”为话题的作文训练，一考生拟题为《我闻到了阳光》，写了一个后进生在班里得到老师、同学关心的故事，显然是夸张地写出了作为一个后进生对老师、同学关心自己的感受。

④ 巧用设问——引人注意、巧用反问——强调情感

以“选择”为话题。写一篇文章，题目自拟。标题《安能取熊掌而舍鱼？》(反问)、《究竟谁错了？》《林黛玉非死不可吗？》(设问)，把问句形式用于标题，能有意设置悬念，吸引读者去追寻其中的答案。

⑤ 运用对比——突现主题

把两类不同的事物放在一块比较，容易使人们得出结论。用对比法拟题很醒目，也发人深省。例如，以“回报”为话题，拟题有《回报与索取》。又如以“诚信”为话题，拟题有《诚信与虚伪》《对与错》《走出与回归》《白雪红梅》。标题两相对照，孰是孰非，一目了然，使读者未读全文就留下思考的空间。

⑥ 运用双关——巧妙机智

有位考生拟题为《生命“诚”可贵》，标题这句话本是裴多菲的名句，但原来的“诚”是副词，有“诚然，确实”之意。作者运用双关修辞格将“诚”用引号标出，巧妙地赋予“诚信”之意，可谓机智，相信能让阅卷老师眼睛为之一亮。

⑦ 使用呼告——热情呼唤

呼告是一种用来表达强烈感情的修辞手法，用这种手法拟题容易感染人、吸引人。例如，隐形翅膀助我起飞——做教师，我准备好了。

⑧ 仿拟法——富有情趣

根据交际需要，模仿现有的格式，临时新创一种说法的修辞手段叫“仿拟”。也称“仿用”。常见的有仿词、仿句等。仿拟采用现成的词语、句子加以变化，易于引起读者的想象，加深对读者的感染力，往往具有幽默、讽刺、诙谐的情趣。

(2) 巧点化，妙趣横生

对影片名、歌曲名、古诗句以及成语俗语等适当点化，进行套装、借用、仿造之后作为文章的题目，常常显得典雅大方，亦庄亦谐，妙趣横生，是考场中快速拟题的高明之举。例如，

为师者，当日三省吾身师者慎独（诗句套改）

教育不是小买卖——做一位专家型教师（歌词搬借）

爱要说出来——春风化雨也有声（俗语挪用）

(三) 生动：语言讲究，表现力强

生动是就表达效果来说的，它要求用语具体形象，注意炼字炼词和修辞手法的运用，以及运用灵活的句式等。生动的语言不但具体形象，活泼多变，有声有色，而且感情充沛，散发着生命的活力。具体来说，要想语言生动，须做到以下几点。

1. 要使用描绘性的词语和具体形象的写法

描绘性词语绘声绘色，富有动感，用在合适的地方便显得生动活泼。

具体形象的表达能给人一种身临其境的感觉，使抽象的东西鲜活起来。

2．多用贴切的比喻和拟人等修辞格

要特别重视比喻的使用，因为它的主要特点功用就是把抽象的对象具体化、形象化；而拟人的功用是使无生命的对象仿佛充满了生机和感情，也使它生动起来。

本章历年试题分析

一、单项选择题

1. 不能将书本的内容采集为数字图像存储到计算机中的设备是（　　）。【2014.3】

A. 数码相机　　B. 扫描仪　　C. 打印机　　D. 手机

2. 下列设置中，能使幻灯片中的标题、图片、文字等按顺序呈现的是（　　）。【2016.3】

A. 设定放映方式　　B. 切换幻灯片　　C. 链接幻灯片　　D. 自定义动画

3. 下列选项中，能够由“李白是文人”和“李白不是商人”必然推出的（　　）。【2016.3】

A. 有的文人是商人　　B. 有的文人不是商人

C. 有的商人是文人　　D. 有的商人不是文人

4. 找规律填数字是一种很有趣的游戏，特别锻炼观察和思考能力，下列各组数字填入数列“1、6、5、9、12、（　）”，空缺处的数字，正确的是（　　）。【2016.3】

A. 13　　B. 15　　C. 17　　D. 19

5. 在 Word 中，下列操作不能实现的是（　　）。【2015.11】

A. 在页眉中插入日期　　B. 建立奇偶内容不同的页眉

C. 在页眉中插入分页符　　D. 在页眉中插入剪贴画

6. 在 PowerPoint 中，新建一个演示文稿时第一张幻灯片的默认版式是（　　）。【2015.11】

A. 项目清单　　B. 两栏文本　　C. 标题幻灯片　　D. 空白

7. 下列选项中，与“植物不可能都是多年生的”意思相同的是（　　）。【2015.11】

A. 植物可能都不是多年生的　　B. 有的植物有可能是多年生的

C. 有的植物必然是多年生的　　D. 有的植物必然不是多年生的

8. 甲、乙、丙分别是北京、上海、重庆人，分别学习金融、法律、外语。已知：①乙是重庆人；②学外语的是北京人；③学金融的不是上海人；④甲不学金融；丙不学外语。下列推断完全正确的是：（　　）。【2015.11】

A. 甲是上海人，学法律　　B. 甲是北京人，学外语

C. 丙是北京人，学外语　　D. 丙是上海人，学金融

9. 在 PowerPoint 的空白幻灯片中，不可以直接插入的是（　　）。【2015.3】

A. 艺术字　　B. 声音　　C. 字符　　D. 文本框

10. 在下列选项中，与“没有理想的人生，就不是有意义的人生”意思相同的是（　　）。【2015.3】

A. 有理想的人生一定是有意义的人生　　B. 有理想的人生才会是有意义的人生

C. 没意义的人生一定是没理想的人生　　D. 有意义的人生未必是有理想的人生

11. 小明面对某饭店大楼惊叹：“嗬，真高真漂亮啊！”爷爷说“只有学习好，才能住进这样的高楼。你可要好好学习啊！”小明调皮地说：“那爷爷上学时一定没有好好学习。”下列推导中，小明所使用的是（　　）。【2015.3】

A. 好好学习，就能住进漂亮的高楼，爷爷没好好学习，所以没住进漂亮的高楼

B. 不好好学习，就住不进漂亮高楼；爷爷没好好学习，所以爷爷没住进漂亮高楼

C. 只有好好学习，才能住进漂亮高楼；爷爷没住进漂亮高楼，所以他没好好学习

D. 不好好学习，就住不进漂亮的高楼；爷爷住的是平房，所以他没有好好学习

12. 如图 5-1 所示，下列选项中，与例图的四个图形有一致性规律的是（　　）。【2014.11】

例图：

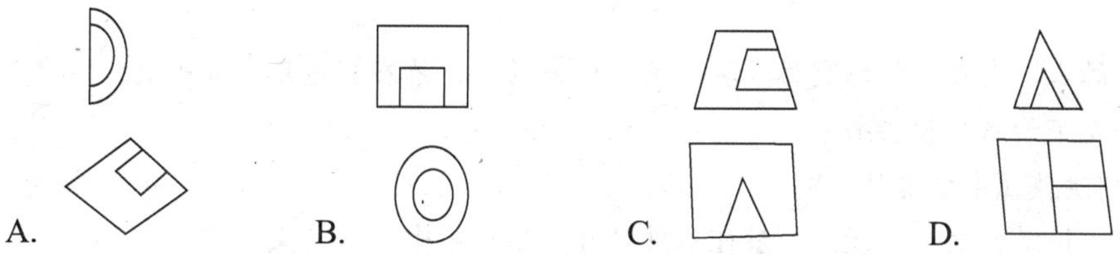

图 5-1

13. 某酒店相邻的 1、3、5、7 号房间内分别住着国籍为英、法、德、俄的 4 位专家。俄国专家说：“我的房间号比德国人的大，我只会说俄语，我的邻居不会俄语”。英国专家说：“除了英语，我还会俄语，但我只能跟一位邻居交流。”德国专家说：“我会英、法、德、俄 4 种语言。”下列关于专家房间号由小到大的排序，正确的是（　　）。【2014.11】

A. 英德俄法　　B. 法英德俄　　C. 德英法俄　　D. 德英俄法

14. 某单位要评出一名优秀员工，群众评议退出候选人赵、钱、孙、李。赵说：小李业绩弯沉过了，当之无愧。钱说：我个人意见，老孙是不二人选。孙说：选小钱和老赵我都赞成。李说各位做得更好，不能选我。如果赵钱孙李只有一个人的话与结果相符，则优秀员工是（　　）。【2014.3】

A. 赵　　B. 钱　　C. 孙　　D. 李

15. 下列选项中，不能作为超级链接插入演示文稿的是（　　）。【2016.11】

A. 另一个演示文稿　　B. 其他应用程序中的某一文档

C. 幻灯片中某一对象　　D. 同一演示文稿中的某张幻灯片

16. 下列选项中，与“绿叶菜——菠菜”逻辑关系相同的是（　　）。【2016.11】

A. 西红柿——番茄　　B. 萝卜——白萝卜

C. 大白菜——白菜　　D. 花菜——黄花菜

二、材料分析题

1. 材料【2016.3】

书籍，可以是生活中的太阳，也可以是生活中的月亮。这样一想，我们就很容易分清两类读书人。

将书籍当成作太阳的人，大都在白天读书。他们希望有了书的照耀，生活道路上的艰难可以像冰一样迅速融化，前进的阻碍、陷阱可以一一跃过或者躲开。有了书的帮助，他们能看见自己想看的，得到自己想要的，明白自己还想看什么，还想要什么。他们歌颂太阳，只是因为太阳给他们光明；他们喜欢书籍，只是因为书籍帮他们走路。太阳不是闲来无事挂在天上玩的，白天读书的人也不大会读闲书或无用的书。他们只要阳光，只要书中有用的东西。不如此，就感到自己

年华虚度，白了少年头，空悲切。

将书籍当成作月亮的人，喜欢在晚上读书。日落西山，热气渐消；月上柳梢，银光乍泄；亮起一盏灯，与窗外月光辉映；随手从满架琳琅中抽出一本有趣的书，闲读。夜深人静，步出书房，庭中望月，心静如水。他们知道自己是无用之人，但不计较；他们清楚自己在读无用之书，但还是觉得有趣。他们为轻松而读书，借此摆脱生活的沉重。以书下酒，邀月同饮，个中乐趣不图与人分享，只求书不是盗版，酒不是伪劣，月不是假冒。至于白天的事，万事随缘，由它去吧！

白天读书的人，志在将梦想变为现实；晚上读书的人，意在将追梦变成守望。阳光下读书，梦在书外；月光下读书，梦在书中。

（摘编自胡洪侠《书中日月长》）

问题：（1）请结合文本，谈谈“梦在书外”和“梦在书中”的含义。

（2）“将书籍当作太阳的人”“将书籍当作月亮的人”这两类读书人，你更认同哪一类？简要说明理由。

2. 材料【2014.11】

冯友兰先生有一个提法：“照着讲”和“接着讲”。冯先生说，哲学史家是“照着讲”，例如康德是怎样讲的，朱熹是怎样讲的，你就照着讲，把康德、朱熹介绍给大家。但是哲学家不同。哲学家不能仅限于“照着讲”，他要反映新的时代精神，要有所发展、有所创新，冯先生叫作“接着讲”。例如，康德讲到哪里，后面的人要接下去讲；朱熹讲到哪里，后面的人要接下去讲。

人文学科的新的创造必须尊重古今中外思想文化的经典创造和学术积累，必须从经典思想家“接着讲”。

“接着讲”，从最近的继承关系来说，就是要站在21世纪文化发展的高度，吸取20世纪中国学术积累的成果，吸收蔡元培、朱光潜、宗白华、冯友兰、熊十力等学者的学术成果，其中特别要重视朱光潜先生留下的大量的学术成果。对中国美学来说，尤其要从朱光潜“接着讲”。之所以特别强调朱先生，主要是因为他更加重视基础性的理论工作，重视美学与人生的联系。朱先生突出了对“意象”的研究，这些对把握未来中国美学的宏观方向都很有意义。宗白华先生同样重视“意象”的研究，重视心灵的创造作用。他从文化比较的高度阐释中国传统美学的精髓，帮助我们捕捉到中国美学思想的核心和亮点。他的许多深刻的思想可以源源不断地启发今后的美学史、美学理论的研究。

学术研究的目的不能仅仅限于搜集和考证资料，而是要从中提炼出具有强大包容性的核心概念、命题，思考最基本、最前沿的理论问题。从朱光潜“接着讲”也不是专注于研究朱光潜本人的思想，而是沿着他们开创的学术道路，在新的时代条件、时代课题面前做出新的探索。每一个时代都有自己的学术焦点，这形成了每一个时代在学术研究当中的烙印。“接着讲”的目的是要回应我们时代的要求，反映新的时代精神，这必然推动我们对前辈学者的超越。

（摘编自叶朗的《意象照亮人生》）

（1）请简述文中“照着讲”的意思。

（2）简析当代中国的人文学科应怎样“接着讲”。

3. 材料【2014.3】

“苦难是人生的一笔财富。”这是人们常说的一句激励、奋进的话，但学会正确对待苦难更有现实的意义，毕竟，苦难不是幸事，也不是每个人都能承受得起的。

在一次聚会上，那些堪称成功的实业家、明星谈笑风生，其中就有著名的汽车商约翰·艾顿。艾顿向他的朋友、后来成为英国首相的丘吉尔回忆起他的过去——他出生在一个偏远小镇，父母早逝，是姐姐帮人洗衣服、干家务，辛苦挣钱将他抚育成人。但姐姐出嫁后，姐夫将他撵到了舅舅家，舅妈更是刻薄，在他读书时，规定每天只能吃一顿饭，还得收拾马厩和剪草坪。刚工作当学徒时，他根本租不起房子，有将近一年多时间是躲在郊外一处废旧的仓库里睡觉……

丘吉尔惊讶地问："以前怎么没有听你说过这些？"艾顿笑道："有什么好说的呢？正在受苦或正在摆脱受苦的人是没有权利诉苦的。"这位曾经在生活中失意、痛苦了很久的汽车商又说："苦难变成财富是有条件的，这个条件就是：你战胜了苦难并远离苦难不再受苦。只有在这里，苦难才是你值得骄傲的一笔人生财富。别人听着你的苦难时，也不觉得你是在念苦经，只会觉得你意志坚强，值得敬重。但如果你还在苦难之中或没有摆脱苦难的纠缠，你说什么呢？在别人听来，无异于就是请求廉价的怜悯甚至乞讨……这个时候你能说你正在享受苦难、在苦难中锻炼了品质、学会了坚韧？别人只会觉得你是在玩精神胜利、自我麻醉。"

艾顿的一席话，使得丘吉尔重新修订他"热爱苦难"的信条。他在自传中这样写道——苦难，是财富还是屈辱？当你战胜了苦难时，它就是你的财富；可当苦难战胜了你时，它就是你的屈辱。

那么，让苦难不再成为屈辱的前提是：坚强面对，不屈挠，勇于奋斗，最终战胜苦难，而让它成为你人生中真正值得汲取的财富！

问题：（1）让苦难不再成为屈辱的前提是什么？请结合本文，说说你的看法。

（2）每个人都有表达、申诉的权利，可是艾顿却说"正在受苦或正在摆脱受苦的人是没有权利诉苦的"，说说你的理解。

4. 材料【2016.11】

一个人的目光发自他的内心世界。目光的颜色表征了一个人的信仰与观点，而它与自然光的偏离程度则衡量着他的阅世是否成熟。目光的视野大小反映了一个人的胸怀。目光的温度流露出一个人的情感。目光的光压显示了一个人的勇气、决心与意志。一束怯懦的目光，光压几乎接近于零。目光的高低常与一个人地位的尊卑相联系。目光的深浅则透着一个人的睿智、聪慧与文化修养。而目光的真伪完全是一个人是否诚实的标志。

目光还反映出一个人的综合气质。如他的人格品位，机智程度，灵气天分，城府心机，阅历深浅，胸襟气度，风范操守，文化素养，行为习惯……从一个人的目光里，我们可以读出他的心灵，看到他更为深层次的内涵。怪不得人们常说，眼睛是心灵的窗户。不过，眼睛确实是一个人最有神韵的地方。

有的人相信名片上的官衔，有的人甚至妄言，服装是一个人的"第二名片"。实际上，这两者都是最容易伪造的。而一个人的目光才是高度的"防伪"的。一个人可以很容易改变他的服装，但却难以改变他的目光。据《世说新语·容止》记载，当年曹操作为匈奴使臣，他自以为形陋不足以向远方强悍之国显示天威，特叫崔季珪代他充当大使荣色，自己则握刀立旁做侍从。事后有人问使臣："魏王如何？"匈奴使者回答说，魏王形态仪表倒也不凡，但是旁边那位目光炯炯有神的握刀人才是真英雄。

善良的人们，要把握住自己的目光，去辨真伪，发现美，择良善，并发出自己纯净、善良的目光。我们每一个人不仅生活在自然的各种光照之不，同时也生活在社会的众多目光之中。这个

世界若是更多些真、善、美的目光，就会变得更加美好。（摘编自詹克明《目光》）

问题：（1）请结合文本，简要概括目光所反映出的一个人的特性。

（2）文章用“真假魏王”的例子，旨在说明什么？请简要分析。

三、作文题

1. 阅读下面材料，根据要求作文。【2015.11】

人类和动物最明显的区别之一，就是人类看书识字，而动物不会看书识字，如果一个人不看书，无疑就接近动物了，也就失去人的优势。

要求：请用规范的现代汉语写作。自定立意，自拟题目，自选文体。不少于800字。

2. 阅读下面的材料，按要求作文。【2016.11】

一个老人挑着一旦瓷碗，在路上走着。突然一只碗掉到地上摔碎了。老人头也不回继续向前走。路人很奇怪，便问：“你的碗摔碎了，为什么你看都不看呢？”老人说：“我再怎么回头看，碗还是碎的。”

要求：文体自选，立意自拟，标题自拟；不少于800字。

3. 阅读下面材料，根据要求作文【2014.11】

苏格拉底说：“快乐就是这样的，它往往在你为着一个明确的目的忙得无暇顾及其他的时候突然来访。”

培根说：“外在的偶然因素经常影响人的命运，但人的命运主要还是掌握在自己手中。”

要求：用规范的现代汉语写作。自定立意，自拟题目，自选文体，不少于800字。

参考答案及解析

一、单项选择题

1.【答案】C

【解析】打印机是计算机的输出设备之一，用于将计算机处理结果打印在相关介质上。

2.【答案】D

【解析】自定义动画能使幻灯片上的文本、形状、声音、图像等具有动画效果，可以突出重点，控制信息的流程，也能使幻灯片中的标题、图片、文字等按要求顺序呈现。

3.【答案】B

4.【答案】D

【解析】该数列中，分别作差能得到，5、−1、4、3，在生成的这一新的数列中，前后相加能得到后一个数，5−1 = 4，−1+4 = 3，那么4+3 = 7，需要12+7 = 19，因此本题选择D。

5.【答案】C

【解析】在页眉中可以插入日期、剪贴画以及奇偶页不同的页码，但是不可以插入分页符。故选C。

6.【答案】C

【解析】新建一个演示文稿时，第一张的幻灯片的默认版式是首页此幻灯片文档的标题，也就是标题幻灯片。故选C。

7.【答案】D

【解析】“不可能都”转换过来，“不都”等于“有的是”，“可能”要变成“必然”，所以变成了“有的植物必然不是多年生的”，故答案选 D。

8.【答案】B

【解析】由条件 2+4 可知丙不是北京人，甲或乙是北京人，故 C 错，结合条件 1，乙是重庆人，故甲是北京人，甲学外语，故选 B。

9.【答案】C

【解析】字符要先插入文本框才可以写入字符。

10.【答案】B

【解析】此题考查考生对逆否等价命题的把握。逆否等价命题公式为：P→Q，Q→P，题干为“理想→意义”等价于“意义→理想”A. 前推后：理想→意义 B. 后推前：意义→理想 C. 意义→理想 D. 意义→理想；意义→理想，所以答案为 B。

11.【答案】B

【解析】根据推理翻译：爷爷的话应该为：住高楼→学习好；根据逆否等价命题可以推出：学习好→住高楼。所以小明的话应该为“那爷爷上学时一定没好好学习。所以爷爷没住上这样的高楼”，即 B 项。

12.【答案】A

【解析】例图中的四个图形的特点是：每个图都有形状相同的两个图组成，且这两个图都有两个交点。所以，只有 A 项符合例图中的规律，所以本题选 A。

13.【答案】C

【解析】从俄国专家的话中我们可以推出，英国专家和德国专家都不可能是俄国专家的邻居，因为其邻居不会说俄语。所以，可以排除 A、B、D，本题选 C。

14.【答案】D

【解析】本题属于辑思维模块的真假推理题。“只有一人的话与结果相符”意思是只有一人的话为真，其他为假。从四人的话中可以看出赵与李的话是矛盾的，所以他们中有一个说的为真，钱、孙的话必为假，即优秀员工不能是孙、钱、赵，只能是李。

15.【答案】B

【解析】Excel 是一个基于 Windows 环境下的电子表格处理软件，其核心功能是电子表格的处理，同时包括统计计算、图表处理、数据分析等功能。在 Excel 中，若数据源发生变化，数据源所对应的图表也会根据数据源的变化而自动变化更新。故正确答案为 B。

16.【答案】B

【解析】属种关系，称真包含关系、上属关系等，是指一个概念的部分外延与另一个概念的全部外延重合的关系。题干中菠菜属于绿叶菜的一种，两者属于属种关系，白萝卜属于萝卜的一种，为种属关系。故正确答案为 B。

二、材料分析题

1.【参考答案】

（1）梦在书外指白天读书的人，白天读书的人大多只读有用的书，希望书籍能够指明他们前进的道路，指明他们现实中的梦想如何实现。

梦在书中指晚上读书的人，晚上读书的人大多读“无用”的书，只为轻松和有趣而读书，不为功利，只因书中内容且喜且悲，梦在书内。

（2）认同哪一种都可以，也可以两者都认同，说出道理即可。

“将书籍当作太阳的人”更加重视书的知识性和实用性，重视书籍对生活的指导意义；“将书籍当作月亮的人”更加重视书籍的趣味性，重视书籍对生活的调节作用。

2.【参考答案】

（1）本文中“照着讲”的意思是哲学史家在讲述知识的时候，必须要尊重古今中外思想文化的经典创造和学术积累，将经典思想家的原本知识内容讲述出来即可。

（2）当代中国的人文学科的“接着讲”指的是：一要从21世纪文化发展的高度，吸取20世纪中国学术的成果，吸收蔡元培、朱光潜、宗白华、冯友兰、熊十力等前辈学者的学术成果；二要在学术研究中不能局限于搜集和考证资料，而是要从中提炼出具有强大包容性的核心概念、命题，思考最基本、最前沿的理论问题；三要不能仅仅研究现有学者的思想，而是沿着他们开创的学术道路，在新的时代条件、时代课题面前做出新的探索，反映新的时代精神，从而超越前辈学者。

3.【参考答案】

（1）让苦难不再成为屈辱的前提是：坚强面对，不屈挠，勇于奋斗，最终战胜苦难，而让它成为人生中真正值得汲取的财富。因为只有当你战胜了苦难并远离苦难不再受苦时，别人才不会认为它是你的屈辱，而会觉得你意志坚强，值得敬重。

（2）之所以这么说是因为：苦难变成财富是有条件的，这个条件就是，你战胜了苦难并远离苦难不再受苦。只有在这里，苦难才是你值得骄傲的一笔人生财富。

如果艾顿还在苦难之中或没有摆脱苦难的纠缠，无论他说什么，在别人听来，无异于就是请求廉价的怜悯甚至乞讨。即使说正在享受苦难，在苦难中锻炼了品质、学会了坚韧，那么别人只会觉得他是在玩精神胜利、自我麻醉。巴尔扎克说：“苦难，对于天才是一块垫脚石，对于能干的人是一笔财富，对于弱者是一个万丈深渊。”因此，苦难，是财富还是屈辱，取决于自己。当苦难战胜了你时，它就是你的屈辱；当你战胜了苦难时，它就是你的财富。我们应该坚强面对，勇于奋斗，最终战胜苦难，让它真正成为人生中值得汲取的财富。

4.【参考答案】

（1）①目光反映了一个人的内心世界。②反映了一个人的综合气质。

（2）文章通过魏王改变服装后依然被人通过目光辨认出来的事例，来说明目光识人的重要性。

① 有人相信名片上的官衔，有人说服装是人的第二名片，而实际上，这两者是容易伪造的。

② 一个人容易改变服装，却难改目光。

③ 善良的人要善于运用自己的目光，明辨真伪、善恶、择良善，并发出自己善良纯净的目光。

三、作文题

1.【范文】

书之岁华，其约可读

高尔基曾说：“书是人类进步的阶梯”；雨果更是强调了书籍对人类自身的重大意义，“书籍便是这种改造灵魂的工具，人类所需要的，是富有启发性的养料。而阅读，则正是这种养料”。的确，犹如阳光雨露滋养着大地，书籍也在滋养着我们的心灵。

读书不能解决我们的吃穿用度的实际问题，但是，我们的心灵需要书籍的塑造与满足。读书本身就是个自我历练，自我提升的艺术过程。“玉不琢不成器，人不学不知道。”读书是一种学习的过程。一本书有一个故事，一个故事叙述一段人生，一段人生折射一个世界。“读万卷书，行万里路”说的正是这个道理。读诗使人高雅，读史使人明智。读每一本书都会有不同的收获。“悬梁刺股”“萤窗映雪”，自古以来，勤奋读书，提升自我是每一个人的毕生追求。读书是一种最优雅的素质，能塑造人的精神，升华人的思想。

我们常说，书籍是开启人们心灵的一把钥匙。读书的目的有各种各样，但根本的一点：读书能提升人的境界，净化人的心灵，追求心灵的感悟和审美上的享受，我想这是任何一个读书人都无法否认的。在现今“人格物化、人性钱化、人品锈化”的风气熏陶下，我们更加要耐得住寂寞，挡得住诱惑，让自己的心沉下来，坚守住读书这个人生基本的阵地。

随着时代的发展，生活节奏的加快，人们读书的功利性也越来越强，为了升学考试，为了各种级别证书的考试，人们已经很难静下心来，体会读书本身的乐趣了。闲时沏上一壶茶，在缕缕轻雾中捧起一本书，品着茶香，嗅着书香，反复咀嚼，品味着每一个字，每一句话读书的最大乐趣。书籍本身是一种艺术品，而阅读过程更是对艺术的品味。

读书是一种充实人生的艺术。没有书的人生就像空心的竹子一样，空洞无物。书本是人生最大的财富。犹太人让孩子们亲吻涂有蜂蜜的书本，是为了让他们记住：书本是甜的，要让甜蜜充满人生就要读书。读书是一本人生最难得的存折，一点一滴地积累，你会发现自己是世界上最富有的人。

读书是一种感悟人生的艺术。读杜甫的诗使人感悟人生的辛酸，读李白的诗使人领悟官场的腐败，读鲁迅的文章使人认清社会的黑暗，读巴金的文章使人感到未来的希望。每一本书都是一个朋友，教会我们如何去看待人生。读书是人生的一门最不缺少的功课，阅读书籍，感悟人生，助我们走好人生的每一步。

书是灯，读书照亮了前面的路；书是桥，读书接通了彼此的岸；书是帆，读书推动了人生的船。读书是一门人生的艺术，因为读书，人生才更精彩！

2.【参考答案】

该题是材料型作文，讲的是老人处理问题时不执着于失去的瓷碗，而放眼未来。

可选立意：教会学生转变观念，积极面对困难；用发展的眼光看待学生。

可选标题：塞翁失马焉知非福；让学生看到前面的路。

可选分论点：

（1）引导学生发现长处；引导学生正确归因；引导学生总结经验；更好面对未来。

（2）学生偶尔有缺点，老师要正视；不要执着于学生现在的问题，看到学生以后的路；帮助学生在之后的路走的更好。

3.【范文】

在教师工作中寻找快乐

苏格拉底说:“快乐就是这样,它往往在我们为着一个明确的目的而忙得无暇顾及其他的时候,突然来访。”快乐要有一定的目标，这样才不会虚度生活。除此之外，快乐掌握在自己的手中。做一个快乐的老师，快乐自己快乐学生。

快乐是一种选择，在这个过度娱乐化的社会中，人们更多追求短暂的快乐，而忘记快乐真正含义。苏格拉底的话语说出快乐的真正内涵。

快乐的生活要有明确的目标。生活没有目标像大海中失去方向的一艘船，虽然在不停的行驶，却没有前进的意义。一群年轻人向苏格拉底请教，快乐到底在哪里？苏格拉底让他们先造一条船。他们造出了一条很特别的船，非常开心。苏格拉底问："孩子们，你们快乐么？"年轻人齐声回答："快乐极了！"苏格拉底说："快乐就是这样，它往往在我们为着一个明确的目的而忙得无暇顾及其他的时候，突然来访。"因为有了目标，活动变得更加有意义；因为有了目标，活动变得更加有针对性；因为有了目标，让教师看见前进的希望。

快乐的生活要有良好的心态。经常有人说人生苦短，所以苦短的人生要好好把握。培根说："外在的偶然因素经常影响人的命运，但人的命运主要还是掌握在自己手中。"而掌握在自己手中最重要的钥匙就是心态。积极的人像太阳，照到哪里哪里亮；消极的人像月亮，初一十五不一样。作为一个教师，工作中会碰见各种问题，当碰见困难挫折时，一定要有良好心态。良好的心态才可以让生活更加快乐。

快乐的生活要有助人的精神。乐善好施助人为乐是我们的传统美德，快乐的生活来自给予。这种给予要求不断地付出。其实这不仅可以让教师学到更多的知识，也锻炼教师自身的能力。这种给予和付出可以让生活更加快乐，因为一方面证明自身的价值，另一方面实现自身的价值。张丽莉是快乐的，谭千秋是快乐的，徐德光是快乐的，他们用自己的实际行动阐述快乐的含义。

生活是一门伟大的艺术。只要你拥有一颗快乐的心，别让世俗的尘埃蒙蔽了双眼，别让太多的功利给心灵套上了沉重的枷锁，你就会发现快乐如同星星点点般密布在我们身边的每一个角落，唾手可得。

2017年最新版

国家教师资格考试指导系列规划教材

综合素质考点汇总（背诵版）（小学）

国家教师资格考试指导中心　审

庄春跃　卫　霞　主　编

人 民 邮 电 出 版 社

北 京

第一章 职业理念

1. 素质教育：素质教育是依据人的发展和社会发展的实际需要，以全面提高全体学生的基本素质为根本目的，以尊重学生个性，注重开发人的身心潜能，注重形成人的健全个性为基本特征的教育。

2. ★★★素质教育内涵：是面向全体学生的教育、是促进学生全面发展的教育、是以培养创新精神和实践能力为重点的教育、是注重学生个性培养的教育。

3. 素质教育的基本要求：（1）面向全体学生；（2）促进学生全面发展；（3）促进学生生动、活泼、主动发展；（4）促进学生创新精神和实践能力的培养；（5）着眼于学生的可持续发展。

【材料分析】

4. 实施素质教育应避免的误区

（1）素质教育就是不要尖子生：对“面向全体学生”的误解；

（2）素质教育就是要学生什么都学、什么都学好：对“使学生全面发展”的误解；

（3）素质教育就是不要学生刻苦学习，“减负”就是不给或少给学生留课后作业：对“使学生生动、活泼、主动发展”的误解；

（4）素质教育就是要多开展课外活动，多上文体课：“对教育形式化”的误解；

（5）素质教育就是不要考试，特别是不要百分制考试：对“考试”的误解；

（6）素质教育会影响升学率：对“素质教育内涵”的误解。

5. 为什么要实施素质教育？

（1）实施素质教育是落实“科教兴国”战略的需要；

（2）实施素质教育是当今国际教育改革和发展的共同趋势；

（3）实施素质教育是我国基础教育改革和发展的需要。

6. ★★★学生观的内涵。（1）学生是发展的人：①学生的身心发展是有规律的；②学生具有发展潜能；③学生是处于发展过程中的人。（2）学生是独特的人：①学生是完整的人；②每个学生都有自身的独特性；③学生与成人之间存在差异。（3）学生是具有独立意义的人：①每个学生都是独立于教师的头脑之外，不以教师意志为转移的客观存在；②学生是学习的主体；③学生是责权的主体。

7. ★★★“以人为本”的学生观在教学中的运用：（1）全面发展，尊重个性；（2）公平公正，一视同仁；（3）认识学生，尊重学生；（4）关爱包容，接纳学生。**【材料分析】**

8. 我国教育所规定的全面发展的教育的组成部分，包括德育、智育、体育、美育和劳动技术教育，通常被称为“五育”。各育具有相对独立性，又相互联系，相互渗透，依存于一个有机整体中，因此，实施素质教育必须坚持五育并举。

9. 全面发展教育的构成。德育：灵魂与统帅。智育：前提和支持。体育：基础作用。美育：动力。劳动技术教育：综合其他四育。

10. 教育的根本任务是教书育人。

11. 教师的一般角色：传道者；授业、解惑者；榜样；管理者；朋友。

12. 教师在新课程中的角色：学生学习的促进者；教育教学的研究者；课程建设的建设者和开发者；从学校与社区的关系来看，教师应该是社区型的开放的教师。【**材料分析**】

（1）教师由知识的传授者转变为学生学习的引导者和学生发展的促进者；

（2）教师从课程的忠实执行者转变为课程的建设者和开发者；

（3）教师要从“教书匠”转变为教育教学的研究者和反思的实践者；

（4）教师要从学校的教师转变为社区型的开放的教师；

（5）在对待与其他教育者的关系上，新课程强调合作。

13. 教师的劳动特点。（1）复杂性、创造性：复杂的脑力劳动；（2）连续性、广泛性；（3）长期性、间接性；（4）主体性、示范性：主体性指教师的劳动手段是教师自身。教师自身可以成为活生生的教育因素和具有影响力的榜样；示范性指教师的言行举止都会成为学生的效仿对象，教师的人品、才能、治学态度等都可以成为学生学习的楷模，因此教师必须以身作则，以人师表。

14. 教师为什么要爱学生：师爱是学生身心健康成长的重要环境因素；师爱是增强教育效果的重要条件。

15. 教师应该如何爱学生：（1）将对学生的爱与严格要求

相结合；（2）尊重和信任学生；（3）要全面关怀学生；（4）要关爱全体学生；（5）理解和宽容学生；（6）解放和放飞学生。

16. 教师职业道德素养：爱国守法、爱岗敬业、关爱学生、教书育人、为人师表、终身学习。

17. 教师的知识素养。政治理论修养、专业知识：学科的基本知识和基本技能；学科的基本理论与学科体系；学科最新的研究成果和研究发展方向。科学文化知识、教育科学知识：教育学、心理学及各科教材教法是首先要掌握的、最为基本的教育科学知识。

18. 教育机智：教师在突发事件面前，在很短的时间内灵活、巧妙地处理问题的能力。

课堂突发事件的机智处理要注意遵循“**五不四要**”原则。“五不”：（1）不体罚学生；（2）不伤害师生感情；（3）不影响当堂教学；（4）不过多占用教学时间；（5）不把事情扩大化。

“四要”：（1）言语要简明、委婉；（2）内容要符合当时情景；（3）比喻要贴切；（4）联系要紧密。

19. 教师专业发展的内容：（1）专业理想的建立；（2）专业知识的括展与深化；（3）专业能力的提升；（4）专业自我的形成。

20. 教师专业发展的阶段

（1）关注生存阶段

处于这一阶段的一般是新教师，他们非常关注自己的生存适应性，最担心的问题是“学生喜欢我吗”“同事们如何看我”“领导是否觉得我干得不错”等。

（2）关注情境阶段

当教师关注的焦点投向提高学生的成绩上，即进入了关注情境阶段。此阶段教师关心的是如何教好每一堂课的内容。

（3）关注学生阶段

当教师顺利地适应了前两个阶段后，成长的下一个目标便是关注学生。能否自觉关注学生是衡量一个教师是否成长成熟的重要标志之一。

21. 新课程改革中教师专业发展途径。

（1）校本教师培训：将本校作为教师的继续教育基地并立足于学校的教育教学实际的培训活动。

（2）教师的行动研究：不断革新和改善教育实践。

（3）教师反思性实践：通过反思总结经验、坚定信念，也可以发现问题，完善自己。

（4）教师专业发展学校：一所大学的教育系与大学所在学区的一所或几所中小学建立合作关系，改善教师职业培训水平，鼓励教师专业发展。

22. 终身学习的意识

英国成人教育家耶克斯利最早提出了终身学习的理念，将之真正概念化和体系化的代表人物是保罗·朗格朗。终身学习是 21 世纪的基本生存素质，应该成为现代教师的职业素养和习惯。

（1）崇尚科学精神，树立终身学习理念。

（2）勇于探索创新，让教师的职业生命充满活力。

（3）学会学习，为可持续发展获取持久的动力。

23. 理解教师职业的责任与价值，具有从事教育工作的热情和决心

（1）教师职业的责任

① 学生全面发展的培养者；②民主师生关系的建立者；

③学生学习过程的指导者；④教育信息的开发应用者；⑤学生健康心理的培育者。

（2）教师职业的价值

对教师个人：可以满足教师作为个体自我生存和发展的需要。对他人：对国家、社会、集体和人类都有着巨大的贡献，为社会和进步提供精神财富，培养全面发展的社会或事业接班人和建设者。

24. ★★★【答题模板】本材料中的教师行为符合（不符合）教育观（学生观、教师观、职业理念）的要求。

具体分析。第一，

第二，

第三，

总之，作为一名老师，要充分实践素质教育（"以人为本"的学生观、新课改下的教师观、职业理念），促进学生全面、个性化发展。

第二章
教育法律法规

一、《中华人民共和国教育法》

1. 教育是社会主义现代化建设的基础，国家保障教育事业优先发展。全社会应当关心和支持教育事业的发展。全社会应当尊重教师。【教育地位】

2. 教育必须为社会主义现代化建设服务，必须与生产劳动相结合，培养德、智、体等方面全面发展的社会主义事业的建设者和接班人。【教育任务】

3. 教育活动必须符合国家和社会公共利益。国家实行教育与宗教相分离。任何组织和个人不得利用宗教进行妨碍国家教育制度的活动。【教育的公共性、世俗化】

4. 中华人民共和国公民有受教育的权利和义务。公民不分民族、种族、性别、职业、财产状况、宗教信仰等，依法享有平等的受教育机会。【教育平等】

5. 汉语言文字为学校及其他教育机构的基本教学语言文字。少数民族学生为主的学校及其他教育机构，可以使用本民族或者当地民族通用的语言文字进行教学。学校及其他教育机

构进行教学，应当推广使用全国通用的普通话和规范字。【教学语言】

6. 国务院和地方各级人民政府根据分级管理、分工负责的原则，领导和管理教育工作。中等及中等以下教育在国务院领导下，由地方人民政府管理。高等教育由国务院和省、自治区、直辖市人民政府管理。【管理体制】

7. 国务院教育行政部门主管全国教育工作，统筹规划、协调管理全国的教育事业。县级以上地方各级人民政府教育行政部门主管本行政区域内的教育工作。县级以上各级人民政府其他有关部门在各自的职责范围内，负责有关的教育工作。【教育行政部门】

8. 国家实行九年制义务教育制度。各级人民政府采取各种措施保障适龄儿童、少年就学。适龄儿童、少年的父母或者其他监护人以及有关社会组织和个人有义务使适龄儿童、少年接受并完成规定年限的义务教育。【义务教育】

9. 国家实行国家教育考试制度。

10. 国家实行学业证书制度。

11. 国家实行学位制度。

12. 设立学校及其他教育机构，必须具备下列基本条件：（一）有组织机构和章程；（二）有合格的教师；（三）有符合规定标准的教学场所及设施、设备等；（四）有必备的办学资金和稳定的经费来源。

13. 学校及其他教育机构应当按照国家有关规定，通过以教师为主体的教职工代表大会等组织形式，保障教职工参与民主管理和监督。

14. 学校及其他教育机构兴办的校办产业独立承担民事

责任。

15. 受教育者在入学、升学、就业等方面依法享有平等权利。学校和有关行政部门应当按照国家有关规定，保障女子在入学、升学、就业、授予学位、派出留学等方面享有同男子平等的权利。

16. 受教育者享有下列权利：（一）参加教育教学计划安排的各种活动，使用教育教学设施、设备、图书资料；（二）按照国家有关规定获得奖学金、贷学金、助学金；（三）在学业成绩和品行上获得公正评价，完成规定的学业后获得相应的学业证书、学位证书；（四）对学校给予的处分不服向有关部门提出申诉，对学校、教师侵犯其人身权、财产权等合法权益，提出申诉或者依法提起诉讼；（五）法律、法规规定的其他权利。【受教育者的权利】

17. 国家建立以财政拨款为主、其他多种渠道筹措教育经费为辅的体制，逐步增加对教育的投入，保证国家举办的学校教育经费的稳定来源。企业事业组织、社会团体及其他社会组织和个人依法举办的学校及其他教育机构，办学经费由举办者负责筹措，各级人民政府可以给予适当支持。

18. 全国各级财政支出总额中教育经费所占比例应当随着国民经济的发展逐步提高。

19. 国家鼓励开展教育对外交流与合作。教育对外交流与合作坚持独立自主、平等互利、相互尊重的原则，不得违反中国法律，不得损害国家主权、安全和社会公共利益。

20. 结伙斗殴，寻衅滋事，扰乱学校及其他教育机构教育教学秩序或者破坏校舍、场地及其他财产的，由公安机关给予治安管理处罚；构成犯罪的，依法追究刑事责任。侵占学校及其他教育机构的校舍、场地及其他财产的，依法承担民事责任。

21. 明知校舍或者教育教学设施有危险，而不采取措施，造成人员伤亡或者重大财产损失的，对直接负责的主管人员和其他直接责任人员，依法追究刑事责任。

22. 违反国家有关规定，向学校或者其他教育机构收取费用的，由政府责令退还所收费用；对直接负责的主管人员和其他直接责任人员，依法给予行政处分。

23. 违反国家有关规定，举办学校或者其他教育机构的，由教育行政部门予以撤销；有违法所得的，没收违法所得；对直接负责的主管人员和其他直接责任人员，依法给予行政处分。

24. 学校及其他教育机构违反国家有关规定向受教育者收取费用的，由教育行政部门责令退还所收费用；对直接负责的主管人员和其他直接责任人员，依法给予行政处分。

二、《中华人民共和国义务教育法》

1. 国家实行九年义务教育制度。义务教育是国家统一实施的所有适龄儿童、少年必须接受的教育，是国家必须予以保障的公益性事业。实施义务教育，不收学费、杂费。国家建立义务教育经费保障机制，保证义务教育制度实施。

2. 凡具有中华人民共和国国籍的适龄儿童、少年，不分性别、民族、种族、家庭财产状况、宗教信仰等，依法享有平等接受义务教育的权利，并履行接受义务教育的义务。

3. 国务院和县级以上地方人民政府应当合理配置教育资源，促进义务教育均衡发展，改善薄弱学校的办学条件，并采取措施，保障农村地区、民族地区实施义务教育，保障家庭经济困难的和残疾的适龄儿童、少年接受义务教育。国家组织和鼓励经济发达地区支援经济欠发达地区实施义务教育。

4. 义务教育实行国务院领导，省、自治区、直辖市人民政府统筹规划实施，县级人民政府为主管理的体制。县级以上人民政府教育行政部门具体负责义务教育实施工作；县级以上人民政府其他有关部门在各自的职责范围内负责义务教育实施工作。【管理体制】

5. 凡年满六周岁的儿童，其父母或者其他法定监护人应当送其入学接受并完成义务教育；条件不具备的地区的儿童，可以推迟到七周岁。适龄儿童、少年因身体状况需要延缓入学或者休学的，其父母或者其他法定监护人应当提出申请，由当地乡镇人民政府或者县级人民政府教育行政部门批准。

6. 适龄儿童、少年免试入学。地方各级人民政府应当保障适龄儿童、少年在户籍所在地学校就近入学。父母或者其他法定监护人在非户籍所在地工作或者居住的适龄儿童、少年，在其父母或者其他法定监护人工作或者居住地接受义务教育的，当地人民政府应当为其提供平等接受义务教育的条件。具体办法由省、自治区、直辖市规定。县级人民政府教育行政部门对本行政区域内的军人子女接受义务教育予以保障。

7. 普通学校应当接收具有接受普通教育能力的残疾适龄儿童、少年随班就读，并为其学习、康复提供帮助。【特殊教育】

8. 县级以上人民政府及其教育行政部门应当促进学校均衡发展，缩小学校之间办学条件的差距，不得将学校分为重点学校和非重点学校。学校不得分设重点班和非重点班。县级以上人民政府及其教育行政部门不得以任何名义改变或者变相

改变公办学校的性质。【均衡发展】

9. 学校应当建立、健全安全制度和应急机制，对学生进行安全教育，加强管理，及时消除隐患，预防发生事故。县级以上地方人民政府定期对学校校舍安全进行检查；对需要维修、改造的，及时予以维修、改造。学校不得聘用曾经因故意犯罪被依法剥夺政治权利或者其他不适合从事义务教育工作的人担任工作人员。【安全措施】

10. 学校不得违反国家规定收取费用，不得以向学生推销或者变相推销商品、服务等方式谋取利益。【违规收费】

11. 学校实行校长负责制。校长应当符合国家规定的任职条件。校长由县级人民政府教育行政部门依法聘任。【校长负责制】

12. 教师在教育教学中应当平等对待学生，关注学生的个体差异，因材施教，促进学生的充分发展。教师应当尊重学生的人格，不得歧视学生，不得对学生实施体罚、变相体罚或者其他侮辱人格尊严的行为，不得侵犯学生合法权益。

13. 教师应当取得国家规定的教师资格。国家建立统一的义务教育教师职务制度。教师职务分为初级职务、中级职务和高级职务。【教师职务】

14. 各级人民政府保障教师工资福利和社会保险待遇，改善教师工作和生活条件；完善农村教师工资经费保障机制。教师的平均工资水平应当不低于当地公务员的平均工资水平。特殊教育教师享有特殊岗位补助津贴。在民族地区和边远贫困地区工作的教师享有艰苦贫困地区补助津贴。【教师待遇】

15. 学校应当把德育放在首位，寓德育于教育教学之中，开展与学生年龄相适应的社会实践活动，形成学校、家庭、社

会相互配合的思想道德教育体系，促进学生养成良好的思想品德和行为习惯。【德育为先】

16. 教科书根据国家教育方针和课程标准编写，内容力求精简，精选必备的基础知识、基本技能，经济实用，保证质量。国家机关工作人员和教科书审查人员，不得参与或者变相参与教科书的编写工作。【教材编写】

17. 国家实行教科书审定制度。教科书的审定办法由国务院教育行政部门规定。未经审定的教科书，不得出版、选用。【教材选用】

18. 国家鼓励教科书循环使用。【教科书循环使用】

19. 地方各级人民政府在财政预算中将义务教育经费单列。县级人民政府编制预算，除向农村地区学校和薄弱学校倾斜外，应当均衡安排义务教育经费。

20. 县级以上人民政府或者其教育行政部门有下列情形之一的，由上级人民政府或者其教育行政部门责令限期改正、通报批评；情节严重的，对直接负责的主管人员和其他直接责任人员依法给予行政处分：（一）将学校分为重点学校和非重点学校的；（二）改变或者变相改变公办学校性质的。县级人民政府教育行政部门或者乡镇人民政府未采取措施组织适龄儿童、少年入学或者防止辍学的，依照前款规定追究法律责任。

21. 有下列情形之一的，由上级人民政府或者上级人民政府教育行政部门、财政部门、价格行政部门和审计机关根据职责分工责令限期改正；情节严重的，对直接负责的主管人员和其他直接责任人员依法给予处分：（一）侵占、挪用义务教育经费的；（二）向学校非法收取或者摊派费用的。

22. 学校违反国家规定收取费用的，由县级人民政府教育行政部门责令退还所收费用；对直接负责的主管人员和其他直接责任人员依法给予处分。学校以向学生推销或者变相推销商品、服务等方式谋取利益的，由县级人民政府教育行政部门给予通报批评；有违法所得的，没收违法所得；对直接负责的主管人员和其他直接责任人员依法给予处分。国家机关工作人员和教科书审查人员参与或者变相参与教科书编写的，由县级以上人民政府或者其教育行政部门根据职责权限责令限期改正，依法给予行政处分；有违法所得的，没收违法所得。

23. 学校有下列情形之一的，由县级人民政府教育行政部门责令限期改正；情节严重的，对直接负责的主管人员和其他直接责任人员依法给予处分：（一）拒绝接收具有接受普通教育能力的残疾适龄儿童、少年随班就读的；（二）分设重点班和非重点班的；（三）违反本法规定开除学生的；（四）选用未经审定的教科书的。

三、《中华人民共和国教师法》

1. 教师是履行教育教学职责的专业人员，承担教书育人，培养社会主义事业建设者和接班人、提高民族素质的使命。教师应当忠诚于人民的教育事业。【教师责任】

2. 每年九月十日为教师节。

3. 教师享有下列权利：★★★

（一）进行教育教学活动，开展教育教学改革和实验；

（二）从事科学研究、学术交流，参加专业的学术团体，在学术活动中充分发表意见；

（三）指导学生的学习和发展，评定学生的品行和学业成绩；

（四）按时获取工资报酬，享受国家规定的福利待遇以及寒暑假期的带薪休假；

（五）对学校教育教学、管理工作和教育行政部门的工作提出意见和建议，通过教职工代表大会或者其他形式，参与学校的民主管理；

（六）参加进修或者其他方式的培训。【教师权利】

4. 教师应当履行下列义务：

（一）遵守宪法、法律和职业道德，为人师表；

（二）贯彻国家的教育方针，遵守规章制度，执行学校的教学计划，履行教师聘约，完成教育教学工作任务；

（三）对学生进行宪法所确定的基本原则的教育和爱国主义、民族团结的教育，法制教育以及思想品德、文化、科学技术教育，组织、带领学生开展有益的社会活动；

（四）关心、爱护全体学生，尊重学生人格，促进学生在品德、智力、体质等方面全面发展；

（五）制止有害于学生的行为或者其他侵犯学生合法权益的行为，批评和抵制有害于学生健康成长的现象；

（六）不断提高思想政治觉悟和教育教学业务水平。

5. 国家实行教师资格制度。中国公民凡遵守宪法和法律，热爱教育事业，具有良好的思想品德，具备本法规定的学历或者经国家教师资格考试合格，有教育教学能力，经认定合格的取得教师资格。【教师资格】

6. 取得教师资格的人员首次任教时，应当有试用期。

7. 受到剥夺政治权利或者故意犯罪受到有期徒刑以上刑事处罚的，不能取得教师资格；已经取得教师资格的，丧失教师资格。

8. 学校和其他教育机构应当逐步实行教师聘任制。教师的聘任应当遵循双方地位平等的原则，由学位和教师签订聘任合同，明确规定双方的权利、义务和责任。实施教师聘任制的步骤、办法由国务院教育行政部门规定。

9. 教师的平均工资水平应当不低于或者高于国家公务员的平均工资水平，并逐步提高。建立正常晋级增薪制度，具体办法由国务院规定。

10. 地方各级人民政府对教师以及具有中专以上学历的毕业生到少数民族地区和边远贫困地区从事教育教学工作的，应当予以补贴。

11. 侮辱、殴打教师的，根据不同情况，分别给予行政处分或者行政处罚；造成损害的，责令赔偿损失；情节严重，构成犯罪的，依法追究刑事责任。

12. 对依法提出申诉、控告、检举的教师进行打击报复的，由其所在单位或者上级机关责令改正；情节严重的，可以根据具体情况给予行政处分。国家工作人员对教师打击报复构成犯罪的，依照《刑法》第一百四十六条的规定追究刑事责任。【打击报复教师的法律责任】

13. 教师有下列情形之一的，由所在学校、其他教育机构或者教育行政部门给予行政处分或者解聘：

（一）故意不完成教育教学任务给教育教学工作造成损失的；

（二）体罚学生，经教育不改的；

（三）品行不良、侮辱学生，影响恶劣的。

教师有前款第（二）项、第（三）项所列情形之一，情节严重，构成犯罪的，依法追究刑事责任。

14. 教师对学校或者其他教育机构侵犯其合法权益的，或者对学校或者其他教育机构作出的处理不服的，可以向教育行政部门提出申诉，教育行政部门应当在接到申诉的三十日内，作出处理。教师认为当地人民政府有关行政部门侵犯其根据本法规定享有的权利的，可以向同级人民政府或者上一级人民政府有关部门提出申诉，同级人民政府或者上一级人民政府有关部门应当作出处理。【教师申诉】

四、《中华人民共和国未成年人保护法》

1. 本法所称未成年人是指未满十八周岁的公民。【未成年人年龄】

2. 保护未成年人的工作，应当遵循下列原则：（一）尊重未成年人的人格尊严；（二）适应未成年人身心发展的规律和特点；（三）教育与保护相结合。【保护原则】

3. 学校应当尊重未成年学生受教育的权利，关心、爱护学生，对品行有缺点、学习有困难的学生，应当耐心教育、帮助，不得歧视，不得违反法律和国家规定开除未成年学生。

4. 学校、幼儿园、托儿所的教职员工应当尊重未成年人的人格尊严，不得对未成年人实施体罚、变相体罚或者其他侮辱人格尊严的行为。

5. 学校、幼儿园、托儿所应当建立安全制度，加强对未成年人的安全教育，采取措施保障未成年人的人身安全。学校、幼儿园、托儿所不得在危及未成年人人身安全、健康的校舍和其他设施、场所中进行教育教学活动。学校、幼儿园安排未成年人参加集会、文化娱乐、社会实践等集体活动，应当有利于未成年人的健康成长，防止发生人身安全事故。

6. 专门学校的教职员工应当关心、爱护、尊重学生，不得歧视、厌弃。

7. 县级以上人民政府及其教育行政部门应当采取措施，鼓励和支持中小学校在节假日间将文化体育设施对未成年人免费或者优惠开放。

8. 中小学校园周边不得设置营业性歌舞娱乐场所、互联网上网服务营业场所等不适宜未成年人活动的场所。营业性歌舞娱乐场所、互联网上网服务营业场所等不适宜未成年人活动的场所，不得允许未成年人进入，经营者应当在显著位置设置未成年人禁入标志；对难以判明是否已成年的，应当要求其出示身份证件。

9. 禁止向未成年人出售烟酒，经营者应当在显著位置设置不向未成年人出售烟酒的标志；对难以判明是否已成年的，应当要求其出示身份证件。任何人不得在中小学校、幼儿园、托儿所的教室、寝室、活动室和其他未成年人集中活动的场所吸烟、饮酒。

10. 任何组织或者个人不得披露未成年人的个人隐私。对未成年人的信件、日记、电子邮件，任何组织或者个人不得隐匿、毁弃；除因追查犯罪的需要，由公安机关或者人民检察院依法进行检查，或者对无行为能力的未成年人的信件、日记、电子邮件由其父母或者其他监护人代为开拆、查阅外，任何组织或者个人不得开拆、查阅。

11. 学校、幼儿园、托儿所和公共场所发生突发事件时，应当优先救护未成年人。

12. 县级以上人民政府及其民政部门应当根据需要设立救助场所，对流浪乞讨等生活无着未成年人实施救助，承担临时监护责任；公安部门或者其他有关部门应当护送流浪乞讨或者离家出走的未成年人到救助场所，由救助场所予以救助和妥善照顾，并及时通知其父母或者其他监护人领回。对孤儿、无法查明其父母或者其他监护人的以及其他生活无着的未成年人，由民政部门设立的儿童福利机构收留抚养。未成年人救助机构、儿童福利机构及其工作人员应当依法履行职责，不得虐待、歧视未成年人；不得在办理收留抚养工作中牟取利益。

13. 国家依法保护未成年人的智力成果和荣誉权不受侵犯。【未成年人智力成果和荣誉权保护】

14. 对违法犯罪的未成年人，实行教育、感化、挽救的方针，坚持教育为主、惩罚为辅的原则。对违法犯罪的未成年人，应当依法从轻、减轻或者免除处罚。【未成年人犯罪处罚原则】

15. 对未成年人犯罪案件，新闻报道、影视节目、公开出版物、网络等不得披露该未成年人的姓名、住所、照片、图像以及可能推断出该未成年人的资料。【未成年人隐私保护】

16. 父母或者其他监护人不依法履行监护职责，或者侵害未成年人合法权益的，由其所在单位或者居民委员会、村民委员会予以劝诫、制止；构成违反治安管理行为的，由公安机关依法给予行政处罚。

17. 学校、幼儿园、托儿所侵害未成年人合法权益的，由教育行政部门或者其他有关部门责令改正；情节严重的，对直接负责的主管人员和其他直接责任人员依法给予处分。学校、幼儿园、托儿所教职员工对未成年人实施体罚、变相体罚或者其他侮辱人格行为的，由其所在单位或者上级机关责令改正；情节严重的，依法给予处分。

18. 向未成年人出售烟酒，或者没有在显著位置设置不向未成年人出售烟酒标志的，由主管部门责令改正，依法给予行政处罚。

19. 侵犯未成年人隐私，构成违反治安管理行为的，由公安机关依法给予行政处罚。【侵犯隐私法律责任】

20. 未成年人救助机构、儿童福利机构及其工作人员不依法履行对未成年人的救助保护职责，或者虐待、歧视未成年人，或者在办理收留抚养工作中牟取利益的，由主管部门责令改正，依法给予行政处分。【救助机构人员法律责任】

五、《中华人民共和国预防未成年人犯罪法》

1. 对未成年人应当加强理想、道德、法制和爱国主义、集体主义、社会主义教育。对于达到义务教育年龄的未成年人，在进行上述教育的同时，应当进行预防犯罪的教育。预防未成年人犯罪的教育的目的，是增强未成年人的法制观念，使未成年人懂得违法和犯罪行为对个人、家庭、社会造成的危害，违法和犯罪行为应当承担的法律责任，树立遵纪守法和防范违法犯罪的意识。

2. 未成年人的父母或者其他监护人对未成年人的法制教育负有直接责任。学校在对学生进行预防犯罪教育时，应当将教育计划告知未成年人的父母或者其他监护人，未成年人的父母或者其他监护人应当结合学校的计划，针对具体情况进行教育。【监护人责任】

3. 对于已满十六周岁不满十八周岁准备就业的未成年人，职业教育培训机构、用人单位应当将法律知识和预防犯罪教育纳入职业培训的内容。【职业培训】

4. 未成年人的父母或者其他监护人和学校应当教育未成年人不得有下列不良行为：（一）旷课、夜不归宿；（二）携带管制刀具；（三）打架斗殴、辱骂他人；（四）强行向他人索要财物；（五）偷窃、故意毁坏财物；（六）参与赌博或者变相赌博；（七）观看、收听色情、淫秽的音像制品、读物等；（八）进入法律、法规规定未成年人不适宜进入的营业性歌舞厅等场所；（九）其他严重违背社会公德的不良行为。【禁止不良行为】

5. 未成年人的父母或者其他监护人和学校应当教育未成年人不得吸烟、酗酒。任何经营场所不得向未成年人出售烟酒。

6. 中小学生旷课的，学校应当及时与其父母或者其他监护人取得联系。

7. 未成年人的父母或者其他监护人，不得让不满十六周岁的未成年人脱离监护单独居住。【不得独居】

8. 对于教唆、胁迫、引诱未成年人实施不良行为或者品行不良，影响恶劣，不适宜在学校工作的教职员工，教育行政部门、学校应当予以解聘或者辞退；构成犯罪的，依法追究刑事责任。

9. 本法所称“严重不良行为”，是指下列严重危害社会，尚不够刑事处罚的违法行为：（一）纠集他人结伙滋事，扰乱治安；（二）携带管制刀具，屡教不改；（三）多次拦截殴打他人或者强行索要他人财物；（四）传播淫秽的读物或者音像制品等；（五）进行淫乱或者色情、卖淫活动；（六）多次偷窃；（七）参与赌博，屡教不改；（八）吸食、注射毒品；（九）其他严重危害社会的行为。【严重不良行为】

10. 未成年人有本法规定严重不良行为，构成违反治安管理行为的，由公安机关依法予以治安处罚。因不满十四周岁或者情节特别轻微免予处罚的，可以予以训诫。

11. 未成年人因不满十六周岁不予刑事处罚的，责令他的

父母或者其他监护人严加管教；在必要的时候，也可以由政府依法收容教养。【收容教养】

12. 人民法院审判未成年人犯罪的刑事案件，应当由熟悉未成年人身心特点的审判员或者审判员和人民陪审员依法组成少年法庭进行。对于已满十四周岁不满十六周岁未成年人犯罪的案件，一律不公开审理。已满十六周岁不满十八周岁未成年人犯罪的案件，一般也不公开审理。对未成年人犯罪案件，新闻报道、影视节目、公开出版物不得披露该未成年人的姓名、住所、照片及可能推断出该未成年人的资料。

六、《学生伤害事故处理办法》

1. 学生伤害事故应当遵循依法、客观公正、合理适当的原则，及时、妥善地处理。【处理原则】

2. 学校应当对在校学生进行必要的安全教育和自护自救教育；应当按照规定，建立健全安全制度，采取相应的管理措施，预防和消除教育教学环境中存在的安全隐患；当发生伤害事故时，应当及时采取措施救助受伤害学生。学校对学生进行安全教育、管理和保护，应当针对学生年龄、认知能力和法律行为能力的不同，采用相应的内容和预防措施。

3. 因下列情形之一造成的学生伤害事故，学校应当依法承担相应的责任：

（一）学校的校舍、场地、其他公共设施，以及学校提供给学生使用的学具、教育教学和生活设施、设备不符合国家规定的标准，或者有明显不安全因素的；

（二）学校的安全保卫、消防、设施设备管理等安全管理制度有明显疏漏，或者管理混乱，存在重大安全隐患，而未及时采取措施的；

（三）学校向学生提供的药品、食品、饮用水等不符合国家或者行业的有关标准、要求的；

（四）学校组织学生参加教育教学活动或者校外活动，未对学生进行相应的安全教育，并未在可预见的范围内采取必要的安全措施的；

（五）学校知道教师或者其他工作人员患有不适宜担任教育教学工作的疾病，但未采取必要措施的；

（六）学校违反有关规定，组织或者安排未成年学生从事不宜未成年人参加的劳动、体育运动或者其他活动的；

（七）学生有特异体质或者特定疾病，不宜参加某种教育教学活动，学校知道或者应当知道，但未予以必要的注意的；

（八）学生在校期间突发疾病或者受到伤害，学校发现，但未根据实际情况及时采取相应措施，导致不良后果加重的；

（九）学校教师或者其他工作人员体罚或者变相体罚学生，或者在履行职责过程中违反工作要求、操作规程、职业道德或者其他有关规定的；

（十）学校教师或者其他工作人员在负有组织、管理未成年学生的职责期间，发现学生行为具有危险性，但未进行必要的管理、告诫或者制止的；

（十一）对未成年学生擅自离校等与学生人身安全直接相关的信息，学校发现或者知道，但未及时告知未成年学生的监护人，导致未成年学生因脱离监护人的保护而发生伤害的；

（十二）学校有未依法履行职责的其他情形的。【学校责任】

4. 因下列情形之一造成的学生伤害事故，学校已履行了相应职责，行为并无不当的，无法律责任：

（一）地震、雷击、台风、洪水等不可抗的自然因素造成的；

（二）来自学校外部的突发性、偶发性侵害造成的；

（三）学生有特异体质、特定疾病或者异常心理状态，学校不知道或者难于知道的；

（四）学生自杀、自伤的；

（五）在对抗性或者具有风险性的体育竞赛活动中发生意外伤害的；

（六）其他意外因素造成的。【学校免责】

5. 下列情形下发生的造成学生人身损害后果的事故，学校行为并无不当的，不承担事故责任；事故责任应当按有关法律法规或者其他有关规定认定：

（一）在学生自行上学、放学、返校、离校途中发生的；

（二）在学生自行外出或者擅自离校期间发生的；

（三）在放学后、节假日或者假期等学校工作时间以外，学生自行滞留学校或者自行到校发生的；

（四）其他在学校管理职责范围外发生的。

6. 因学校教师或者其他工作人员与其职务无关的个人行为，或者因学生、教师及其他个人故意实施的违法犯罪行为，造成学生人身损害的，由致害人依法承担相应的责任。

7. 发生学生伤害事故，学校应当及时救助受伤害学生，并应当及时告知未成年学生的监护人；有条件的，应当采取紧急救援等方式救助。

8. 发生学生伤害事故，情形严重的，学校应当及时向主管教育行政部门及有关部门报告；属于重大伤亡事故的，教育行政部门应当按照有关规定及时向同级人民政府和上一级教育行政部门报告。

9. 教育行政部门收到调解申请，认为必要的，可以指定专门人员进行调解，并应当在受理申请之日起60日内完成调解。

10. 学校对学生伤害事故负有责任的，根据责任大小，适当予以经济赔偿，但不承担解决户口、住房、就业等与救助受伤害学生、赔偿相应经济损失无直接关系的其他事项。学校无责任的，如果有条件，可以根据实际情况，本着自愿和可能的原则，对受伤害学生给予适当的帮助。

11. 学校管理混乱，存在重大安全隐患的，主管的教育行政部门或者其他有关部门应当责令其限期整顿；对情节严重或者拒不改正的，应当依据法律法规的有关规定，给予相应的行政处罚。

七、《国家中长期教育改革和发展规划纲要（2010—2020年）》

1. 工作方针：优先发展、育人为本、改革创新、促进公平、提高质量。把教育摆在优先发展的战略地位；把育人为本作为教育工作的根本要求；把改革创新作为教育发展的强大动力；把促进公平作为国家基本教育政策；把提高质量作为教育改革发展的核心任务。

2. 战略目标。到2020年，基本实现教育现代化，基本形成学习型社会，进入人力资源强国行。

实现更高水平的普及教育。基本普及学前教育；巩固提高九年义务教育水平；普及高中阶段教育，毛入学率达到90%；高等教育大众化水平进一步提高，毛入学率达到40%；扫除青壮年文盲。新增劳动力平均受教育年限从12.4年提高到13.5年；主要劳动年龄人口平均受教育年限从9.5年提高到11.2年，其中受过高等教育的比例达到 20%，具有高等教育文化程度的人数比 2009 年翻一番。

3. 战略主题。坚持以人为本、全面实施素质教育是教育改革发展的战略主题，是贯彻党的教育方针的时代要求，其核心是解决好培养什么人、怎样培养人的重大问题，重点是面向全体学生、促进学生全面发展，着力提高学生服务国家服务人民的社会责任感、勇于探索的创新精神和善于解决问题的实践能力。因此，要坚持德育为先、能力为重和全面发展的原则。

4. 基本普及学前教育，重点发展农村学前教育。到 2020 年，普及学前一年教育，基本普及学前两年教育，有条件的地区普及学前三年教育。重视 0～3 岁婴幼儿教育。

5. 巩固提高九年义务教育水平，推进义务教育均衡发展，减轻中小学生课业负担。义务教育是国家依法统一实施、所有适龄儿童少年必须接受的教育，具有强制性、免费性和普及性，是教育工作的重中之重。

6. 坚持以输入地政府管理为主、以全日制公办中小学为主，确保进城务工人员随迁子女平等接受义务教育，研究制定进城务工人员随迁子女接受义务教育后在当地参加升学考试的办法。

7. 科学安排学习、生活、锻炼，保证学生睡眠时间。大力开展“阳光体育”运动，保证学生每天锻炼一小时，不断提高学生体质健康水平。提倡合理膳食，改善学生营养状况，提高贫困地区农村学生营养水平。保护学生视力。

8. 推进义务教育均衡发展。均衡发展是义务教育的战略性任务。推进义务教育学校标准化建设，建立健全义务教育均衡发展保障机制，均衡配置教师、设备、图书、校舍等各项资源。

9. 更新人才培养观念，创新人才培养模式，改革教育质量评价和人才评价制度。深化教育体制改革，关键是更新教育观念，核心是改革人才培养体制，目的是提高人才培养水平。根据培养目标和人才理念，建立科学、多样的评价标准。开展由政府、学校、家长及社会各方面参与的教育质量评价活动。做好学生成长记录，完善综合素质评价。探索促进学生发展的多种评价方式，激励学生乐观向上、自主自立、努力成才注重学思结合，倡导启发式、探究式、讨论式、参与式教学；注重学思结合；注重知行统一注重因材施教，推进分层教学、走班制、学分制、导师制等教学管理制度改革。

10. 推进考试招生制度改革，完善中等学校、高等学校考试招生制度，加强信息公开和社会监督。完善初中就近免试入学的具体办法。中等职业学校实行自主招生或注册入学。规范学校招生录取程序，清理并规范升学加分政策。

11. 加强教师队伍建设

师德是教师素质的重要组成部分，《纲要》明确将师德表现作为教师考核、聘任（聘用）和评价的首要内容。为此，要做好以下工作。

（1）建设高素质教师队伍。教育大计，教师为本。有好的教师，才有好的教育。提高教师地位，维护教师权益，改善教师待遇，使教师成为受人尊重的职业。严格教师资质，提升教师素质。

（2）加强师德建设。加强教师职业理想和职业道德教育，增强广大教师教书育人的责任感和使命感。

（3）提高教师业务水平。以农村教师为重点，提高中小学教师队伍整体素质。积极推进师范生免费教育，实施农村义务教育学校教师特设岗位计划，完善代偿机制，鼓励高校毕业生到艰苦边远地区当教师。完善教师培训制度，将教师培训经费列入政府预算，对教师实行每五年一周期的全员培训。加大民族地区双语教师培养培训力度。加强校长培训，重视辅导员和班主任培训。以中青年教师和创新团队为重点，建设高素质的高校教师队伍。以“双师型”教师为重点，加强职业院校教师队伍建设。完善相关人事制度，聘任（聘用）具有实践经验的专业技术人员和高技能人才担任专兼职教师，提高持有专业技术资格证书和职业资格证书教师比例。

（4）提高教师地位待遇。落实教师绩效工资。依法保证教师平均工资水平不低于或者高于国家公务员的平均工资水平，并逐步提高。对长期在农村基层和艰苦边远地区工作的教师，在工资、职务（职称）等方面实行倾斜政策，完善津贴补贴标准。建设农村艰苦边远地区学校教师周转宿舍。

（5）健全教师管理制度。国家制定教师资格标准，提高教师任职学历标准和品行要求。建立教师资格证书定期登记制度。省级教育行政部门统一组织中小学教师资格考试和资格认定，县级教育行政部门按规定履行中小学教师的招聘录用、职务（职称）评聘、培养培训和考核等管理职能。逐步实行城乡统一的中小学编制标准，对农村边远地区实行倾斜政策。制定幼儿园教师配备标准。建立统一的中小学教师职务（职称）系列，在中小学设置正高级教师职务（职称）。城镇中小学教师在评聘高级职务（职称）时，原则上要有一年以上在农村学校或薄弱学校任教经历。加强教师管理，完善教师退出机制。制定校长任职资格标准，促进校长专业化，提高校长管理水平。推行校长职级制。

12. 推进依法治教：完善教育法律法规；全面推进依法行政；大力推进依法治校；完善督导制度和监督问责机制。

第三章

教师职业道德规范

1.《中小学教师职业道德规范》★★★【材料分析】

（一）**爱国守法**。基本要求。热爱祖国，热爱人民，拥护中国共产党领导，拥护社会主义。全面贯彻国家教育方针，自觉遵守教育法律法规，依法履行教师职责权利。不得有违背党和国家方针政策的言行。

（二）**爱岗敬业**。本质要求。忠诚于人民教育事业，志存高远，勤恳敬业，甘为人梯，乐于奉献。对工作高度负责，认真备课上课，认真批改作业，认真辅导学生。不得敷衍塞责。

（三）**关爱学生**。师德的灵魂。关心爱护全体学生，尊重学生人格，平等公正对待学生。对学生严慈相济，做学生良师益友。保护学生安全，关心学生健康，维护学生权益。不讽刺、挖苦、歧视学生，不体罚或变相体罚学生。

（四）**教书育人**。教师的天职。遵循教育规律，实施素质教育。循循善诱，诲人不倦，因材施教。培养学生良好品行，激发学生创新精神，促进学生全面发展。不以分数作为评价学生的唯一标准。

（五）**为人师表**。内在要求。坚守高尚情操，知荣明耻，严于律己，以身作则。衣着得体，语言规范，举止文明。关心集体，团结协作，尊重同事，尊重家长。作风正派，廉洁奉公。自觉抵制有偿家教，不利用职务之便谋取私利。

（六）终身学习。不竭动力。崇尚科学精神，树立终身学习理念，拓宽知识视野，更新知识结构。潜心钻研业务，勇于探索创新，不断提高专业素养和教育教学水平。

2. 教师职业道德的概念与特征

教师职业道德是指教师在其职业生活中，调节和处理与他人、与社会、与集体、与职业工作关系所应遵守的基本行为规范和行为准则，以及在这基础上所表现出来的观念意识和行为品质。教师职业道德是调节教师人际关系的润滑剂。

（1）教师职业道德的基本特征：教育专门性、教书和育人要求的一致性、全面性、功能的多样性。

（2）新时期教师职业道德的特征

① 从教师的社会责任来看，师德具有全局性。

② 从社会地位来看，师德具有超前性。

③ 从教师职业及个人修养来看，师德具有导向性。

④ 从教师的人格评价来看，师德具有超越一般职业道德的示范性。

3.《中小学班主任工作条例》

第二条　班主任是中小学日常思想道德教育和学生管理工作的主要实施者，是中小学生健康成长的引领者，班主任要努力成为中小学生的人生导师。

班主任是中小学的重要岗位，从事班主任工作是中小学教师的重要职责。教师担任班主任期间应将班主任工作作为主业。

第三条　加强班主任队伍建设是坚持育人为本、德育为先的重要体现。政府有关部门和学校应为班主任开展工作创造有利条件，保障其享有的待遇与权利。

第七条　选聘班主任应当在教师任职条件的基础上突出考查以下条件：

（一）作风正派，心理健康，为人师表；

（二）热爱学生，善于与学生、学生家长及其他任课教师沟通；

（三）爱岗敬业，具有较强的教育引导和组织管理能力。

第八条　全面了解班级内每一个学生，深入分析学生思想、心理、学习、生活状况。关心爱护全体学生，平等对待每一个学生，尊重学生人格。采取多种方式与学生沟通，有针对性地进行思想道德教育，促进学生德智体美全面发展。

第九条　认真做好班级的日常管理工作，维护班级良好秩序，培养学生的规则意识、责任意识和集体荣誉感，营造民主和谐、团结互助、健康向上的集体氛围。指导班委会和团队工作。

第十一条　组织做好学生的综合素质评价工作，指导学生认真记载成长记录，实事求是地评定学生操行，向学校提出奖惩建议。

第十二条　经常与任课教师和其他教职员工沟通，主动与学生家长、学生所在社区联系，努力形成教育合力。

第十五条　班主任津贴纳入绩效工资管理。在绩效工资分配中要向班主任倾斜。对于班主任承担超课时工作量的，以超课时补贴发放班主任津贴。

第十九条　教育行政部门建立科学的班主任工作评价体

系和奖惩制度。对长期从事班主任工作或在班主任岗位上做出突出贡献的教师定期予以表彰奖励。选拔学校管理干部应优先考虑长期从事班主任工作的优秀班主任。

4．师生关系的内容

（1）教学上的授受关系

① 从教育内容的角度说，教师是传授者，学生是接受者。

② 学生主体性的形成，既是教育的目的，也是教育成功的条件。

③ 对学生指导、引导的目的是促进学生的自主发展。

（2）人格上的平等关系

① 学生作为一个独立的社会个体，在人格上与教师是平等的。

② 学生与教师是一种朋友式的友好帮助的关系。

③ 社会道德上的相互促进关系。

5．师生关系的基本类型：专制型、放任型、民主型。

6．良好师生关系的特征

（1）民主平等。

（2）尊师爱生。尊师爱生意味着师生之间应该彼此尊重、相互友爱，这是建立良好师生关系的感情基础。

（3）教学相长。在教学过程中，教师和学生是相互制约、相互促进、共同提高的。

（4）心理相容。心理相容指的是教师与学生之间在心理上协调一致，并相互接纳。

7．教师的人际行为规范

（一）教师与学生之间要做到：热爱学生，关心学生，尊重学生；严格要求，耐心教导，循循善诱，不偏不袒；不以师生关系谋取私利。

（二）教师之间要做到：互相尊重，切忌嫉妒；相互学习，取长补短；平等相待，不亢不卑；乐于助人，关心同事。

（三）教师与领导之间要做到：尊重领导，服从安排；顾全大局，遵守纪律；互相理解，互相支持；秉公办事，团结一致。

（四）教师与家长之间要做到：尊重家长，理解家长；经常家访，互通情况；密切配合，教育学生。

8. 教师职业行为规范在处理人际关系中的运用

（1）运用行为规范处理与学生的关系：尊重学生、树立良好的教师形象、公平对待每一个学生、教师要理解与宽容学生的错误。

（2）运用行为规范处理与学生家长的关系：尊重和信任家长、与家长进行真诚的交流、理解并尊重家长的意见和看法。

（3）运用行为规范处理与同事和领导者的关系：提升自身素质、尊重他人，以诚相待、尊重领导，服从安排。

9. ★★★【答题模板】教师职业道德共包含六个方面内容：爱国守法，爱岗敬业，热爱学生，教书育人，为人师表，终身学习。从教师职业道德的角度来看，材料中的老师体现了（关爱学生、为人师表，建议至少写三条以上）的道德规范。

具体分析。第一，

第二，

第三，

总之，作为一名老师，应该时刻谨记教师职业道德的内容，并时刻践行爱国守法、爱岗敬业、关爱学生、教书育人、为人师表以及终身学习，在它的指导下，我们的教师之路才会走得越来越远。

材料分析题答题技巧

一、先看问题，再看材料。在做材料分析题时，首先我们要做的是要先看问题，然后再看材料。很多同学的习惯是先看材料，再看问题。但当你看完材料再看题目然后还得回过头来再看材料，这样就浪费了时间，殊不知在考试中时间就是分数。所以在做材料分析题时要先看问题，只有清楚了问题，才能知道题干要求我们用哪个知识点作答。

二、联系相关知识点。当看完问题后就要想哪些知识点和这道题目相关，如“请从教育观的角度，评析某老师的教学行为。”在这个题中，答题要点就是教育观的相关内容。那么对于教育观，主要知识点就是素质教育五点内涵和新课改的教学观（四点），这样我们就可以从这九点来回答。

三、阅读材料，匹配知识点。看完问题知道知识点后，就要回到材料中，看材料找到相匹配的知识点作答。在这里需要强调的是，对于材料分析题而言，结论的得出必须要结合材料，不能无中生有。

四、完美作答。经过分析过后，就要把答案呈现在试卷上，作答时要条理清晰，字迹工整，回答全面。

作文素材

一、典型案例

（一）以身作则的案例

教育家张伯苓，1919 年之后相继创办南开大学、南开女中、南开小学。他十分注意对学生进行文明礼貌教育，并且身体力行，为人师表。一次，他发现有个学生手指被烟熏黄了，便严肃地劝告那个学生说："烟对身体有害，要戒掉它。"没想到那个学生有点不服气，俏皮地说："那您吸烟就对身体没有害处吗？"张伯苓对于学生的责难，歉意地笑了笑，立即唤工友将自己所有的吕宋烟全部取来，当众销毁，还折断了自己用了多年的心爱的烟袋杆，诚恳地说："从此以后，我与诸同学共同戒烟。"果然，打那以后，他再也不吸烟了。

（二）因材施教的案例

（1）子路问孔子："听到鼓励的话就行动起来吗？"孔子说："你有父亲兄长在，你怎么能听到这些道理就去实行呢！"冉有也来问："听到鼓励的话就行动起来吗？"孔子说："应该听到后就去实行。"公西华问道："子路问是否闻而后行，先生说有父兄在。冉有问是否闻而后行，先生说应该闻而即行。我弄不明白，想请教先生一下。"孔子说："冉有为人懦弱，所以要激励他的勇气。子路武勇过人，所以我让他谦退。"

（2）现代著名的人民教育家陶行知，在教育理论和教育实践方面，都做出了富有创造性的贡献。他主张教师的教学必须从学生的实际情况出发，根据学生的能力，"学得多教得多，学得少教得少，学得快教得快，学得慢教得慢"，反对不问实际的"先生只管教，学生只管受教"的陋习。如培养儿童创造力问题，他以形象的比喻，阐明了因材施教的原则："需要因材施教。松树和牡丹花所需要的肥料不同，你用松树的肥料培养牡丹，牡丹会瘦死，反之，你用牡丹的肥料培养松树，松树受不了，会被烧死。培养儿童的创造力要同园丁一样。首先要认识他们，发现他们的特点，而予以适宜之肥料、水分、太阳光，并须除害虫，这样，他们才能欣欣向荣，否则不能免于枯萎。”

（3）著名的力学家、数学家钱伟长，在《恩师助我择专业》这篇自述中谈到吴有训教授对自己的教育时，不仅提到他讲课的精彩深刻，“听这样的课，真是最高的科学享受”；而且更以浓重的笔墨，详细地记叙了吴先生怎样“不断地给我指导”，告诉“我”学物理和学中文的区别，在课堂上应该怎样记笔记，课后怎样看有关的参考书，甚至“为减轻我读英文的困难，吴老师给我一本某校的中译本讲义，便于查阅。”吴有训教授“以后还经常给我具体指导，使我从死记硬背改进到掌握学习的科学方法，培养了有效的自学能力，逐步提高了学习成绩。”这样一些具体有效的个别教育，终于帮助入学成绩比别人少了100多分、开学后一连七个星期课堂测验不及格的钱伟长，顺利地完成第一学期的学习，四年后以优异的成绩毕业。

（三）成功教育案例

有这样一个家庭，儿子的成绩很不好而且越来越差，有一次考了全班最后一名。父亲接过儿子的试卷微笑着说：“太好了儿子，以后你没有什么负担了！”儿子大吃一惊，忙问：“爸爸，你是不是病了？”父亲说：“没病，你想一想，一个跑在最后的人还有什么负担呢？不用担心再有人超过你，但你只要往前跑，肯定有进步。”儿子受到启发，心里就高兴起来。第二次，考了全班第29名，父亲看到了儿子的试卷，兴奋地说：“太好了儿子，你比上回前进了十几名了！”第三次，儿子考到了全班第10名，父亲激动地说；“太好了儿子，你真了不起！

离第一名只差 9 名了。”就这样，不管孩子的成绩是好是坏，父亲总是坚持正面激励，从不训斥责骂，而孩子却发生了意想不到的变化。

（四）追寻真理案例

有一次，有学生给陶行知的诗歌、文章提出修改意见，他听了特别的高兴。其中，有位小学生把他的诗句“大孩自动教小孩”改为“小孩自动教小孩”，把“读了书，不教人，什么人？不是人”中的最后一句改为“木头人”，他知道了不仅不生气，还给予肯定，说：“这也证明小孩子有创造力”。陶先生就是要用自己的行动向他人表明：真理才是唯一可追求的，在老师与真理之间，首先要尊重的应该是后者。

（五）终身学习案例

苏霍姆林斯基一边教学，一边坚持教育科学研究：他一生写了 40 多本书，600 多篇论文，1000 多篇供儿童阅读的童话、故事和短篇小说；他的书被誉为“活的教育学”“学校生活的百科全书”；他的教育活动是一向长达 30 年的“教育实验”；他的学校是一所“教育学实验室”；他的著作是二十世纪罕见的“先进教育实验的完整的总结”；他所领导的巴甫雷什中学是二十世纪世界上著名的实验学校之一。

（六）教学反思案例

（1）朱永新：“中小学教师搞教育科研，就是应该从记录教育现象、记录自己的思考、记录自己的感受开始，把一串串‘珍珠’串起来，那就是一根非常美丽的项链。”

（2）美国心理学家波斯纳曾提出教师的成长公式是“经验+

反思=成长”。我国著名心理学家林崇德也提出“优秀教师=教学过程+反思”的成长公式。

二、教育名言集锦

（一）关于赏识教育

（1）金无足赤，人无完人。

（2）赞扬学生极其微小的进步，比嘲笑其显著的劣势高明。

（3）教育孩子的全部奥秘在于：相信孩子，解放孩子。

——陶行知

（4）生活中不是缺少美，而是缺少发现美的眼睛。

（5）一句话，一盏灯，也许改变人一生。

（6）了解一滴海水，就是了解大海的前奏；了解一个孩子，就算了解生命的前奏。

（7）人性中最本质的需求就是渴望得到赏识，就无形生命而言，每个幼小的生命仿佛都是为得到赏识而来到人间的。

（8）人类本质中最殷切的需求是渴望被肯定。

——威廉·詹姆士

（9）培养人就是培养他对前途的希望。——马卡连柯

（二）关于因材施教

（1）培养教育人和种花木一样，首先要认识花木的特点，区别不同情况给以施肥、浇水和培养教育，这叫“因材施教”。——陶行知

（2）人像树木一样，要使他们尽量长上去，不能勉强都长得一样高，应当是立脚点上求平等，于出头处谋自由。

——陶行知

（3）世界上没有才能的人是没有的。问题在于教育者要去发现每一位学生的禀赋、兴趣、爱好和特长，为他们的表现和发展提供充分的条件和正确引导。——苏霍姆林斯基

（4）深其深，浅其浅，益气益，尊其尊。——《墨子》

（5）孔子教人，各因其材。

（6）尺有所短，寸有所长。

（三）关于创新与实践

（1）教育是知识创新、传播和应用的主要基地，也是培育创新精神和创新人才的摇篮。——江泽民

（2）创新是一个民族进步的灵魂，是国家兴旺发达的不竭动力。——江泽民

（3）要解放孩子的头脑、双手、脚、空间、时间，使他们充分得到自由的生活，从自由的生活中得到真正的教育。

——陶行知

（四）关于理想教师

（1）教师是人类灵魂的工程师。——斯大林

（2）春蚕到死丝方尽，蜡炬成灰泪始干。——李商隐

（3）太阳底下最光辉的职业。

（4）老师就像蜡烛，燃烧自己，照亮别人。

（5）三尺讲台，三寸舌，三寸笔，三千桃李。

（6）师者，所以传道授业解惑也。——韩愈

（五）关于师爱

（1）热爱孩子是教师生活中最主要的东西。

——苏霍姆林斯基

（2）没有爱，就没有教育。——苏霍姆林斯基

（3）让每一个学生在学校里抬起头来走路。

——苏霍姆林斯基

（4）要尊重儿童，不要急于对他作出或好或坏的评判。

——卢梭

（5）爱，首先意味着奉献，意味着把自己心灵的力量献给所爱的人，为所爱的人创造幸福。——苏霍姆林斯基

（6）教师的爱是滴滴甘露，即使枯萎的心灵也能苏醒；教师的爱是融融春风，即使冰冻了的感情也会消融。——巴特尔

（7）教育植根于爱。——鲁迅

（8）只有爱才是最好的教师，它远远超过责任感。

——爱因斯坦

（9）错误在所难免，宽恕就是神圣。——波普

（六）关于为人师表

（1）其身正，不令而行；其身不正，虽令不从。——孔子

（2）身教重于言传。——王夫之

（3）要想学生好学，必须先生好学。唯有学而不厌的先生才能教出学而不厌的学生。——陶行知

（4）动人以言者，其感不深；动人以行者，其应必速。

——李贽

（5）使学生对教师尊敬的唯一源泉在于教师的德和才。

——爱因斯坦

（6）要把学生造就成一种什么人，自己就应当是什么人。——车尔尼雪夫斯基

（七）关于挫折

（1）通向人类真正伟大境界的道路只有一条——苦难的道

路。——爱因斯坦

（2）斗争是掌握本领的学校，挫折是通向真理的桥梁。

——歌德

（3）以勇敢的胸膛面对逆境。——贺拉斯

（4）人生布满了荆棘，我们想的唯一办法是从那些荆棘上迅速跨过。——伏尔泰

（5）希望是厄运的忠实的姐妹。——普希金

（6）卓越的人一大优点是：在不利与艰难的遭遇里百折不挠。——贝多芬

（7）不经一番寒彻骨，哪得梅花扑鼻来。——黄檗禅师

（8）逆境是通向真理的第一条路。——拜伦

（八）关于德育

（1）在一个人民的国家中还要有一种推动的枢纽，这就是美德。——孟德斯鸠

（2）人不能像走兽那样活着，应该追求知识和美德。

——但丁

（3）勿以恶小而为之，勿以善小而不为。惟贤惟德，能服于人。——刘备

（4）土扶可城墙，积德为厚地。——李白

（5）教育的唯一工作与全部工作可以总结在这一概念之中——道德。——赫尔巴特

（6）人在智慧上应当是明豁的，道德上应该是清白的，身体上应该是清洁的。——契诃夫

（7）道德可以弥补智慧的不足，而智慧却无法弥补道德的不足。——但丁

（九）关于教书育人

（1）“师也者，教之以事而喻诸德也。”——《礼记》

（2）“先生不应该专教书，他的责任是教人做人；学生不应该专读书，他的责任是学习人生之道。”——陶行知

（3）“在教师手里操着幼年人的命运，便操着民族和人类的命运”——陶行知

（4）“因为道德是做人的根本。根本一坏，纵然使你有一些学问和本领，也无甚用处。”——陶行知

（5）“教师的职务是‘千教万教，教人求真’；学生的职务是‘千学万学，学做真人’。”——陶行知

（十）关于爱岗敬业

（1）学校要求教师在他的本职工作上成为一种艺术家。

——爱因斯坦

（2）像蜡烛为人照明那样，有一分热，发一分光，忠诚而踏实地为人类伟大事业贡献自己的青春。

（3）教师进行劳动和创造的时间好比一条大河，要靠许多小的溪流来滋养它。教师时常要读书，平时积累的知识越多，上课就越轻松。——苏霍姆林斯基

（4）教师的威信首先建立在责任心上。——马卡连柯

（十一）关于理想信念

（1）思想是根基，理想是嫩绿的芽胚，在这上面生长出人类的思想、活动、行为、热情、激情的大树。

——苏霍姆林斯基

（2）人类的精神与动物的本能区别在于，我们在繁衍后代的同时，在下一代身上留下自己的美、理想和对于崇高而美好

的事物的信念。——苏霍姆林斯基

（3）没有信仰，则没有名副其实的品行和生命；没有信仰，则没有名副其实的国土。——美国诗人惠特曼

（4）才须学也。非学无以广才，非志无以成学。——孔明

（5）美的事物在人心中唤起的那种感觉，是类似我们当着亲爱的人的面前时，洋溢于我们心中的喜悦。

——车尔尼雪夫斯基

（十二）关于教学方法

（1）最有价值的知识是关于方法的知识。——达尔文

（2）活的人才教育不是灌输知识，而是将开发文化宝库的钥匙，尽我们知道的交给学生。——陶行知

（3）好的先生不是教书，不是教学生，乃是教学生学。

——陶行知

（4）教师之为教，不在全盘授予，而在相机诱导。

——叶圣陶

（5）问题不在于教他各种学问，而在于培养他爱好学问的兴趣，而且在这种兴趣充分增长起来的时候，教他以研究学问的方法。——卢梭

（十三）关于自我教育

（1）没有自我教育就没有真正的教育。这样一个信念在我们的教师集体的创造性劳动中起着重大的作用。

——苏霍姆林斯基

（2）教育者的个性、思想信念及其精神生活的财富，是一种能激发每个受教育者检点自己、反省自己和控制自己的力量。——苏霍姆林斯基

（3）追求理想是一个人进行自我教育的最初的动力，而没有自我教育就不能想象会有完美的精神生活。我认为，教会学生自己教育自己，这是一种最高级的技巧和艺术。

——苏霍姆林斯基

（4）任何人如果不能教育自己，也就不能教育别人。

——苏霍姆林斯基

（5）自我教育需要有非常重要而强有力的促进因素——自尊心、自我尊重感、上进心。——苏霍姆林斯基

三、历史典故类

1. 越王勾践卧薪尝胆

春秋时期，吴王夫差在与越国交战中大败越王勾践。夫差要捉拿勾践，范蠡出策，假装投降，留得青山在不愁没柴烧。夫差不听老臣伍子胥的劝告，留下了勾践等人。越国君臣在吴国为奴三年，饱受屈辱，终被放回越国。勾践暗中训练精兵，每日晚上睡觉不用褥，只铺些柴草，又在屋里挂了一只苦胆，他不时会尝尝苦胆的味道，为的就是不忘过去的耻辱。最终励精图治，成功复国，越王勾践亦成为春秋时期最后一个霸主。

2. 孔子韦编三绝

春秋时的书，主要是以竹子为材料，把竹子破成一根根竹签，称为竹简，用火烘干后在上面写字。竹简有一定的长度和宽度，一根竹简只能写一行字，多则几十个，少则八九个。一部书要用许多竹简，这些竹简必须用牢固的绳子之类的东西编起来才能阅读。像《易》这样的书，当然是由许许多多竹简编起来的，因此有相当的重量。孔丘花了很大的精力，把《易》全部读了一遍，基本上了解了它的内容。不久又读第二遍，掌

握了它的基本要点。接着，他又读第三遍，对其中的精神、实质有了透彻的理解。在这以后，为了深入研究这部书，又为了给弟子讲解，他不知翻阅了多少遍。这样读来读去，把串连竹简的牛皮带子也给磨断了几次，不得不多次换上新的再使用。

3．李白的故事

李白小时候在四川象耳山读书，很不用功，并想中途废学。有一天，他在山下小溪旁看到一位白发老婆婆在那里磨铁杵。李白问干什么，老婆婆回答说："把铁杵磨成针。"李白不相信，嗤一声笑了，对她说："铁杵岂能磨成针？""只要功夫深，铁杵磨成针。"老婆婆向他讲了这个道理，李白顿时领悟。从此，他便发奋用功，终于懂得了"功到自然成"的道理。

4．匡衡凿壁借光

汉朝元帝时的匡衡，从小喜好读书。可是家里很穷，连饭都吃不饱，哪有钱上学读书呢？他只好白天干活，晚上自己学习。家里没有钱买灯油，怎么办呢？匡衡没有向困难屈服，想出了一个办法：在墙壁上凿了个小洞，借邻居家照射过来的微弱灯光看书学习。他勤奋刻苦，学到了许多知识，后来做了宰相。